Lei de Protecção de Crianças e Jovens em Perigo

Lei de Protecção de Crianças e Jovens em Perigo

ANOTADA

Aprovada pela Lei n.º 147/99, de 1 de Setembro, com as alterações introduzidas pela Lei n.º 31/2003, de 22 de Agosto, pela Lei n.º 142/2015, de 8 de Setembro, pela Lei n.º 23/2017, de 23 de Maio e pela Lei n.º 26/2018, de 5 de Julho

2019 • 4.ª Edição revista e actualizada

Paulo Guerra
Juiz Desembargador
Director-Adjunto do Centro de Estudos Judiciários

ALMEDINA

LEI DE PROTECÇÃO
DE CRIANÇAS E JOVENS EM PERIGO
ANOTADA

AUTOR
Paulo Guerra

EDITOR
EDIÇÕES ALMEDINA, S.A.
Rua Fernandes Tomás, nºs 76-80
3000-167 Coimbra
Tel.: 239 851 904 · Fax: 239 851 901
www.almedina.net · editora@almedina.net

Design de colecção: FBA.
Capa: Edições Almedina

PRÉ-IMPRESSÃO
EDIÇÕES ALMEDINA, SA

IMPRESSÃO E ACABAMENTO

Agosto, 2019

DEPÓSITO LEGAL
...

ALMEDINA | GRUPOALMEDINA

BIBLIOTECA NACIONAL DE PORTUGAL – CATALOGAÇÃO NA PUBLICAÇÃO

PORTUGAL. Leis, decretos, etc.

Lei de protecção de crianças e jovens em perigo : anotada / Paulo Guerra. – 4.ª ed. rev. e atualizada. – (Legislação anotada)
ISBN 978-972-40-7999-8

I – GUERRA, Paulo

CDU 347

Ao Juiz Conselheiro Armando Leandro,
meu grande Amigo e Mentor,
Mestre de todos os que têm na Criança o seu mister

Às famílias portuguesas que não vão virar as costas ao acolhimento de crianças em perigo

Enquanto criança, não quero ser apenas mais um lugar à tua mesa de adulto.
Não quero só a ditadura dos horários, a infernal linguagem das ordens gratuitas e contraditórias, a parafernália dos currícula escolares que me tiram mesmo do sério...
Quero o abraço. A tempo e em tempo. O colo brando mas firme. Aconchegante e seguro. Marcado, querido e marcante...
Soletro sílabas e orações fonéticas na escola. Sei que me farão falta. Mas para quê decorá-las se não decoram a minha vida de lareiras acesas, de caleidoscópios coloridos, de puzzles fazíveis e de olhares de ternura?
Quero o afago dos meios-dias, das noites estreladas, a sofreguidão do imenso amor que alguém tem de sentir por mim, pelo que sou, pelo que faço, pelo que anseio.
Ensinaram-me que uma família é um perfil e nunca uma vaga.
Quero a estimulação comprometida e personalizada levada a cabo, entre serpentinas e justas admoestações, por um cuidador, a quem quero chamar de mãe e de pai, de pai e de pai, de mãe e de mãe, mesmo que eu não tenha conhecido, deles e delas, as plácidas águas felizes da placenta.
Não tenho de ter pais perfeitos. Quem os tem? A perfeição é uma quimera.
Mas pode ser um caminho desassossegado aquele que eu sigo por entre as veredas do quotidiano normalizado de quem, não sendo perfeito, é perfeitamente adequado na sua mortal normalidade.
Não quero ser pasto para discursos políticos. Quero ficar no meu canto, com alguém que é, de facto, louco por mim.
Isso basta-me...
Exijo uma FAMÍLIA.
Essa é a minha quimera.

(PG)

NOTA PRÉVIA À 4ª EDIÇÃO

Lá, há tantos rostos
Milan Kundera

A abrir...

As crianças são todas iguais, digo eu...

Quem sabe de certezas
não é o poeta.
O mundo que é nosso
é sempre tão pequeno e tão infindo
que só cabe em olhar de menino.

(Mia Couto)

Para incitar a atenção pública, nós, defensores de causas sociais, construímos um discurso apoiado na persuasão, buscando convencer o público quanto à relevância das causas que nos mobilizam.

Alguns de nós privilegiam o drama.

E a dramaticidade de uma necessidade humana tem sido intensificada pelo uso retórico da criança, especialmente quando associada à violência, como vítima ou algoz (Best/2008).

Ora, nem sempre o caminho para a protecção da criança tem sido o mais leal e eficaz.

Tudo parte, eu sei, da Convenção sobre os Direitos da Criança de 1989.

Jean-Pierre Rozenczweig, em 1989, fala assim dos progressos denunciados por meio da Convenção de 1989:

«L'enfant est appréhendé comme une personne. C'est en ce sens que je pense que la Convention est tournée vers le XXIe siècle.
On sort de l'idée que l'enfant est un petit être fragile à protéger contre autrui et contre lui-même pour lui reconnaître une citoyenneté. Beaucoup de gens disent encore à propos de l'enfant: ***«il faut le préparer à être citoyen».***
La Convention vient de dire: ***«Non, il est citoyen!».***

Ela foi ratificada por quase 200 países. A Somália e o Sudão do Sul já o fizeram. Os States ainda não...

Tenho como certo que **«a Humanidade deve dar à criança o que tem de melhor».**

Toda a criança tem direito a viver uma filiação segura, vinculada com ambos os progenitores e juridicamente estável, sem atropelos ou descontinuidades arbitrárias ou injustificadas, à luz do seu superior interesse, construindo-se uma ética no cuidar da mesma, uma cultura da Criança e um futuro de excelência para ela.

Mas nem sempre ela vive num mundo das maravilhas.

Nessa senda, surge a Lei de Protecção de Crianças e Jovens em Perigo, em vigor em Portugal, desde 1 de Janeiro de 2001, revista em 2003, em 2015, em 2017 e de novo em 2018, pela Lei nº 26/2018, de 5 de Julho (novidades desta edição).

É esta Lei que quero anotar. Comentar. Ajuizar sobre.

Não é uma lei perfeita em soluções.

Mas podemos fazer o melhor por ela.

Faço aqui uma menção mais do que justa à colaboração havida em anteriores anotações com Colegas da Jurisdição da Família e das Crianças do meu CEJ, Lucília Gago, Maria Perquilhas e Ana Massena, pois, da discussão conjunta, nasceu mais luz no meu espírito quanto ao teor da legislação em causa.

Na 2ª edição, fui buscar também contributos científicos de colegas como Helena Lamas (juíza), Rui do Carmo (Procurador da República), António José Fialho (juiz), Miguel Vaz (juiz) e Marta San Bento (jurista eminente da DGPJ e ex-comissária da CPCJ de Coimbra).

Na 3ª edição, busquei também o pensamento de Armando Leandro, Mestre de todos nós, a propósito de questões relacionadas com as CPCJ, pensamento este veiculado aquando da realização do Encontro Anual das CPCJ, em 2017, em Idanha-a-Nova.

Nesta edição, algo mais se acrescentou até devido à nova revisão de 2018, estando esta anotação em constante dinâmica.

É o fluxo normal da entrada em vigor de uma lei e da sua aplicação prática à «vida da gente».

Aguardamos correntes jurisprudenciais que lancem faróis sobre alguns buracos negros da Lei.

Fica aqui esta leitura.

Despretensiosa.

Mas possível para vos ajudar na elevada tarefa de ajudar uma criança a ter uma vida melhor, porque acredito que o seu passado não tem necessariamente de condicionar o seu futuro.

Pátio do Limoeiro, Junho de 2019

PAULO GUERRA
Juiz Desembargador
Director-Adjunto do CEJ

SIGLAS

CA	Casa – ou Casas – de Acolhimento
CC	Código Civil
CEJ	Centro de Estudos Judiciários
CJ	Colectânea de Jurisprudência
CN	Comissão Nacional
CP	Código Penal
CPC	Código de Processo Civil
CPCJ	Comissão – ou Comissões – de Protecção de Crianças e Jovens
CPM	Comissões – ou Comissões – de Protecção de Menores
CPP	Código de Processo Penal
CRP	Constituição da República Portuguesa
DGRSP	Direcção-Geral de Reinserção e Serviços Prisionais
DL	Decreto-Lei
DRE	Diário da República
ECMIJ	Entidades com competência em matéria de infância e juventude
FA	Família de Acolhimento
ISS	Instituto de Segurança Social
LPCJP	Lei de Protecção de Crianças e Jovens em Perigo
LTE	Lei Tutelar Educativa
MP	Ministério Público
OPC	Órgãos de Polícia Criminal
OSS	Organismos de Segurança Social
OTM	Organização Tutelar de Menores
PP	Promoção e protecção
PTC	Providência Tutelar Cível

RERP	Regulação do Exercício das Responsabilidades Parentais
RGPTC	Regime Geral do Processo Tutelar Cível
RJPA	Regime Jurídico do Processo de Adopção
RP	Responsabilidades Parentais
SCML	Santa Casa da Misericórdia de Lisboa
STJ	Supremo Tribunal de Justiça
TC	Tribunal Constitucional
TEDH	Tribunal Europeu dos Direitos do Homem

Lei de Protecção de Crianças e Jovens em Perigo

(Aprovada pela Lei nº 147/99, de 1 de Setembro, com as alterações introduzidas pela Lei nº 31/2003, de 22 de Agosto, pela Lei nº 142/2015, de 8 de Setembro[1], pela Lei nº 23/2017[2], de 23 de Maio e pela Lei nº 26/2018[3], de 5 de Julho)

AVISO: Anote-se que, nesta obra, todas as inovações de 2015, 2017 e 2018 virão *a bold* na transcrição do texto legal[4].

[1] Entrou em vigor no primeiro dia útil do mês seguinte ao da sua publicação, ou seja, no dia 1 de Outubro de 2015 (artigo 9º da Lei nº 142/2015, de 8 de Setembro).
[2] As alterações gizadas por este diploma de 2017 – aos artigos 5º, 60º, 63º e 88º – apenas entraram em vigor com o Orçamento do Estado subsequente à sua publicação (o Orçamento para 2018).
[3] Esta alteração entrou em vigor no dia 6 de Julho de 2018.
[4] O autor não acata o acordo ortográfico de 1990, a não ser na transcrição literal do texto da Lei, aqui se agradecendo a compreensão da Editora.

Capítulo I
Disposições gerais

Artigo 1º – Objeto

A presente lei tem por objeto a promoção dos direitos e a proteção das crianças e dos jovens em perigo, por forma a garantir o seu bem-estar e desenvolvimento integral.

Anotação

a) No contexto de um Estado de Direito Democrático, os aspectos jurídicos, sejam os da elaboração das leis, sejam os relativos à sua aplicação, têm uma importância fundamental.

Correspondem a valores essenciais eleitos pela sociedade constituída em comunidade ética e são instrumentos indispensáveis à sua interiorização e concretização no quotidiano.

O direito dos nossos dias constitui, cada vez mais, um projecto que, na convivência humana, procura traduzir o reconhecimento da dignidade da pessoa e intenta oferecer-se como elemento de realização da sua liberdade e responsabilidade. Apresenta-se como um instrumento insubstituível ao serviço da vida individual e comunitária.

No sistema jurídico português, o interesse da criança justifica sempre uma intervenção judiciária quando a criança pratica actos que a lei penal considera crime, quando se encontra em perigo para a sua formação, educação, desenvolvimento, segurança e saúde e, em caso de conflito familiar, quando o destino e as questões relacionadas com o exercício das responsabilidades parentais necessitam de ser reguladas.

Esta função do Direito assume particular relevância nos domínios referentes à família, à criança e ao jovem, como aqueles a que respeitam as Leis nºs 147/99 e 166/99, entradas em vigor no dia 1 de Janeiro de 2001, a meu ver, um pouco precipitadamente e antes de existirem todas as condições indispensáveis à sua efectiva implementação (talvez impulsionadas por um particular ataque nocturno a uma conhecida actriz, o que gerou uma onda de algum oportunismo político que precipitou no tempo aquilo que necessitava de melhores infra-estruturas humanas e logísticas para melhor ser implementado).

São leis exigentes na compreensão profunda da sua filosofia imanente, dos seus objectivos e mecanismos, a tornarem indispensável uma adesão crítica, generosa, responsável e co-responsabilizante, como meio fundamental para a eficácia individual e social das suas disposições.

b) Estamos no reino do Direito da Criança e do Jovem.

Houve quem falasse de revolução neste ramo de Direito tão negligenciado e secundarizado pelos nossos próprios pares.

O regime jurídico condensado na Organização Tutelar de Menores (OTM), e previsto no DL nº 314/78 de 27 de Outubro, sofreu profundas alterações resultantes da publicação de um conjunto de diplomas legais que preconizaram uma importante reforma do direito das crianças e jovens em Portugal.

Assim, a **Lei nº 133/99, de 28 de Agosto** – *5ª Alteração à Organização Tutelar de Menores*, a **Lei nº 147/99, de 1 de Setembro** – *Lei de Protecção de Crianças e Jovens em Perigo* e a **Lei nº 166/99, de 14 de Setembro** – *Lei Tutelar Educativa*, inovam a intervenção não judiciária e judiciária junto de crianças e jovens em perigo ou em situação de delinquência, adequando-a aos princípios convencionais e regras internacionais de administração de justiça das crianças, visando reconhecer às mesmas as "garantias concedidas aos adultos pelo direito constitucional, pelo direito processual penal e pelo próprio direito penal (...), mas que simultaneamente salvaguarde a herança positiva do modelo de «protecção», em especial a natureza educativa das medidas aplicáveis e a profunda consideração pelos «interesses da criança»".

Em 1995, numa perspectiva de construção de um novo modelo de intervenção não judiciária e judiciária, iniciou-se uma reforma legislativa que passou pela alteração do enquadramento institucional relativamente às crianças, reconhecendo-lhes direitos universalmente consagrados e inscritos em diversos instrumentos convencionais internacionais, permitindo clarificar as situações de perigo e as situações de delinquência, bem como os tipos de intervenção para cada uma delas, privilegiando-se o princípio da intervenção precoce e proporcional.

Assim, tendo em consideração uma linha evolutiva de desjudicialização das questões relacionadas com a criança e a família, bem como a necessidade de melhorar a eficácia da intervenção tutelar, impôs-se a alteração do enquadramento institucional relativamente àquelas através de uma profunda reforma legal, que, em nosso entender, se impunha.

Ao tribunal é reservado o papel de limitação dos direitos. Com efeito, uma das críticas feita ao anterior sistema jurídico português era o de não diferenciar suficientemente as formas de intervenção relativas a crianças agentes de infracções e a crianças carecidas de protecção e assistência, por serem vítimas de maus tratos ou de situações de abandono.

No entanto, uma certa crítica dirigida aos tribunais no sentido de promover a colocação de crianças vítimas de maus tratos, abandono ou negligência nos mesmos estabelecimentos em que se encontravam crianças agentes de infracções, carecia, a meu ver, de fundamento sério.

Na realidade, o que estava por detrás dessa situação real era a inexistência de estabelecimentos de acolhimento públicos e de qualidade próprios para as crianças em causa, bem como de uma rede de acolhimento familiar eficaz e regular. A questão está em saber se, efectivamente, hoje em dia, esta situação se está realmente a inverter...

Com efeito, a eficácia de um sistema de promoção de direitos da criança e da sua protecção só poderá aferir-se em função das respostas que, qualitativa e quantitativamente, o Estado, enquanto Comunidade, for capaz de dar e de pôr em prática. E, se é verdade que se verifica um desfasamento entre "*a amplitude do debate teórico sobre os direitos do homem* (e acrescentamos, dos direitos da criança) *e os limites dentro dos quais se processa a efectiva protecção dos mesmos*", tal desfasamento só é ultrapassável se as forças políticas assim o quiserem.

Sem respostas não existe reforma legislativa que resista à pressão cada vez maior das situações de perigo em que se encontram as crianças e suas famílias na nossa sociedade, sendo certo que, algumas soluções a serem implementadas só produzirão efeito se houver vontade política e social em se alterar profundamente todo o sistema de acolhimento de crianças em risco, quer institucional quer familiar, sobretudo no que se refere aos jovens com idades compreendidas entre os 12 e os 16 anos. É nesta faixa etária que cada vez menos se consegue intervir eficazmente, quer em termos de prevenção primária – acolhimento –, quer em termos de prevenção da violência – pré-delinquência e delinquência –, considerando a inexistência de respostas sociais, curriculares e profissionais.

Fundamentalmente, o que a reforma da legislação sobre crianças e jovens – publicada em 1999 mas apenas entrada em vigor em 2001 (no dia 1/1/2001) – introduziu foi uma profunda alteração ao nível da intervenção estadual junto delas, separando, claramente, a intervenção junto das crianças em perigo e de crianças em estados de pré-delinquência – **intervenção tutelar de protecção** – e a intervenção junto das crianças com comportamentos delinquentes – **intervenção tutelar educativa.**

E aqui não nos podemos esquecer dos instrumentos normativos internacionais que as influenciaram, talvez tarde demais, particularmente, a Convenção sobre os Direitos da Criança que vigora no direito interno português após a sua ratificação, em 21 de Outubro de 1990, sendo indiscutível que a nossa ordem jurídica reconhece à criança o direito a uma protecção, ajuda e assistência especiais, quer por parte do Estado, quer por parte da Comunidade, pois é um ser cuja falta de maturidade física e intelectual não lhe permite defender-se perante a violação dos seus direitos.

À criança são devidos os cuidados e os direitos plasmados em Cartas nacionais e internacionais.

De várias premissas temos de partir:

- A CRIANÇA é uma PESSOA HUMANA
- Os Direitos Humanos também são Direitos da Criança
- A Criança é um SER autónomo e completo
- O facto de ser DIFERENTE não lhe reduz a autonomia jurídica
- A Criança tem uma *cultura própria pelo facto de ser CRIANÇA*
- A Criança deixa de ser um mero objecto de direitos para ser deles SUJEITO – o conceito cada vez mais densificado de INTERESSE DA CRIANÇA
- A Cultura da criança impõe-se aos direitos (há que encarar de vez uma CULTURA DA CRIANÇA – ***a criança deve ter uma boa qualidade de infância***)
- O legislador e o intérprete não devem só saber quais são esses direitos mas ter perante eles uma atitude dinâmica (como podem e hão-de ser aplicados na prática?)
- Não se podem adaptar à Criança os direitos dos adultos

• Assiste-se, assim, à criação *"ex novo"* de um direito próprio da Criança. Quando a criança não vive esses direitos, entramos no reino da ***Criança em Risco***.

*

Em Portugal, após 2001, essa criança pode ser:

- *Criança em situação de PERIGO com qualquer idade até aos 18 anos* (aplica-se a Lei nº 147/99 de 1 de Setembro, revista em 2013, em 2015, em 2017 e em 2018 – que aprova a LEI DE PROTECÇÃO DE CRIANÇAS E JOVENS EM PERIGO)
- *Criança em situação de para-delinquência (sem prática de facto qualificado na lei como crime) com qualquer idade até aos 18 anos* (se houver perigo, aplica-se a Lei nº 147/99 de 1 de Setembro, revista em 2003, em 2015, em 2017 e em 2018 – que aprova a LEI DE PROTECÇÃO DE CRIANÇAS E JOVENS EM PERIGO)
- *Criança com comportamentos delinquentes (prática de facto qualificado na lei como crime) até aos 12 anos, exclusivé* (se houver perigo, aplica-se a Lei nº 147/99 de 1 de Setembro, revista em 2003, em 2015, em 2017 e em 2018 – que aprova a LEI DE PROTECÇÃO DE CRIANÇAS E JOVENS EM PERIGO)
- *Criança com comportamentos delinquentes (prática de facto qualificado na lei como CRIME) dos 12 – inclusivé – aos 16 anos* – exclusivé – aplica-se a Lei nº 166/99 de 14 de Setembro, revista pela Lei nº 4/2015, de 15/1 – que aprova a LEI TUTELAR EDUCATIVA
- *Criança com comportamentos delinquentes (prática de CRIMES) dos 16 (idade da imputabilidade penal) aos 18 anos* (aplica-se o Código Penal e o Regime Penal dos Jovens Adultos – até aos 21 anos –, este último à espera de uma mais do que ansiada revisão)

c) Aqui chegados, diremos que a sociedade e o Estado têm o especial dever de desencadear as acções adequadas à protecção da criança vítima de violência, abuso sexual, exploração, abandono ou tratamento negligente, ou por qualquer outra forma privada de um ambiente familiar normal (artigo 69º da CRP).

É com esse desiderato que surge, entre nós, a Lei de Protecção de Crianças e Jovens em Perigo (aprovada pela Lei nº 147/99, de 1/9, e alterada em 2003, 2015, 2017 e 2018, respectivamente pelas Leis nºs 31/2003, de 22/8, 142/2015, de 8/9, 23/2017, de 23/5 e 26/2018, de 5/7).

A revisão de 2015 entrou em vigor no dia 1 de Outubro de 2015.

Consta do texto da Lei uma norma transitória (artigo 6º) – até à entrada em vigor do diploma a que se refere o nº 2 do artigo 53º da LPCJP (regime de funcionamento das casas de acolhimento, a ser definido em diploma próprio, a publicar no prazo de quatro meses a contar de 1/10/2015 – cf. artigo 5º/1 da Lei 142/2015), as casas de acolhimento funcionam em regime aberto, tal implicando a livre entrada e saída da criança e do jovem da casa, de acordo com as normas gerais de funcionamento, tendo apenas como limites os resultantes das suas necessidades educativas e da protecção dos seus direitos e interesses.

A revisão de 2015:

- ***Alterou artigos da LPCJP*** (3º, 4º, 5º, 7º, 9º, 11º a 15º, 17º a 26º, 29º a 33º, 35º, 37º, 38º-A, 43º, 46º, 49º a 51º, 53º, 54º, 57º a 63º, 68º a 70º, 73º, 75º, 79º, 81º, 82º, 84º, 85º, 87º, 88º, 91º, 92º, 94º a 99º, 101º, 103º, 105º, 106º, 108º, 110º, 111º, 114º, 118º, 123º, 124º e 126º) – *cf. artigo 2º*
- ***Aditou artigos à LPCJP*** – 13º-A, 13º-B, 20º-A, 82º-A, 112º-A e 122º-A – *cf. artigo 3º*
- ***Revogou artigos da LPCJP*** [são revogados os artigos 47º, 48º, o nº 4 do artigo 59º, a alínea d) do nº 3 do artigo 62º, o artigo 67º, as alíneas b) e c) do artigo 68º, o nº 2 do artigo 81º, o nº 3 do artigo 108º e o nº 2 do artigo 118º] – *cf. artigo 7º*
- Altera a sistemática do diploma (*cf. artigo 4º*) – Onde se lia «acolhimento em instituição» passa a ler-se ***«acolhimento residencial»*** (cf. subsecção II da secção III do Capítulo III da LPCJP)
- Definiu uma norma transitória (*cf. artigo 6º*).

O DL nº 332-B/2000, de 30 de Dezembro, continua a ser o REGULAMENTO DA LEI DE PROTECÇÃO DE CRIANÇAS E JOVENS EM PERIGO, que não foi revogado por este novo diploma.

Já a revisão de 2017 mexeu com os artigos 5º, 60º, 63º e 88º e apenas entrará em vigor com o próximo Orçamento do Estado (o de 2018).

Finalmente, a revisão de 2018 alterou os artigos 3º, 49º, 58º e 72º.

d) Neste particular, anote-se mais uma vez que, nesta obra, todas as inovações de 2015, 2017 e 2018 virão *a bold* na transcrição do texto legal.

Artigo 2º – Âmbito

A presente lei aplica-se às crianças e jovens em perigo que residam ou se encontrem em território nacional.

Anotação

a) Esta Lei aplica-se a todas as crianças - até aos 18 anos exclusive, ou até aos 21 anos, exclusive, desde que a intervenção protectiva se tenha iniciado antes dos 18 anos e a criança tenha pedido, antes desses 18 anos, que quer essa continuação –, de qualquer nacionalidade ou origem, que estejam em Portugal, residentes ou não, aquando da vivenciada e noticiada situação de perigo.

Neste contexto, a lei considera criança ou jovem a pessoa com menos de 18 anos ou a pessoa com menos de 21 que solicite a continuação da intervenção iniciada antes de atingir os 18 anos [artigo 5º, alínea *a)*, da LPCJP].

A revisão da LPCJP em 2017 veio ainda determinar que é também jovem, para efeitos do diploma, **a pessoa até aos 25 anos sempre que existam, e apenas enquanto durem, processos educativos ou de formação profissional.**

A propósito dos jovens destinatários da intervenção, há que assinalar que para que esta prossiga após os 18 anos se impõe que a mesma tenha tido o seu início ainda durante a menoridade.

Quanto ao momento da solicitação da sua continuação, já se nos afigurou que ela deveria ter lugar já depois de atingidos os 18 anos, devendo para tanto o jovem ser devida e oportunamente informado da possibilidade que lhe assiste de desencadear o prosseguimento da intervenção. Contudo, não vemos como não relevar uma declaração de vontade nesse sentido escrita ou verbalizada antes dos 18 anos, a que acresce o facto de podermos ficar com algum hiato de protecção, caso a declaração não venha mesmo no dia do aniversário.

A par dos critérios etários, a norma em apreço estabelece também que a intervenção se destina às crianças e jovens em perigo que residam ou se encontrem em território português, ou seja, independentemente da sua nacionalidade ou da conexão do caso concreto com outros Estados e respectivos ordenamentos jurídicos.

b) Ora, considerando que, a par das normas substantivas e das regras de processo, a LPCJP determina igualmente quais as instituições competentes para a intervenção de protecção (entidades, comissões de protecção e tribunais), ela está desta forma a consagrar critérios que se inscrevem no âmbito da determinação da competência internacional.

Neste particular, há, porém, que articular a referida regra com a disciplina decorrente dos instrumentos internacionais que vinculam o Estado Português e que versam sobre a competência internacional em matéria de intervenção de protecção, a qual tem primazia sobre o direito nacional.

Importa aqui destacar, não só a Convenção da Haia de 5 de Outubro de 1961, relativa à competência das autoridades e à lei aplicável em matéria de protecção de menores, como também o Regulamento (CE) nº 2201/2003 do Conselho, de 27 de Novembro de 2003, relativo à competência, ao reconhecimento e à execução de decisões em matéria matrimonial e em matéria de responsabilidade parental, o qual prevalece sobre aquela Convenção [cf. artigo 60º, a) do Regulamento Bruxelas II*bis*, a ser alvo actualmente de revisão].

Com efeito, conforme se alcança do disposto no artigo 1º, nº 1, alínea *b),* e nº 2, alíneas *c)* e *d),* do mencionado Regulamento, o seu âmbito de aplicação abrange as medidas de protecção, entre outras providências e matérias.

Assim sendo, as normas de competência internacional que emergem deste instrumento comunitário, mormente as do artigo 8º, que elege como critério regra a residência habitual da criança, devem ser tomadas em consideração quando for de determinar qual a autoridade (jurisdição) competente para a intervenção de protecção numa situação de perigo que apresente conexão com outros Estados e ordens jurídicas da União Europeia, à excepção da Dinamarca.

Como igualmente importa considerar o mecanismo instituído pelo artigo 20º do Regulamento, que abre a possibilidade de, em caso de urgência, qualquer tribunal de um Estado-Membro tomar as medidas provisórias ou cautelares relativas às crianças presentes nesse Estado-Membro, e previstas na sua legislação, mesmo que a competência recaia sobre um tribunal de outro Estado-Membro.

O que, saliente-se, não se trata de mais uma norma atributiva de competência, já que, segundo o nº 2 do citado artigo 20º, as medidas assim tomadas deixam de ter efeito quando o tribunal do Estado-Membro competente quanto ao mérito tiver decretado as medidas que considerar adequadas.

Donde resulta que, sem prejuízo das medidas urgentes e provisórias que em concreto importe adoptar, o critério de competência estatuído no artigo

2º da LPCJP, relativo à presença da criança em perigo em território português, deverá ceder perante o que estabelece a Convenção da Haia de 1961 ou o Regulamento nº 2201/2003, nas situações em que um destes instrumentos for aplicável.

Artigo 3º – Legitimidade da intervenção

1 – A intervenção para promoção dos direitos e proteção da criança e do jovem em perigo tem lugar quando os pais, o representante legal ou quem tenha a guarda de facto ponham em perigo a sua segurança, saúde, formação, educação ou desenvolvimento, ou quando esse perigo resulte de ação ou omissão de terceiros ou da própria criança ou do jovem a que aqueles não se oponham de modo adequado a removê-lo.

2 – Considera-se que a criança ou o jovem está em perigo quando, designadamente, se encontra numa das seguintes situações:

a) Está abandonada ou vive entregue a si própria;

b) Sofre maus tratos físicos ou psíquicos ou é vítima de abusos sexuais;

c) Não recebe os cuidados ou a afeição adequados à sua idade e situação pessoal;

***d)* Está aos cuidados de terceiros, durante período de tempo em que se observou o estabelecimento com estes de forte relação de vinculação e em simultâneo com o não exercício pelos pais das suas funções parentais;**

e) É obrigada a atividades ou trabalhos excessivos ou inadequados à sua idade, dignidade e situação pessoal ou prejudiciais à sua formação ou desenvolvimento;

f) Está sujeita, de forma direta ou indireta, a comportamentos que afetem gravemente a sua segurança ou o seu equilíbrio emocional;

g) Assume comportamentos ou se entrega a atividades ou consumos que afetem gravemente a sua saúde, segurança, formação, educação ou desenvolvimento sem que os pais, o representante legal ou quem tenha a guarda de facto se lhes oponham de modo adequado a remover essa situação;

***h)* Tem nacionalidade estrangeira e está acolhida em instituição pública, cooperativa, social ou privada com acordo de coope-**

ração com o Estado, sem autorização de residência em território nacional.

[A nova alínea *d)* do nº 1 foi introduzida pela Lei nº 142/2015, de 8 de Setembro, e a nova alínea *h)* foi introduzida na revisão pela Lei nº 26/2018, de 5/7]

Anotação

a) O direito à protecção exige-se quando uma criança se encontra em perigo pois a sua situação está desequilibrada e desajustada, pretendendo-se que o seu desenvolvimento físico, moral e psíquico ocorra de forma harmoniosa, num ambiente familiar afectivo, educativo e responsável, sem descontinuidades graves, de modo a tornar-se um cidadão de corpo inteiro e capaz de atingir o objectivo de qualquer ser humano: *a felicidade (e repare-se que nesta Lei já se considera que uma criança está em perigo quando não recebe a* ***afeição*** *adequada à sua idade e situação pessoal).*

Face ao exposto, pode-se concluir que o princípio convencional da observação do interesse superior da criança em todas as decisões, quer dos tribunais, quer das autoridades administrativas, quer dos órgãos legislativos portugueses, deve ser integralmente respeitado, precisamente por estarmos perante seres que, embora completos e autónomos, são diferentes e mais frágeis.

O tribunal, na concretização do interesse da criança, apoia-se em factos concretos e em razões de conformação e justificação racional que, na sua livre apreciação, fundamentam a decisão, fazendo uma apreciação global de todas as circunstâncias pertinentes a um consenso que determine uma solução justa e adequada a cada caso.

Os direitos da criança prevalecem sempre sobre os direitos dos pais, sendo a decisão sempre tomada em favor daquela, conforme o seu interesse *e não contra os pais.*

Não obstante, a eficácia concreta das decisões judiciárias é limitada.

Na verdade, apesar da consagração legal do respeito pelo princípio fundamental do interesse superior da criança, torna-se necessário criar formas de actuação interdisciplinar e interinstitucional para assegurar uma maior rapidez na intervenção, quer seja a não judiciária quer seja a judiciária, com vista a se poder alcançar uma decisão definitiva e rápida dos órgãos competentes que, no interesse da criança, serão capazes de adoptar medidas adequadas a garantir o seu são desenvolvimento físico, afectivo e emocional.

b) Nesta lei e normativo, considera-se que a **criança ou o jovem está em perigo** quando se encontra numa das seguintes situações:

- está abandonada ou vive entregue a si própria;
- sofre maus tratos físicos ou psíquicos ou é vítima de abusos sexuais;
- não recebe os cuidados ou a afeição adequados à sua idade e situação pessoal;
- **está aos cuidados de terceiros, durante período de tempo em que se observou o estabelecimento com estes de forte relação de vinculação e em simultâneo com o não exercício pelos pais das suas funções parentais (aditada pela revisão de 2015);**
- é obrigada a actividades ou trabalhos excessivos ou inadequados à sua idade, dignidade e situação pessoal ou prejudiciais à sua formação ou desenvolvimento;
- está sujeita, de forma directa ou indirecta, a comportamentos que afectem gravemente a sua segurança ou o seu equilíbrio emocional;
- assume comportamentos ou se entrega a actividades ou consumos que afectem gravemente a sua saúde, segurança, formação, educação ou desenvolvimento sem que os pais, o representante legal ou quem tenha a guarda de facto se lhes oponham de modo adequado a remover essa situação;
- **tem nacionalidade estrangeira e está acolhida em instituição pública, cooperativa, social ou privada com acordo de cooperação com o Estado, sem autorização de residência em território nacional.**

Pretendeu-se que o elenco de situações fosse o mais abrangente possível, de modo a contemplar o maior número de casos de perigo que, independentemente da sua natureza, são comprometedores de direitos fundamentais da criança ou do jovem e exigem por isso o desencadeamento da intervenção de protecção.

No entanto, considerando que estamos perante um elenco exemplificativo, há que concluir que pode também fundamentar a intervenção de protecção qualquer outra ocorrência não descrita no normativo, a qual seja igualmente susceptível de configurar perigo para a segurança, saúde, formação, educação ou desenvolvimento da criança ou do jovem.

De salientar ainda que o legislador quis dar acolhimento expresso ao conceito jurídico de perigo, o qual é mais restrito que o de «risco», atribuindo apenas àquele a função legitimadora da intervenção de protecção.

Na verdade, tal com se assinala na Exposição de Motivos da Proposta que deu origem à presente lei, o conceito jurídico de «crianças e jovens em perigo» acolhido pelo diploma inspira-se no artigo 1918º do Código Civil e surge em detrimento do conceito mais amplo de «crianças em risco», uma vez que nem todos os riscos para o desenvolvimento da criança são legitimadores da intervenção do Estado e da sociedade na sua vida e autonomia e na sua família. A intervenção fica, assim, limitada às situações de **risco** que ponham em **perigo** a segurança, a saúde, a formação, a educação ou o desenvolvimento da criança ou do jovem.

Donde resulta, pois, que ficam de fora do âmbito da intervenção preconizada pela lei as acções desenvolvidas no domínio da chamada «prevenção secundária», destinada a eliminar ou reduzir factores de risco, através da actuação directa ao nível da criança, dos pais e do seu meio envolvente.

Por exemplo, quando se trata de prevenir o mau trato infantil, este nível de actuação será direccionado para as famílias já potencialmente em situação de risco, com elas trabalhando em áreas como a da promoção da interacção pais/criança, do desenvolvimento precoce de hábitos positivos no que tange aos cuidados relativamente à criança, da redução da aceitação social da violência, do desenvolvimento de capacidades e estratégias para lidar com as situações de *stress*, das respostas sociais para as famílias em situação de pobreza e de exclusão, do apoio para as mães adolescentes privadas de suporte familiar adequado e da promoção de comportamentos adaptativos da criança que contribuam para um desenvolvimento psicológico saudável. Cf. Isabel Alberto, *Maltrato e Trauma na Infância*, Coimbra, Almedina, 2004, pp. 112-115.

E isto sem prejuízo de toda a intervenção preventiva que as comissões de protecção de crianças e jovens, particularmente na sua modalidade alargada, devem realizar (artigo 18º da LPCJP).

De assinalar o facto de caber na alínea e) do nº 2 a situação de violência doméstica entre casais, percepcionada por crianças (a vicariante), suas vítimas também (cada vez mais directas, mesmo não sendo atingidas no corpo pela fúria do agressor).

A este propósito, refira-se o Acórdão da Relação de Guimarães, datado de 3/3/2014 (Pº 1396/12.7GBBCL.G1), lido em *www.dgsi.pt* (como todos os outros acórdãos referenciados nesta obra), o qual decidiu, em matéria atinente a questão criminal:

I – A agravação do crime de violência doméstica, resultante do facto ser praticados na presença de menor (art. 152 nº 2 do Cod. Penal), espelha a intenção do legislador de estender a tutela penal a pessoas de maior vulnerabilidade, que possam tornar-se vítimas "indiretas" dos maus tratos inicialmente dirigidos a outras pessoas.

II – Ocorre aquela circunstância agravante quando são perpetradas agressões físicas e dirigidos insultos à mãe de um menor de um ano e seis meses que está ao seu colo, pois, para além do risco do menor ser atingido fisicamente, nessa idade a criança já se apercebe da emoção dos adultos, vivendo a perturbação que a rodeia.

Entendo, neste caso, que se estiver a correr termos processo de regulação do exercício das responsabilidades parentais, no âmbito do qual se vislumbre aquela situação de perigo, o processo de promoção e protecção deve ser instaurado, desde logo, por apenso àquele, *ex vi* artigo 11º nº 1, do RGPTC e 81º da LPCJP.

Quanto a esta problemática, dou aqui conta do *link* de acesso ao manual digital **«Violência Doméstica: Implicações Sociológicas, Psicológicas e Jurídicas do Fenómeno»**, elaborado sob a égide do CEJ, com a minha co-coordenação científica (no qual também é abordado o fenómeno da Violência Doméstica, sob o ponto de vista do Direito da Família e das Crianças - Divórcio e Responsabilidades Parentais/*Promoção e protecção de crianças e jovens em perigo*/Intervenção tutelar educativa/*Articulação entre as várias intervenções: o processo penal, o processo tutelar educativo, o processo de promoção e protecção e as providências tutelares cíveis) – http://www.cej.mj.pt/cej/recursos/ebooks/outros/Violencia-Domestica-CEJ_p02_rev2c-EBOOK_ver_final.pdf.*

Este manual será actualizado ainda durante o ano de 2019.

Finalmente, dou nota do Despacho nº 31292/2008, publicado no DR, II-236, de 5/12/2008, que aprovou, com carácter de orientações técnicas, o documento «Maus tratos em crianças e jovens – intervenção da saúde», sendo depois a Portaria nº 965/2009, de 25 de Agosto, a estabelecer as regras de articulação entre as unidades de saúde e os serviços de segurança social.

c) A nova alínea d) vem dizer que uma criança está em perigo pela verificação objectiva e cumulativa dos seguintes requisitos:

- ❑ Não exercício pelos pais das suas funções parentais e
- ❑ Permanência da criança ao cuidado de terceiros durante tempo suficiente para se registar o estabelecimento de «forte» relação de vinculação entre eles.

d) Uma criança emancipada pelo casamento pode ser sujeito de um processo de promoção e protecção?

Tem de ter mais de 16 anos e não deixa de ser criança para efeitos jurídicos.

Já não está sujeito às responsabilidades parentais dos seus progenitores.

Tal emancipação atribui a este menor de idade plena capacidade de exercício de direitos, habilitando-o a reger a sua pessoa e a dispor livremente dos seus bens como se fosse maior, salvo o disposto no artigo 1649º do CC (cf. artigo 133º do CC).

Mas continua a ser criança.

E pode estar numa situação de perigo que o Direito não pode ignorar.

É certo que estes menores de idade se podem opor à intervenção das CPCJ (os pais aqui nada podem consentir ou deixar de consentir) – contudo, os tribunais poderão e deverão intervir?

Quanto a mim, acho que **podem,** exactamente pelo facto de não terem deixado de ser crianças para o Direito Português, não devendo o intérprete restringir o âmbito de aplicação da norma da LPCJP que espalha a sua cobertura a todas as crianças e jovens que estejam em perigo.

Outra questão é saber se **devem**, ou seja, se a intervenção judiciária em termos protectivos será eficaz.

Já se discutiu esta questão na jurisprudência.

O acórdão da Relação do Porto de 18/5/2017 (Pº **1341/17.3T8MTS.P1), consultado em *www.dgsi/trp*, já decidiu que:**

I – As medidas de ***promoção*** *e protecção apenas se aplicam a menores, quer sejam crianças, quer sejam jovens, cessando com a* ***maioridade****, a não ser que o jovem que atinge a* ***maioridade*** *e ao qual estivesse a ser aplicada uma medida, peça a sua continuação até atingir os 21 anos.*

II – Ao menor que passou a ser equiparado a maior pela ***emancipação****, sendo livre de gerir a sua pessoa, não pode ser aplicada medida de* ***promoção*** *e protecção.*

Discordo.

Não se vê fundamento para distinguir uma jovem de 16 anos emancipada de outra não emancipada em sede de perigo e para a primeira não beneficiar da intervenção para promoção dos seus direitos e sua protecção, que lhe é conferida pelo Estado através da aplicação da LPCJP.

Apesar da sua emancipação pelo casamento lhe ter atribuído plena capacidade de exercício de direitos, habilitando-a a reger a sua pessoa e a dispor dos seus bens como se fosse maior, esta jovem do processo não deixou de ser uma criança/jovem, continuando a integrar-se no conceito de "criança ou jovem", nos termos em que o mesmo se encontra definido no art. 5º, a) da LPCJP.

No caso, e como bem defendeu o MP recorrente, a jovem com 16 anos está em idade de escolaridade obrigatória (artigos 1º/1, 2º e 6º do DL 176/12, de 2/8), cabendo-lhe agora a ela própria, como aluna, mas porque emancipada, o dever e a responsabilidade pela sua matrícula (art. 8º/1 do dito diploma).

Portanto, a jovem encontrava-se em situação de absentismo escolar. De acordo com a sinalização, a situação da jovem, a par do abandono escolar, apresentava outros factores de risco que cumpria apurar em sede protectiva.

Ou seja:

A lei nunca fala, para efeitos de se afastar a protecção tendencialmente mais apertada às vítimas, em emancipados. Nem a LPCJP, nem o Código Penal, nem mesmo os diplomas de direito internacional.

A linha que separa os mundos é a da maioridade, não a emancipação. Confesso que me assusta prescindir de uma série de oportunidades que ainda podem ser dadas às pessoas, simplesmente porque se casam... Aliás, esse casamento precoce pode e é frequentemente um indicador de maior necessidade ainda de intervenção...

A LPCJP fala em Crianças e Jovens em perigo, sem distinções!

E uma menor emancipada pode estar em perigo!

Acompanhemos, então, no futuro esta evolução doutrinária e jurisprudencial.

e) A revisão de 2018 acrescentou mais uma alínea ao elenco do perigo do nº 2 – está em perigo uma criança quando tem nacionalidade estrangeira e está acolhida em instituição pública, cooperativa, social ou privada com acordo de cooperação com o Estado, sem autorização de residência em território nacional.

Esteve na base desta nova estatuição a necessidade de fazer uma efectiva regularização do estatuto jurídico das crianças e jovens de nacionalidade estrangeira acolhidos em instituições do Estado ou equiparadas.

Note-se que o artigo 2º já legitimava a intervenção estatal relativamente a estas crianças nascidas noutros países (bastando que se encontrassem no nosso). Agora, vem especificar que estas crianças estrangeiras acolhidas em Portugal, e sem autorização do nosso Estado para aqui residirem, só por esse facto, vivenciam uma situação de perigo.

De facto, há muitas crianças que ficam durante anos à guarda do Estado numa situação de impasse, impedidas de frequentar determinados cursos curriculares, estar inscritos em actividades desportivas federadas ou ter acesso a prestações sociais por não terem autorização de residência.

Ora, a sua regularização depende de uma autorização dos pais, que muitas vezes nunca chega, ou do voluntarismo de quem as acolhe para tratar da burocracia com as instituições portuguesas e estrangeiras.

Esta revisão de 2018 mexeu ainda com outros três artigos da LPCJP.

Criou uma nova finalidade para a medida de acolhimento residencial (Cf. novo 49º/3):

«(...) *Nos casos em que a criança ou jovem, de nacionalidade estrangeira, é acolhido em instituição pública, cooperativa, social ou privada com acordo de cooperação com o Estado, a medida envolve a atribuição de autorização de residência em território nacional pelo período necessário a uma decisão definitiva sobre eventual pedido de naturalização, nos termos do nº 3 do artigo 6º da Lei nº 37/81, de 3 de outubro*».

Criou um novo direito da criança ou jovem em acolhimento que foi adicionado ao catálogo [Cf. artigo 58º/1 k)]:

«(...) *k) Nas condições referidas no nº 2 do artigo 3º, obter autorização de residência em Portugal e o processo de naturalização, nos termos do nº 3 do artigo 6º da Lei nº 37/81, de 3 de outubro*».

E, finalmente, criou uma nova atribuição do Ministério Público em matéria de promoção e protecção de crianças e jovens (Cf. novo artº 72º/3):

«*(...) 3 – Compete, ainda, em especial, ao Ministério Público representar as crianças e jovens em perigo, propondo ações, requerendo providências tutelares cíveis e usando de quaisquer meios judiciais necessários à promoção e defesa dos seus direitos e à sua proteção, incluindo promover os procedimentos de naturalização, nos termos do nº 3 do artigo 6º da Lei nº 37/81, de 3 de outubro*».

Registe-se ainda que, em coerência, a própria Lei da Nacionalidade (Lei nº 37/81, de 3/10) foi revista pela Lei Orgânica nº 2/2018, de 5/7 (publicada na mesma data desta 4ª revisão da LPCJP), nomeadamente no seu artigo 6º (aquisição da nacionalidade por naturalização):

«3 – Tratando-se de criança ou jovem com menos de 18 anos, acolhidos em instituição pública, cooperativa, social ou privada com acordo de cooperação com o Estado, na sequência de medida de promoção e proteção definitiva aplicada em processo de promoção e proteção, ao abrigo do disposto no nº 3 do artigo 72º da Lei de Proteção de Crianças e Jovens em Perigo, aprovada em anexo à Lei nº 147/99, de 1 de setembro, cabe ao Ministério Público promover o respetivo processo de naturalização com dispensa das condições referidas no número anterior».

A Lei nº 26/2018, de 5/7, veio também alterar o regime jurídico de entrada, permanência, saída e afastamento de estrangeiros, aprovado pela Lei nº 23/2007, de 4/7, entretanto já alterada pelas Leis nºs 29/2012, de 9/8, 56/2015, de 23/6, 63/2015, de 30/6, 59/2017, de 31/7, e 102/2017, de 28/8, e entretanto, após, revista também pela Lei nº 28/2019, de 29/3), contendendo essa alteração – artigos 123º e 124º – com a permanência do acolhido em Portugal enquanto não se conclui o processo de naturalização.

Esta revisão propugna a atribuição de autorização de residência temporária a crianças e jovens de nacionalidade estrangeira acolhidos em instituição pública, cooperativa, social ou privada com acordo de cooperação com o Estado, na sequência de um processo de promoção e protecção, com dispensa dos requisitos gerais da lei, por razões humanitárias, durando até à decisão definitiva sobre o pedido de naturalização (competência: proposta do Director Nacional do Serviços de Estrangeiros e Fronteiras/ Iniciativa do membro do Governo responsável pela área da administração interna).

f) Decidiu o Acórdão da Relação de Coimbra de 27/4/2017 (Pº 268/12.0TBMGL.C2) que *"o perigo exigido na alínea d) do nº 1 do artigo 1978º do CC é aquele que se apresenta descrito no artigo 3º da LPCJP, conforme expressamente se remete no nº 3 do artigo 1978º do CC, sem que pressuponha a efectiva lesão, bastando, assim, um perigo iminente ou provável".*

g) Apelo a que as CPCJ estejam atentas à necessária e imperiosa intervenção tutelar educativa de jovens entre os 12 e os 16 anos que pratiquem factos qualificados na lei como crimes, devendo accionar com maior frequência a sinalização ao Ministério Público de tais situações.

É verdade que a maioria das crianças com uma medida de protecção não suscita necessidade de intervenção tutelar educativa.

Contudo, muitas vezes, inexiste legitimidade para uma intervenção protectiva [lançando-se mão de uma ***artificiosa e errónea*** aplicação do perigo previsto na alínea g) do nº 2 deste artigo 3º, alínea esta em 2º lugar no ranking das situações mais invocadas nas CPCJ, segundo os dados de 2018, apresentados em Tavira entre 22 e 24 de Maio de 2019], quando, afinal, fica por fazer uma necessária intervenção educativa, esquecida na ânsia desenfreada de proteger – de facto, REEDUCAR uma criança para o Direito é, não raras vezes, um caminho bem mais eficaz do que a mera protecção para se atingir um crescimento saudável e completo de um jovem em contexto social e familiar (e nunca é demais lembrar que a lei dá prioridade metodológica à intervenção tutelar educativa – cfr. artigo 43º, nº 3 da LTE).

Como muito bem recentemente – no dia 22 de Maio de 2019, em Tavira, na Abertura do dito Encontro Nacional de Avaliação das Actividades das CPCJ em 2018) – a nossa Procuradora-Geral da República, Drª Lucília Gago, lembrou:

«1. Com a alteração da Lei Tutelar Educativa que teve lugar em 2015 (com a publicação da Lei nº 4/2015, de 15 de Janeiro), adquirida a notícia do facto criminalmente relevante pelo Ministério Público, cometido por jovem de 12 ou mais anos que não haja ainda completado 16, ela determina obrigatoriamente a abertura de inquérito, o que vale por dizer ser dispensável qualquer manifestação de vontade de quem quer que seja no sentido de tal instauração, sendo igualmente irrelevante qualquer manifestação de vontade no sentido do prosseguimento dos autos ou no do arquivamento;

2. A de que tal cometimento não é, por si só, habilitante de intervenção protetiva, designadamente da competência das Comissões de Proteção de Crianças e Jovens, na certeza de que o perigo a que alude a alínea g) do nº 2 do artigo 3º da LPCJP, por vezes invocado para justificar a instauração de processo de promoção e proteção, não se mostrará obviamente preenchido quando o jovem dessa faixa etária adota tais comportamentos sem que os cuidadores deles tenham conhecimento e justamente por isso não poderá configurar-se sequer qualquer hipótese de a eles se poderem opor;

3. Sendo a denúncia obrigatória para os órgãos de polícia criminal e para os funcionários, estes quanto a factos de que tomem conhecimento no exercício das suas funções e por causa delas – obrigatoriedade que não é demais enfatizar –, a fraca expressão numérica das participações e dos inquéritos tutelares educativos é merecedora de reflexão e iniciativas visando uma melhor abordagem por parte das entidades e instituições que exercem a sua atividade no âmbito do Direito da Família e das Crianças, incluindo do Ministério Público, numa área de relevância fulcral e indissociável dos objetivos de prevenção da criminalidade».

Artigo 4º – Princípios orientadores da intervenção

A intervenção para a promoção dos direitos e proteção da criança e do jovem em perigo obedece aos seguintes princípios:

a) Interesse superior da criança e do jovem – a intervenção deve atender prioritariamente aos interesses e direitos da criança e do jovem, **nomeadamente à continuidade de relações de afeto de qualidade e significativas,** sem prejuízo da consideração que for devida a outros interesses legítimos no âmbito da pluralidade dos interesses presentes no caso concreto;

b) Privacidade – a promoção dos direitos e proteção da criança e do jovem deve ser efetuada no respeito pela intimidade, direito à imagem e reserva da sua vida privada;

c) Intervenção precoce – a intervenção deve ser efetuada logo que a situação de perigo seja conhecida;

d) Intervenção mínima – a intervenção deve ser exercida exclusivamente pelas entidades e instituições cuja ação seja indispensável à efetiva promoção dos direitos e à proteção da criança e do jovem em perigo;

e) Proporcionalidade e atualidade – a intervenção deve ser a necessária e a adequada à situação de perigo em que a criança ou o jovem se encontram no momento em que a decisão é tomada e só pode interferir na sua vida e na da sua família na medida do que for estritamente necessário a essa finalidade;

f) Responsabilidade parental – a intervenção deve ser efetuada de modo que os pais assumam os seus deveres para com a criança e o jovem;

***g)* Primado da continuidade das relações psicológicas profundas – a intervenção deve respeitar o direito da criança à preservação das relações afetivas estruturantes de grande significado e de referência para o seu saudável e harmónico desenvolvimento, devendo prevalecer as medidas que garantam a continuidade de uma vinculação securizante;**

h) Prevalência da família – na promoção dos direitos e na proteção da criança e do jovem deve ser dada prevalência às medidas que os integrem **em família, quer na sua família biológica, quer promovendo a sua adoção ou outra forma de integração familiar estável;**

i) Obrigatoriedade da informação – a criança e o jovem, os pais, o representante legal ou a pessoa que tenha a sua guarda de facto têm direito a ser informados dos seus direitos, dos motivos que determinaram a intervenção e da forma como esta se processa;

j) Audição obrigatória e participação – a criança e o jovem, em separado ou na companhia dos pais ou de pessoa por si escolhida, bem como os pais, representante legal ou pessoa que tenha a sua guarda de facto, têm direito a ser ouvidos e a participar nos atos e na definição da medida de promoção dos direitos e de proteção;

k) Subsidiariedade – a intervenção deve ser efetuada sucessivamente pelas entidades com competência em matéria da infância e juventude, pelas comissões de proteção de crianças e jovens e, em última instância, pelos tribunais.

[As alíneas *d)*, *g)* e *h)* foram alteradas – cf. ***a bold*** – pela Lei nº 142/2015, de 8 de Setembro, passando as anteriores alíneas *h)* a *j)* a constituir as alíneas *i)* a *k)*]

Anotação

a) O artigo 4º da LPCJP enuncia e define sumariamente um conjunto de princípios a que deve obedecer a intervenção de protecção.

São eles:

***1.* Interesse Superior da Criança e do Jovem**

A intervenção judiciária e não judiciária deve atender prioritariamente aos interesses e direitos supremos da criança ou jovem, internacional, constitucional e legalmente consagrados (seria bem melhor aqui falar do INTERESSE ***maior*** da criança, ***superior*** a qualquer outro envolvente no seu processo).

***2.* Privacidade**

A promoção dos direitos e protecção da criança ou jovem deve ser efectuada no respeito pela sua intimidade, pelo seu direito à imagem e pela reserva da sua vida privada.

3. Intervenção Mínima

A intervenção deve ser exercida exclusivamente pelas entidades e instituições cuja acção seja considerada *indispensável* à efectiva promoção dos direitos e à protecção da criança ou do jovem.

***4.* Intervenção Precoce**

A intervenção deve ser efectuada logo que a situação de perigo e urgência seja noticiada.

5. Respeito pela Responsabilidade Parental

A intervenção deve ser efectuada de modo a que os pais assumam os seus deveres para com a criança ou jovem, quando tal for possível.

6. Prevalência da Família

Na promoção de direitos e na protecção da criança ou do jovem deve ser dada prevalência às medidas que o integram ***numa*** família (note-se que, em rigor, dever-se-ia ter escrito «prevalência ***de*** família», abrangendo qualquer célula familiar, seja biológica ou não), podendo promover-se o seu apadrinhamento civil ou a sua adopção.

Ou seja, na actual alínea h) já não se fala «na sua família», mas apenas em «família», seja ela qual for (dando-se aqui o primado da família em detrimento do acolhimento residencial).

O princípio da prevalência da família terá que ser entendido não no sentido da afirmação da prevalência da família biológica a todo o custo, mas sim como o assinalar do direito sagrado da criança à família, seja ela a natural (se possível), seja a adoptiva, reconhecendo que é na família que a criança tem as ideais condições de crescimento e desenvolvimento e é aquela o centro primordial de desenvolvimento dos afectos (cf. Acórdão da Relação de Évora de 19/5/2016, in Processo nº 1491/15.0T8PTM.E1).

7. Proporcionalidade e Actualidade

A intervenção deve ser a necessária e a adequada à situação de perigo em que a criança ou o jovem se encontra, no momento em que a decisão é tomada e só deve interferir o estritamente na sua vida e da sua família.

8. Direito à Informação

A criança ou o jovem, os pais, o representante legal ou a pessoa a quem esteja confiado têm direito a ser informados dos seus direitos, dos motivos que motivaram a intervenção e da forma como esta se processa.

9. Audição Obrigatória e Participação

O criança ou o jovem, os pais, representante legal ou pessoa a quem esteja confiado, têm direito a ser ouvidos e a participar nos actos e na definição da medida de promoção e protecção a aplicar.

10. **Interdisciplinaridade** (não previsto no texto literal da Lei mas intuído ao longo do diploma)

A intervenção deve ser efectuada com o contributo dos vários saberes que concorrem na acção protectiva, em conjugação de esforços e de forma articulada.

***11.* Subsidiariedade**

A intervenção deve ser efectuada sucessivamente pelas entidades com competência em matéria de infância e juventude, pelas Comissões de Protecção de Crianças e Jovens e pelos Tribunais – em rigor, este princípio dever-se-ia chamar «princípio da sucessividade».

***12.* Primado da continuidade das relações psicológicas profundas (novo em 2015)**

A intervenção deve respeitar o direito da criança à preservação das relações afectivas – sejam elas quais forem – estruturantes de grande significado e de referência para o seu saudável e harmónico desenvolvimento, devendo prevalecer as medidas que garantam a continuidade de uma sua vinculação securizante.

b) Note-se que estes princípios também são aplicados no Regime Geral do Processo Tutelar Cível, por força do artigo 4º do mesmo (aprovado pela Lei nº 141/2015, de 8/9).

Aqui se transcreve tal normativo:

Artigo 4º – Princípios orientadores

1 – Os processos tutelares cíveis regulados no RGPTC **regem-se pelos princípios orientadores de intervenção estabelecidos na lei de proteção de crianças e jovens em perigo** e ainda pelos seguintes:

a) Simplificação instrutória e oralidade – a instrução do processo recorre preferencialmente a formas e a atos processuais simplificados, nomeadamente, no que concerne à audição da criança que deve decorrer de forma compreensível, ao depoimento dos pais, familiares ou outras pessoas de especial referência afetiva para a criança, e às declarações da assessoria técnica, prestados oralmente e documentados em auto;

b) Consensualização – os conflitos familiares são preferencialmente dirimidos por via do consenso, com recurso a audição técnica especializada e ou à mediação, e, excecionalmente, relatados por escrito;

c) Audição e participação da criança – a criança, com capacidade de compreensão dos assuntos em discussão, tendo em atenção a sua idade e maturidade, é sempre ouvida sobre as decisões que lhe digam respeito, preferencialmente com o apoio da assessoria técnica ao tribunal, sendo garantido, salvo recusa fundamentada do juiz, o acompanhamento por adulto da sua escolha sempre que nisso manifeste interesse.

2 - Para efeitos do disposto na alínea c) do número anterior, o juiz afere, casuisticamente e por despacho, a capacidade de compreensão dos assuntos em discussão pela criança, podendo para o efeito recorrer ao apoio da assessoria técnica.

Artigo 5º – Definições

Para efeitos da presente lei, considera-se:

a) Criança ou jovem – a pessoa com menos de 18 anos ou a pessoa com menos de 21 anos que solicite a continuação da intervenção iniciada antes de atingir os 18 anos, **e ainda a pessoa até aos 25 anos sempre que existam, e apenas enquanto durem, processos educativos ou de formação profissional;**

b) Guarda de facto – a relação que se estabelece entre a criança ou o jovem e a pessoa que com ela vem assumindo, continuadamente, as funções essenciais próprias de quem tem responsabilidades parentais;

***c)* Situação de emergência – a situação de perigo atual ou iminente para a vida ou a situação de perigo atual ou iminente de grave comprometimento da integridade física ou psíquica da criança ou jovem, que exija proteção imediata nos termos do artigo 91º, ou que determine a necessidade imediata de aplicação de medidas de promoção e proteção cautelares;**

***d)* Entidades com competência em matéria de infância e juventude** – as pessoas singulares ou coletivas, públicas, cooperativas, sociais ou privadas que, por desenvolverem atividades nas áreas da infância e juventude, têm legitimidade para intervir na promoção dos direitos e na proteção da criança e do jovem em perigo;

e) Medida de promoção dos direitos e de proteção – a providência adotada pelas comissões de proteção de crianças e jovens ou pelos tribunais, nos termos do presente diploma, para proteger a criança e o jovem em perigo;

f) Acordo de promoção e proteção – compromisso reduzido a escrito entre as comissões de proteção de crianças e jovens ou o tribunal e os pais, representante legal ou quem tenha a guarda de facto e, ainda, a criança e o jovem com mais de 12 anos, pelo qual se estabelece um plano contendo medidas de promoção de direitos e de proteção.

[A alínea a) foi alterada pela Lei nº 23/2017, de 23 de Maio, e as alíneas *c)* e *d)* foram alteradas pela Lei nº 142/2015, de 8 de Setembro]

Anotação

a) Saúda-se o facto de existirem definições nesta Lei, tendo-se aditado em 2015 toda a nomenclatura das entidades de primeira linha na alínea d) e mudando a noção de urgência que passou agora a **emergência.**

Deixou de se usar o termo «situação de URGÊNCIA» (relegado apenas para a caracterização dos procedimentos de urgência dos artigos 91º e 92º), usando-se agora um bem mais amplo que abrange as situações de perigo actual ou iminente (corrigiu-se, finalmente, o «eminente para iminente») para a vida ou a situação de perigo actual ou iminente de grave comprometimento da integridade física ou **psíquica** (novidade – situação que pode gerar aqui algumas dúvidas, no que tange à actuação dos órgãos de polícia criminal em cumprimento de um procedimento de urgência tomado por uma CPCJ) da criança ou jovem,

- que exija protecção imediata, nos termos do artigo 91º,
- ou que determine a necessidade imediata de aplicação de medidas de promoção e protecção cautelares (Cf. novo artigo 37º).

Ainda sobre a questão do perigo actual ou iminente de grave comprometimento da integridade psíquica da criança ou jovem – se o perigo iminente (que não actual) para a vida ou de grave comprometimento da integridade física já pode ser de difícil prova "sumária" (que é o que se exige nessas circunstâncias), muito mais difícil resulta o perigo iminente de grave comprometimento da "integridade psíquica" da criança ou jovem.

Sabemos que isso foi muito discutido em sede da Comissão revisora, tendo-se entendido, porém, que por uma questão de salvaguarda, não poderia ignorar-se a dimensão psíquica da saúde, hoje unanimemente reconhecida como tão relevante quanto a dimensão física.

Contudo, acho dificilmente equacionável um cenário em que *apenas* esteja em causa o perigo iminente ou actual de grave comprometimento da integridade psíquica da criança, sem que ocorra simultâneo grave perigo de comprometimento da sua integridade física.

Admitindo ainda que tal possa suceder, não me parece que se possa tal apurar por entre "portas fechadas". Já não sucederá o mesmo com o grave perigo de comprometimento da integridade física, o qual, a avaliar pelo teor de uma discussão/luta audível, será facilmente aferido.

Neste aspecto, é cogitável que os órgãos de polícia criminal venham a recusar entrar em domicílio, sem mandados, por haver dúvidas legítimas sobre o enquadramento da situação como de "emergência", nos termos previstos na lei (5º/c, conjugado com o 91º/1 LPCJP), devendo, nesse caso, tal OPC entrar logo em contacto com a CPCJ que proferiu tal procedimento de urgência que contactará o MP competente – deixa de se estar no âmbito de um procedimento de urgência, podendo e devendo haver a instauração de um processo judicial com o pedido da realização urgente da diligência de entrada na residência e tomada de medida cautelar de protecção da criança (artigo 37º).

b) A Lei nº 23/2017, de 23/5, veio agora estabelecer que também é jovem para efeitos deste diploma, **a pessoa até aos 25 anos sempre que existam, e apenas enquanto durem, processos educativos ou de formação profissional.**

Saúda-se esta revisão pois vai dar oportuna cobertura legal a muitas protecções de facto que o próprio sistema oficial não sancionava.

Tal novo conceito está hoje em vigor desde a entrada em vigor do Orçamento de Estado para 2018.

Há que dizer que também o jovem que queira ser protegido até aos 25 anos de idade o terá de expressamente requerer no processo de que é sujeito, obviamente antes dos 21 anos, altura em que cessaria a medida que está em vigor (cf. artigo 63º, nº 3), e sempre no pressuposto de que existam, e apenas enquanto durem, processos educativos ou de formação profissional.

Capítulo II
Intervenção para promoção dos direitos e de proteção da criança e do jovem em perigo

SECÇÃO I – Modalidades de intervenção

Artigo 6º – Disposição geral

A promoção dos direitos e a proteção da criança e do jovem em perigo incumbe às entidades com competência em matéria de infância e juventude, às comissões de proteção de crianças e jovens e aos tribunais.

Anotação

a) Segundo o princípio orientador da subsidiariedade, a intervenção deve ser efectuada sucessivamente pelas entidades com competência em matéria de infância e juventude, pelas comissões de protecção de crianças e jovens e, em última instância, pelos tribunais.

Lançando mão de uma ilustração geométrica, podemos dizer que a estrutura que caracteriza o sistema de promoção e protecção é semelhante à de uma pirâmide:

- na base situa-se a actuação levada a cabo pelas *entidades com competência em matéria de infância e juventude*, a qual depende do consenso dos pais, dos representantes legais ou de quem tenha a guarda de facto e da não oposição da criança e do jovem com idade igual ou superior a 12 anos (podendo a oposição da criança com menos de 12 anos ser considerada relevante, de acordo com a sua capacidade para compreender o sentido da intervenção); contudo, estas entidades não podem aplicar medidas de promoção e protecção (artigos 7º, 10º e 38º) – **intervenção consensual;**

- no plano seguinte, as *comissões de protecção de crianças e jovens*, quando não for possível às entidades actuar de forma adequada e suficiente a remover o perigo; a intervenção das comissões depende do consentimento expresso dos pais, do representante legal ou da pessoa que tenha a guarda de facto, consoante o caso, e da não oposição da criança e do jovem com idade igual ou superior a 12 anos (podendo a oposição da criança com menos de 12 anos ser considerada relevante de acordo com a sua capacidade para compreender o sentido da intervenção); para além disso, não possuem competência para aplicar a medida de confiança a pessoa seleccionada para a adopção ou a família de acolhimento ou instituição com vista a futura adopção (artigos 8º, 9º, 10º e 38º) – **intervenção consentida;**
- encontramos, finalmente, no topo os *Juízos de Família e Menores* (nova nomenclatura do mapa judiciário, agora gizado pela Lei nº 40-A/2016, de 22 de Dezembro, e pelo DL nº 86/2016, de 27/12) *das 20 comarcas*, havendo foro especial nas restantes 3 comarcas e em alguns municípios de outras 6 – dentro das primeiras 20 –, abaixo indicadas, às quais compete a instrução e julgamento do processo judicial de promoção e protecção (artigos 11º e 101º) – **Intervenção que pode ou não ser consensual – ACORDO DE PROMOÇÃO E PROTECÇÃO homologado pelo tribunal OU DECISÃO JUDICIAL DE MÉRITO SEM ACORDO.**

b) Lembremos, de facto, a nova redacção dada em 2015 ao artigo 101º, consentâneo com a organização judiciária entrada em vigor em 2014 (cf. **Lei nº 62/2013, de 26/8, e DL nº 49/2014 de 27/3,** revista a primeira pela Lei nº 40-A/2016, de 22/12, pela Lei nº 94/2017, de 23/8, pela Lei Orgânica nº 4/2017, de 25/8, pela Lei nº 23/2018, de 5/6, pelo DL nº 110/2018, de 10/12, pela Lei nº 19/2019, de 19/2 e pela Lei nº 27/2019, de 28/3):

> ***1 – Compete às secções de família e menores da instância central do tribunal de comarca a instrução e o julgamento do processo (LEIA-SE HOJE «JUÍZOS DE FAMÍLIA E MENORES»).***

2 – Fora das áreas abrangidas pela jurisdição das secções de família e menores (comarcas da Guarda, Portalegre e Bragança e municípios não abrangidos pelas áreas de jurisdição das Secções de Família e Menores das Instâncias Centrais nas comarcas de Açores, Beja, Évora, Madeira, Viana do Castelo e Vila Real) cabe às secções cíveis da instância local conhecer das causas que àquelas estão atribuídas, por aplicação, com as devidas adaptações, do disposto no nº 5 do artigo 124º da Lei da Organização do Sistema Judiciário, aprovada pela Lei nº 62/2013, de 26 de agosto.

3 – Sem prejuízo do disposto no número anterior, em caso de não ocorrer desdobramento, cabe às secções de competência genérica da instância local conhecer das causas ali referidas, conforme o disposto na alínea a) do nº 1 do artigo 130º da Lei nº 62/2013, de 26 de agosto.

4 – Nos casos previstos nos números anteriores, o tribunal constitui-se em secção de família e menores.

c) **Até 31.8.2014**, encontravam-se em funcionamento os seguintes tribunais de família e menores:

- Porto, Gaia, Matosinhos, Braga, Coimbra, Vila Franca de Xira, Lisboa, Loures, Cascais, Almada, Seixal, Barreiro, Setúbal, Faro, Portimão, Funchal e Ponta Delgada, além dos existentes nas comarcas experimentais (Juízo Misto de Trabalho/Família de Sines na comarca do Alentejo Litoral, Aveiro, Estarreja e Oliveira do Bairro na comarca do Baixo Vouga e Sintra e Amadora na comarca da Grande Lisboa Noroeste)
- Fora destas áreas territoriais, era o tribunal judicial de competência genérica o competente para conhecer destas causas.

d) Por força da revisão do mapa judiciário operada pela Lei nº 40-A/2016, de 22/12, e DL nº 86/2016, de 27/12 (desapareceram as nomenclaturas «secções de família e menores» e «instâncias centrais e locais»), o artigo 101º deve agora ser assim lido:

Artigo 101º
Tribunal competente

1 – Compete aos juízos de família e menores do tribunal de comarca a instrução e o julgamento do processo.

2 – Fora das áreas abrangidas pela jurisdição dos juízos de família e menores cabe aos juízos locais cíveis conhecer das causas que àquelas estão atribuídas, por

aplicação, com as devidas adaptações, do disposto no nº 5 do artigo 124º da Lei da Organização do Sistema Judiciário, aprovada pela Lei nº 62/2013, de 26 de agosto, na redação da Lei nº 40-A/2016, de 22 de dezembro.

3 – Sem prejuízo do disposto no número anterior, em caso de não ocorrer desdobramento, cabe aos juízos de competência genérica da comarca conhecer das causas ali referidas, conforme o disposto na alínea a) do nº 1 do artigo 130º da Lei nº 62/2013, de 26 de agosto, na redação da Lei nº 40-A/2016, de 22 de dezembro.

4 – Nos casos previstos nos números anteriores, o tribunal constitui-se em juízo de família e menores.

e) O DL nº 86/2016, de 27/12, veio estabelecer o seguinte:

1 – São criados os seguintes juízos de família e menores:

a) Juízo de Família e Menores de Abrantes;
b) Juízo de Família e Menores de Alcobaça;
c) Juízo de Família e Menores de Fafe;
d) Juízo de Família e Menores de Leiria;
e) Juízo de Família e Menores de Mafra;
f) Juízo de Família e Menores do Marco de Canaveses;
g) Juízo de Família e Menores de Vila do Conde.

2 – É alterada, nos termos do anexo I ao presente decreto-lei, do qual faz parte integrante, a área de competência territorial dos seguintes juízos de família e menores, resultantes da redenominação das respetivas secções de família e menores:

a) Juízo de Família e Menores de Beja;
b) Juízo de Família e Menores de Caldas da Rainha;
c) Juízo de Família e Menores de Castelo Branco;
d) Juízo de Família e Menores de Coimbra;
e) Juízo de Família e Menores de Évora;
f) Juízo de Família e Menores da Figueira da Foz;
g) Juízo de Família e Menores de Guimarães;
h) Juízo de Família e Menores de Lamego;
i) Juízo de Família e Menores de Matosinhos;
j) Juízo de Família e Menores de Paredes;
k) Juízo de Família e Menores de Pombal;
l) Juízo de Família e Menores de Santa Maria da Feira;
m) Juízo de Família e Menores de Santarém;

n) Juízo de Família e Menores de Sintra;
o) Juízo de Família e Menores de Tomar;
p) Juízo de Família e Menores de Viana do Castelo;
q) Juízo de Família e Menores de Vila Real;
r) Juízo de Família e Menores de Viseu.

f) Entretanto, o DL nº 38/2019, de 18/3, procedeu à terceira alteração ao DL nº 49/2014, de 27/3, alterado pelo DL nº 86/2016, de 27/12 e pela Lei nº 19/2019, de 19/2, que regulamenta a Lei nº 62/2013, de 26/8 (Lei da Organização do Sistema Judiciário, revista pela Lei nº 40-A/2016, de 22/12, pela Lei nº 94/2017, de 23/8, pela Lei Orgânica nº 4/2017, de 25/8, pela Lei nº 23/2018, de 5/6, pelo DL nº 110/2018, de 10/12, e pela Lei nº 19/2019, de 19/2) e estabelece o regime aplicável à organização e funcionamento dos tribunais judiciais.

Por este diploma de 2019, entrado em vigor em 23/4/2019, reforçou-se a especialização dos tribunais judiciais, tendo-se criando novos Juízos de Família e Menores (na Maia e na Praia da Vitória), procedendo-se ainda à alteração das competências territoriais dos Juízos de Família e Menores de Leiria, Alcobaça, Matosinhos, Santarém, Tomar e Viseu.

Tal diploma veio a ser alvo de Declaração de Rectificação nº 22/2019, de 17 de Maio de 2019.

g) Sempre defendi uma justiça especializada nesta área (como o é a Justiça Laboral ou a Medicina das Crianças chamada Pediatria).

O novo desenho da organização judiciária gizado em 2016 fez retroceder este desiderato, na minha opinião.

Aceito melhor uma justiça especializada do que uma justiça generalista mais próxima dos cidadãos.

Abram mais tribunais de família e crianças pelo país para que as distâncias com a população não sejam por vezes tão grandes.

E há sempre maneira de fazer chegar a voz dos utentes desta Justiça ao juiz especializado, sem que eles se tenham de deslocar em pessoa ao foro em causa...

h) Ainda irei a tempo de ver em Portugal Juízos de Família, das Crianças e dos Jovens, em vez de Juízos de Família e de Menores (considerando que o termo «menor» é uma ficção jurídica inventada pelo Direito e que não reproduz fielmente a complexidade do ser humano que ainda não atingiu os 18 anos de idade)?

i) Acredito que muitas situações de risco possam não transformar-se em perigo se forem logo atacadas com eficácia pelas entidades de 1ª linha, não chegando a haver a necessidade de serem transmitidas às CPCJ.

Artigo 7º – Intervenção de entidades com competência em matéria de infância e juventude

1 – As entidades com competência em matéria de infância e juventude devem, no âmbito das suas atribuições, promover ações de prevenção primária e secundária, nomeadamente, mediante a definição de planos de ação local para a infância e juventude, visando a promoção, defesa e concretização dos direitos da criança e do jovem.

2 – As entidades com competência em matéria de infância e juventude devem promover e integrar parcerias e a elas recorrer, sempre que, pelas circunstâncias do caso, a sua intervenção isolada não se mostre adequada à efetiva promoção dos direitos e proteção da criança ou do jovem.

3 – A intervenção das entidades com competência em matéria de infância e juventude é efetuada de modo consensual **com as pessoas de cujo consentimento dependeria a intervenção da comissão de proteção nos termos do artigo 9º.**

4 – Com vista à concretização das suas atribuições, cabe às entidades com competência em matéria de infância e juventude:

***a)* Avaliar, diagnosticar e intervir em situações de risco e perigo;**

***b)* Implementar estratégias de intervenção necessárias e adequadas à diminuição ou erradicação dos fatores de risco;**

***c)* Acompanhar a criança, jovem e respetiva família em execução de plano de intervenção definido pela própria entidade, ou em colaboração com outras entidades congéneres;**

***d)* Executar os atos materiais inerentes às medidas de promoção e proteção aplicadas pela comissão de proteção ou pelo tribunal, de que sejam incumbidas, nos termos do acordo de promoção e proteção ou decisão judicial.**

5 – No exercício das competências conferidas no número anterior cabe às entidades com competência em matéria de infância e juventude elaborar e manter um registo atualizado, do qual conste a descrição sumária das diligências efetuadas e respetivos resultados.
(Alterado pela Lei nº 142/2015, de 8 de Setembro)

ANOTAÇÃO

a) Em nome do princípio da subsidiariedade (ou da *sucessividade*, como melhor deveria ser definido), previsto na al. k) do artº 4º da LPCJP, a intervenção em situações de crianças e jovens em perigo é primordialmente levada a efeito, se estiverem perfectibilizados os requisitos dessa intervenção, pelas entidades com competência em matéria de infância e juventude, sendo certo que são elas que estarão mais próximas da sua realidade vivencial, podendo lançar mão de recursos mais imediatos e eficazes junto da comunidade que é responsável pelo bem-estar das suas crianças e que está na base da prevenção das situações de perigo (no entanto, chegam-nos notícias alarmantes de informações de absentismo escolar de alunos que estão a ser enviados directa e imediatamente, sem qualquer tipo de investigação prévia e de tentativa de intervenção por tais entidades, para os tribunais, **o que poderá justificar, em casos pouco claros, que o MP – ou a CPCJ – devolva o expediente para a entidade referida, pedindo explicações sobre o que foi realmente feito no interesse daquela criança a fim de a retirar de uma pretensa situação de perigo).**

- São exemplos destas entidades com intervenção privilegiada em campos tão distintos como o da educação, saúde, formação profissional, acolhimento, desporto e ocupação de tempos livres:
- Autarquias
- Serviços da Segurança Social
- Instituições Particulares de Solidariedade Social
- Escolas
- Hospitais
- Entidades Policiais
- PAFAC, IAC, SOS Criança, etc.

b) No que se refere à intervenção das entidades policiais, no âmbito da Lei da Protecção, ela é muito mais no sentido da prevenção do que no desempenho da sua função natural repressiva.

Nesta lei, a intervenção policial ocorre para comunicar às entidades com competência em matéria de infância e juventude e às Comissões de Protecção – artºs 64º, 7º e 8º – as situações de perigo (tal como decorrem do artº 3º) que conheça no exercício das suas funções. De igual modo, a intervenção policial pode ser requerida por qualquer pessoa que tenha conhecimento de situações de perigo, conforme artº 66º

A intervenção das entidades policiais tem um carácter decisivo nos procedimentos de urgência, ou seja, quando, ocorrendo uma situação de perigo actual ou iminente, a pedido da Comissão de Protecção ou de uma das entidades referidas no artº 7º, a criança ou jovem devam ser retirados da situação em que se encontram – artº 91º nºs 1 e 3.

A dúvida que esta norma nos coloca é a de saber se a polícia só pode intervir a pedido daquelas entidades. Com efeito, considerando as tarefas de prevenção e vigilância da polícia, designadamente, as de manutenção da ordem, segurança e tranquilidade públicas e de garantia da segurança das pessoas (nas quais se incluem as crianças e jovens) - artº 2º nº 2-b) e e) da LOFPSP-, e considerando o particular conhecimento do meio social onde desempenha a sua actividade, parece-nos evidente que a intervenção policial pode e deve ser efectuada por sua iniciativa, efectuando-se logo que possível a necessária comunicação ao MP – nº 2 do artº 91º

Saliente-se, ainda, um outro tipo de intervenção policial nas situações de perigo e que se encontra prevista nos termos do artº 92º, nº 2. Aí se prevê que o tribunal pode recorrer à entidade policial para assegurar o cumprimento das suas decisões e "*permitir às pessoas a quem incumbe o cumprimento das suas decisões a entrada, **durante o dia**, em qualquer casa*". A expressa referência na letra da lei ao acompanhamento policial para entrada em casa "*durante o dia*" permite-nos concluir que o legislador quis restringir esse tipo de actuação policial, salvaguardando o risco de colisão com alguns dos direitos fundamentais dos cidadãos.

Não obstante, refira-se que a polícia é a entidade que mais próxima está dos cidadãos e em melhor posição para os defender. Ora, tratando-se de crianças e jovens e tendo em consideração que o perigo pode consubstanciar risco de vida ou da integridade física daqueles, parece-nos que, à semelhança do disposto no artº 174º, nº 5, alínea a) *in fine* do CPP, para situações urgentes de perigo, a lei de protecção deveria conter tal tipo de ressalvas, acautelando-se rapidamente essas situações.

c) Já sabemos que a intervenção destas entidades é efectuada de modo consensual com os pais, representantes legais ou com quem tenha a guarda de facto da criança ou do jovem, consoante o caso, de acordo com os princípios e nos termos da Lei de Protecção de Crianças e Jovens em Perigo (artigos 6º e 7º deste diploma).

Esta intervenção encontra preconizada tendo em conta o princípio da subsidiariedade [artigo 4º, alínea *k)* da referida Lei], face à proximidade da intervenção e envolvimento comunitário, legitimando a sua intervenção e acção por forma a evitar situações de perigo.

Estas entidades estão obrigadas a diversas comunicações ou participações consoante a situação relativa à criança ou jovem assim o exija (artigos 65º, nºs 1 e 2 e 70º).

Facilmente se compreende que o grau e os parâmetros de intervenção destas entidades são perfeitamente diversificados, pelo que se torna muito difícil estabelecer uma linha condutora de orientação que possa abranger todas estas situações.

Parece-me que a solução preconizada na LPCJP, estabelecendo esta obrigação de intervenção e os modelos de intervenção de forma muito ampla, é a mais adequada, reservando, para cada uma das entidades em causa e consoante o tipo de intervenção, o estabelecimento de regras próprias para essa intervenção.

Pessoalmente, situaria os parâmetros para fixação de um modelo de intervenção em dois níveis:

1º Um primeiro nível procurando definir uma tipologia de situações de perigo para a criança ou jovem que permitisse encontrar posteriormente modelos de intervenção para as ECMIJ em função da sua área específica de actuação;

2º Um segundo nível procurando definir um conjunto de orientações específicas para cada entidade com competência em matéria de infância e juventude (a exemplo do que foi definido para a área da saúde pelo Despacho nº 31292/2008 da Ministra da Saúde publicado no DRE, 2ª série, nº 236, de 5 de Dezembro de 2008, pp. 49.207-49.231).

Com efeito, uma simples consulta destes documentos permite concluir que as soluções preconizadas para a área da saúde não serão as mais adequadas para a área da intervenção social ou da intervenção escolar, isto sem prejuízo de serem consideradas complementares ou justificarem uma avaliação e um diagnóstico conjunto.

d) Ficou por legislar quem deve ter a prioridade de fazer a reunião inicial, na situação de um caso de perigo convocar vários serviços de 1ª linha. Neste aspecto, deixo a sugestão de que deveria ser a entidade que primeiro sinalizou a situação de perigo.

Artigo 8º – Intervenção das comissões de proteção de crianças e jovens

A intervenção das comissões de proteção de crianças e jovens tem lugar quando não seja possível às entidades referidas no artigo anterior atuar de forma adequada e suficiente a remover o perigo em que se encontram.

Anotação

a) A participação interdisciplinar e interinstitucional concreta, resultante da experiência das anteriores Comissões de Protecção de Menores, criadas em 1991, hoje Comissões de Protecção de Crianças e Jovens (onde o MP já não tem assento oficial, mas apenas um papel fiscalizador que tem de ser exercido, quer tenhamos tempo ou não), e o particular envolvimento de outros técnicos das diversas valências intervenientes e participantes naquelas instituições – medicina, psicologia, educação, acção social, etc. –, vieram proporcionar aos Magistrados actuando nesta Área um melhor conhecimento e uma maior compreensão das questões sociais e jurídicas do meio em que exerce as suas funções, bem como uma melhor apreciação crítica da decisão que ajudou a construir.

A LPCJP alterou substancialmente a estrutura das CPM previstas pelo DL nº 189/91, considerando os seguintes aspectos:

- o diploma em causa não continha uma definição clara das competências das CPM pois não se distinguiam das outras instituições não judiciárias nem dos tribunais;
- o diploma pecava por ausência de princípios de articulação, de planificação e de princípios orientadores de intervenção processual;

- as CPM tinham uma composição muito alargada que dificultava o seu funcionamento e a eficácia das suas decisões;
- não estava assegurado o apoio técnico;
- não existia vinculação efectiva das entidades e serviços representados.

b) A intervenção das CPCJ dá-se quando se esgota, sem sucesso na situação de perigo vivenciado pela criança, a intervenção das entidades de primeira linha, mesmo aí com os consensos exigidos legalmente.

Se essas entidades não conseguem actuar de forma adequada e suficiente para remover esse perigo, há que remeter a situação ao outro degrau do sistema protectivo – as CPCJ.

c) São, neste momento em 2019, 309 as nossas CPCJ, laborando nelas cerca de 5162 membros.

Artigo 9º – Consentimento

1 – A intervenção das comissões de proteção das crianças e jovens depende, **nos termos da presente lei,** do consentimento expresso **e prestado por escrito** dos pais, do representante legal ou da pessoa que tenha a guarda de facto, consoante o caso.

2 – A intervenção das comissões de proteção das crianças e jovens depende do consentimento de ambos os progenitores, ainda que o exercício das responsabilidades parentais tenha sido confiado exclusivamente a um deles, desde que estes não estejam inibidos do exercício das responsabilidades parentais.

3 – Quando o progenitor que deva prestar consentimento, nos termos do número anterior, estiver ausente ou, de qualquer modo, incontactável, é suficiente o consentimento do progenitor presente ou contactável, sem prejuízo do dever de a comissão de proteção diligenciar, comprovadamente e por todos os meios ao seu alcance, pelo conhecimento do paradeiro daquele, com vista à prestação do respetivo consentimento.

4 – Quando tenha sido instituída a tutela, o consentimento é prestado pelo tutor ou, na sua falta, pelo protutor.

5 – Se a criança ou o jovem estiver confiado à guarda de terceira pessoa, nos termos dos artigos 1907º e 1918º do Código Civil, ou se

encontrar a viver com uma pessoa que tenha apenas a sua guarda de facto, o consentimento é prestado por quem tem a sua guarda, ainda que de facto, e pelos pais, sendo suficiente o consentimento daquela para o início da intervenção.

6 – Se, no caso do número anterior, não for possível contactar os pais apesar da realização das diligências adequadas para os encontrar, aplica-se, com as necessárias adaptações, o disposto no nº 3.

7 – A intervenção das comissões de proteção das crianças e jovens depende ainda do consentimento expresso e prestado por escrito daqueles que hajam apadrinhado civilmente a criança ou jovem, enquanto subsistir tal vínculo.

8 – Nos casos previstos nos nºs 3 e 5, cessa a legitimidade da comissão de proteção para a intervenção a todo o momento, caso o progenitor não inibido do exercício das responsabilidades parentais se oponha à intervenção.

(Alterado pela Lei nº 142/2015, de 8 de Setembro)

Anotação

a) As comissões de protecção são instituições oficiais não judiciárias com autonomia funcional, com uma composição de cariz claramente pluridisciplinar e pluri-institucional, às quais cabe deliberar com imparcialidade e independência.

Para o que agora nos importa, ou seja, no contexto do processo de promoção e protecção, a cargo da comissão restrita, a sua intervenção depende do consentimento expresso dos pais, do representante legal ou da pessoa que tenha a guarda de facto, consoante o caso (artigo 9º da LPCJP).

O artigo 5º, alínea *b)*, dá-nos a noção de guarda de facto, a qual consiste na relação que se estabelece entre a criança ou o jovem e a pessoa que com ela vem assumindo, continuadamente, as funções essenciais próprias que de quem tem responsabilidades parentais.

A consistência temporal, que deve continuar a verificar-se no momento da intervenção, aliada à essencialidade das funções desempenhadas, são as notas caracterizadoras da noção de guarda de facto, a qual não se confunde com a guarda ocasional prevista no artigo 96º da LPCJP.

No que respeita ao consentimento dos pais, afigura-se-nos que a intervenção da comissão só fica legitimada se ambos o prestarem, mesmo que no caso apenas um dele exerça (de facto ou de direito) as responsabilidades parentais.

O consentimento que a lei exige como condição legitimadora da intervenção assenta na titularidade das responsabilidades parentais, assim responsabilizando e envolvendo ambos os pais numa actuação que, por regra, conduz a restrições a direitos fundamentais destes.

Com efeito, temos, antes de mais, a matriz constitucional que emerge do preceituado no artigo 36º, nº 6, da nossa lei fundamental, da qual resulta que as decisões que constituam restrições aos poderes-deveres fundamentais dos pais relativamente aos filhos são da competência exclusiva dos tribunais, salvo se aqueles consentirem na intervenção de uma entidade não judicial e sempre nas situações e dentro dos condicionalismos previstos na lei.

Por outro lado, quando se refere ao consentimento dos pais ou a actos com ele conexos, como é o caso da sua audição, a LPCJP alude sempre aos «titulares» ou «detentores» das responsabilidades parentais, e não a quem as exerce.

Este sentido é, aliás, o mais consentâneo com o princípio da responsabilidade parental que deve orientar a intervenção de protecção e que, ao se referir aos deveres dos progenitores, tem certamente por base a titularidade das responsabilidades parentais e não apenas o seu exercício.

Mostra-se, pois, bem clara a opção tomada pelo legislador no sentido de que o consentimento legitimador da intervenção das comissões é o de ambos os pais, enquanto titulares das responsabilidades parentais.

Contudo, parece-nos ser de excepcionar os casos em que o progenitor se encontra inibido do exercício das responsabilidades parentais, já que, atendendo aos pressupostos e efeitos desta providência , não será exigível o consentimento daquele para fazer intervir a comissão de protecção.

Anote-se, a este propósito, o explícito e esclarecedor teor da Directiva conjunta celebrada em 23/6/2009, entre a PGR e a então CN, tendente a uma uniformização de procedimentos funcionais entre os magistrados interlocutores e as CPCJ e que concretiza procedimentos quanto à intervenção subsidiária, aos consentimentos e não oposições, à apreciação da legalidade e adequação das medidas, estabelecendo uma fiscalização maias pormenorizada de certos tipos de processos.

A revisão de 2015 veio agora tornar mais clara esta problemática.

b) A intervenção das CPCJ dá-se, assim:

- quando não seja possível a atuação adequada das entidades referidas no artigo 7º de forma a removerem o perigo em causa;

- quando há consentimento expresso e escrito dos – dois – pais (mesmo que a residência tenha sido entregue a um deles), desde que não estejam inibidos do exercício das responsabilidades parentais, do representante legal ou da pessoa que tenha a guarda de facto: esta regra comporta excepções (pais ausentes ou incontactáveis), havendo *nuances* quando as crianças estão entregues a terceiros (deve haver o consentimento do guardante e dos pais, bastando, contudo, o do primeiro para o início da intervenção, caso a criança não viva de perto com estes últimos, porque vivendo com pais presentes e uma avó muito presente também, o consentimento só deve ser pedido aos pais);
- com a não oposição da criança com 12 ou mais anos de idade (cf. artigo 10º/2 – em relação às crianças com idade inferior a 12 anos).

c) As CPCJ não aplicam a medida prevista no artigo 35º, nº 1, alínea g) – *vide* artigo 38º, parte final.

d) Existem vários momentos para a obtenção do consentimento dos pais, representantes legais ou das pessoas que têm a guarda de facto (bem como para apurar o posicionamento da criança) para a intervenção das CPCJ:

- Instauração do processo e fase de instrução: artigos 9º, 94º, 95º e 96º
- Acordo de promoção e protecção: artigos 36º, 55º a 57º, 84º, 85º e 98º
- Revisão da medida: artigos 62º, 84º e 85º

e) Cf. artigo 87º, nº 3, quanto a exames médicos.

f) No caso do apadrinhamento civil, haverá que obter o consentimento expresso dos pais, havendo-os, e do padrinho ou padrinhos.

g) A revisão de 2015 veio colocar, assim, os seguintes pontos de ordem a nível dos consentimentos:

- Exigência da prestação do consentimento por escrito;
- Clarificação do regime por referência ao exercício das responsabilidades parentais (exclusão dos inibidos do exercício das RP);
- Agilização da intervenção da CPCJ nos casos de incontactabilidade dos que deveriam prestar consentimento;
- Clarificação do regime nos casos de tutela, confiança a terceira pessoa, apadrinhamento civil e guarda de facto.

Artigo 10º – Não oposição da criança e do jovem

1 – A intervenção das entidades referidas nos artigos 7º e 8º depende da não oposição da criança ou do jovem com idade igual ou superior a 12 anos.

2 – A oposição da criança com idade inferior a 12 anos é considerada relevante de acordo com a sua capacidade para compreender o sentido da intervenção.

Anotação

Esta é a manifestação mais ostensiva do princípio ínsito na alínea j) do artigo 4º, sempre ligado ao da alínea i) pois, sem essa informação clara, a criança pode não compreender o que se exige dela.

Exige-se das CPCJ e das entidades de primeira linha uma actuação não traiçoeira mas transparente – a criança deve compreender o que querem fazer da vida dela...

Poderá a lei não exigir uma posição da criança por escrito mas ela será sempre aconselhável e útil.

Perante uma oposição da criança, haverá que fazer funcionar o princípio da subsidiariedade [artigos 4º, alínea k), 8º e 11º/1 e)].

Aconselha-se alguma paciência no trabalho que se fizer com essa oposição – poderá não ser muito esclarecida e muito racionalizada. A CPCJ, para o efeito, pode e deve fazer ver à criança «aparentemente oponente» os possíveis ganhos com esta intervenção comunitária (que até conta com o apoio parental) e os riscos sempre estigmatizantes de uma remessa da situação para o tribunal.

Artigo 11º – Intervenção judicial

1 – A intervenção judicial tem lugar quando:

a) Não esteja instalada comissão de proteção de crianças e jovens com competência no município ou na freguesia da respetiva área da residência ou a comissão não tenha competência, nos termos da lei, para aplicar a medida de promoção e proteção adequada

b) A pessoa que deva prestar consentimento, nos termos do artigo 9º, haja sido indiciada pela prática de crime contra a liberdade ou a autodeterminação sexual que vitime a criança ou jovem carecidos de proteção, ou quando, contra aquela tenha sido deduzida queixa pela prática de qualquer dos referidos tipos de crime;

c) Não seja prestado ou seja retirado o consentimento necessário à intervenção da comissão de proteção, quando o acordo de promoção e de proteção seja reiteradamente não cumprido ou quando ocorra incumprimento do referido acordo de que resulte situação de grave perigo para a criança;

d) Não seja obtido acordo de promoção e proteção, mantendo-se a situação que justifique a aplicação de medida;

e) A criança ou o jovem se oponham à intervenção da comissão de proteção, nos termos do artigo 10º;

f) A comissão de proteção não obtenha a disponibilidade dos meios necessários para aplicar ou executar a medida que considere adequada, nomeadamente por oposição de um serviço ou entidade;

g) Decorridos seis meses após o conhecimento da situação pela comissão de proteção não tenha sido proferida qualquer decisão e os pais, representante legal ou as pessoas que tenham a guarda de facto da criança ou jovem requeiram a intervenção judicial;

h) O Ministério Público considere que a decisão da comissão de proteção é ilegal ou inadequada à promoção dos direitos ou à proteção da criança ou do jovem;

i) O processo da comissão de proteção seja apensado a processo judicial, nos termos da lei;

j) Na sequência da aplicação de procedimento urgente previsto no artigo 91º

2 – A intervenção judicial tem ainda lugar quando, atendendo à gravidade da situação de perigo, à especial relação da criança ou do jovem com quem a provocou ou ao conhecimento de anterior incumprimento reiterado de medida de promoção e proteção por quem deva prestar consentimento, o Ministério Público, oficiosamente ou sob proposta da comissão, entenda, de forma justificada, que, no caso concreto, não se mostra adequada a intervenção da comissão de proteção.

3 – Para efeitos do disposto nos números anteriores, a comissão remete o processo ao Ministério Público

(Alterado pela Lei nº 142/2015, de 8 de Setembro)

Anotação

a) Segundo o sistema delineado pela LPCJP, assente no já aludido princípio da subsidiariedade, a intervenção do tribunal tem agora lugar:

- quando não esteja instalada a CPCJ com competência no município ou na freguesia da respectiva área da residência [artigos 11º, alínea *a)*, e 73º, nº 1, alínea *a)*];
- quando esteja em causa a medida de confiança a pessoa seleccionada para a adopção ou a família de acolhimento ou instituição com vista a futura adopção, para cuja aplicação a CPCJ não tem competência [artigos 11º, nº 1, alínea *a)*, 38º e 65º, nº 2];
- **quando a pessoa que deva prestar consentimento, nos termos do artigo 9º, haja sido indiciada pela prática de crime contra a liberdade ou a autodeterminação sexual que vitime a criança ou jovem carecidos de proteção, ou quando, contra aquela tenha sido deduzida queixa pela prática de qualquer dos referidos tipos de crime [novo artigo 11º, nº 1, alínea *b)*];**
- quando não sejam prestados ou sejam retirados os consentimentos necessários à intervenção da CPCJ, quando o acordo de promoção e protecção estabelecido seja reiteradamente incumprido ou quando ocorra incumprimento do referido acordo de que resulte situação de grave perigo para a criança [artigos 11º, nº 1, alínea *c)* e 95º, nº 2];
- Não seja obtido acordo de promoção e proteção, mantendo-se a situação que justifique a aplicação de medida [artigos 11º, nº 1, alínea *d)* e 98º, nº 4];
- quando haja oposição da criança ou do jovem à intervenção da CPCJ [artigos 11º, nº 1, alínea *e)* e 95º, nº 2];
- quando a CPCJ não obtenha a disponibilidade dos meios necessários para aplicar ou executar a medida que considere adequada, nomeadamente por oposição de um serviço ou instituição [artigos 11º, nº 1, alínea *f)*, 68º, alínea *a)*, e 73º, nº 1, alínea *b)*];
- quando, decorridos seis meses após o conhecimento da situação da criança ou do jovem em perigo, a CPCJ não tenha proferido qualquer decisão e os pais, representante legal ou as pessoas que tenham a guarda de facto da criança ou jovem requeiram a intervenção judicial **– dois requisitos agora cumulativos –** [artigos 11º, nº 1, alínea *g)*, 68º, alínea *d)*, 73º, nº 1, alínea *b)*, e 105º, nº 2];

- quando o Ministério Público considere que a decisão da CPCJ é ilegal ou inadequada à promoção dos direitos ou à protecção da criança ou do jovem, seguindo-se, nestes casos, o procedimento específico enunciado no artigo 76º [artigos 11º, nº 1, alínea *h)*, e 73º, nº 1, alínea *c)*];
- quando o processo da comissão de protecção seja apensado a processo judicial [artigos 11º, nº 1, alínea *i)*, e 81º, n.os 1 e 4]; e
- na sequência de procedimento urgente (ou de urgência), nos termos dos artigos 91º e 92º [artigo 11º, nº 1, alínea *j)* e artigo 92º, nº 3].

b) Na alínea b), surge uma novidade há muito preconizada.

Ora, a definição dos momentos processuais aí em causa não assume em rigor a densificação adjectiva contida no CPP.

O *não haja sido indiciada* corresponde às fundadas suspeitas a que alude a alínea a) do 58º/1 do CPP para efeitos de constituição obrigatória de arguido? Ou corresponde à afirmação dos *fortes indícios* para efeitos de aplicação de uma medida de coacção em sede de 1º interrogatório judicial?

Entendemos que basta a mera imputação do facto ou a formulação da queixa contra alguém desse comportamento já que a intenção do legislador é evitar que, em situações de abuso sexual intrafamiliar (levado a cabo por pais, representantes legais ou por quem tenha a guarda de facto da criança, aqueles que, em 1ª linha, se iria buscar o consentimento para a intervenção das CPCJ), possa existir contemporaneamente um processo de promoção e protecção numa CPCJ e um processo criminal, ***impondo a judicialização do 1º***, à luz do prejuízo que a experiência tem demonstrado resultar do atual sistema para o superior interesse da criança.

A 2ª parte da alínea parece sempre referir-se à criança que é vítima no nosso processo e não a qualquer outra.

Neste sentido, e dado que interpretação distinta levaria a que o segundo segmento da alínea b) do nº 1 do artigo 11º ficasse contido no primeiro – solução não consentânea com as regras interpretativas do artigo 9º do Código Civil, designadamente a de que o legislador terá exprimido o seu pensamento em termos adequados (nº 3) –, julgamos dever actualmente entender-se equiparada à expressão constante do texto legal – "indiciada" – a seguinte formulação: «**À pessoa que deve prestar consentimento, nos termos do artigo 9º, seja imputada a prática de crime contra a liberdade ou a autodeterminação sexual que vitime a criança ou o jovem carecido de protecção**».

No que tange ao segundo segmento dessa mesma alínea, ele deverá ser entendido como correspondendo à seguinte ideia-chave:

«A pessoa que deva prestar consentimento, nos termos do artigo 9º seja alvo de denúncia pela prática de crime contra a liberdade ou a autodeterminação sexual que vitime criança ou jovem carecido de protecção».

Note-se que a Comissão, em qualquer destas situações, deve proceder imediatamente à comunicação ao Ministério Público, conforme dispõe o artigo 11º/3, remetendo-lhe o processo, sendo o disposto no artigo 11º nº 1, al. b) e nº 3 de aplicação imediata, pelo que abrange os processos porventura pendentes em que se constate a verificação de alguma das referidas situações previstas na alínea b) do artigo 11º

A remessa nos termos do artigo 11º/3 não afasta o dever de comunicação para efeitos de procedimento criminal, nos termos prescritos no artigo 70º.

Por esse motivo, e fazendo minha uma proposta avançada pela minha Colega Lucília Gago, seria mais desejável a seguinte formulação para esta alínea:

«A pessoa que deva prestar consentimento, nos termos do art. 9º, se encontre indiciada, em processo-crime, pela prática de crime contra a liberdade ou a autodeterminação sexual que vitime criança ou jovem carecido de protecção ou seja alvo de denúncia dessa natureza, ainda que apenas verbalmente expressa perante pessoa ou entidade».

c) Surge uma cláusula de segurança no artigo 11º, nº 2 – a intervenção judicial tem ainda lugar quando, atendendo ***à gravidade da situação de perigo, à especial relação da criança com quem a provocou (cabendo aqui as figuras dos padrastos, madrastas, familiares agressores sexuais ou de outra índole) ou ao conhecimento de anterior incumprimento reiterado de medida de PP por quem deva prestar consentimento***, o MP, oficiosamente ou sob proposta da CPCJ, entenda, de forma justificada, que, ***no caso concreto***, não se mostra adequada a intervenção desta última.

d) Olvidou-se, sem justificação, na alínea g) do nº 1 a alusão à criança ou jovem como podendo também instaurar processo, à luz do artigo 105º, nº 2.

e) O nº 3 do citado artigo 11º prescreve que

«Para efeitos do disposto nos números anteriores, a comissão remete o processo ao Ministério Público».

Questiono – o Ministério Público tem o dever de elaborar requerimento para instauração de processo de promoção e protecção, nos termos dos artigos 73º e 105º/1, nos casos em que justamente alguma das situações previstas na mencionada alínea b) ocorra, determinando a atribuição de competência ao tribunal?

Entendemos não ser exigível tal elaboração, podendo o Ministério Público – em caso de concordância com a remessa, por julgar ser efectivamente caso de atribuição de competência ao tribunal – limitar-se a remeter o processo para apreciação judicial, promovendo a sua prossecução e apontando eventualmente as diligências que entenda útil realizar (muito embora seja certo que a omissão dessa referência não obstaculiza a tal prossecução).

O Ministério Público deverá, com efeito, agir com a diligência que o exercício das suas funções exige (e, nesse sentido, cabe-lhe a indicação das diligências relevantes e úteis) mas não poderá, em circunstância alguma, o tribunal declinar a competência para a apreciação do caso com fundamento em eventual omissão que ocorra nesse domínio.

Desta forma, parece também evidente que, caso o Ministério Público discorde da remessa, deverá proferir despacho fundamentado, devolvendo o processo à CPCJ.

O Ministério Público só estará, de facto, obrigado a elaborar requerimento inicial e com o elenco dos factos relevantes nos casos expressamente previstos no artigo 73º, sendo que, nos restantes, bastará a remessa para a Secretaria para averbamento como processo de promoção e protecção, com eventual indicação da base legal fundamentadora dessa remessa.

Parece ter sido intenção do legislador fazer cessar a exigência de requerimento inicial por parte do Ministério Público quando não sejam prestados ou sejam retirados os consentimentos necessários à intervenção da CPCJ, em que haja oposição da criança ou em que os acordos não sejam cumpridos. Para estas situações, regerá agora o 95º/2 e o 98º/4, parecendo ter sido intenção do legislador retirar ao Ministério Público o ónus de elaborar uma peça processual inicial, articulada e com alegação dos concretos factos constantes do processo da CPCJ e que justificam o perigo, apesar de se falar em remessa ao MP no artigo 11º/3 e até no 95º/2 (que seria a porta do tribunal).

Sabemos, contudo, que não é esta a prática comum nos nossos tribunais. Assim seja, a bem da consolidação factual do processado.

Proposta – porque não mudar a redacção do nº 3 do artigo 11º para:

«Para efeitos do disposto nos números anteriores, a comissão remete o processo ao Ministério Público que, caso conclua pela verificação de algum dos pressupostos da competência do tribunal, promove a correspondente apreciação judicial, limitando-se a, nas situações de falta de prestação ou retirada dos consentimentos necessários à intervenção da comissão, de oposição da criança ou de incumprimento dos acordos, determinar a remessa dos autos para tal efeito»?

SECÇÃO II - Comissões de proteção de crianças e jovens

SUBSECÇÃO I - Disposições gerais

Artigo 12º – Natureza

1 – As comissões de proteção de crianças e jovens, adiante designadas comissões de proteção, são instituições oficiais não judiciárias com autonomia funcional que visam promover os direitos da criança e do jovem e prevenir ou pôr termo a situações suscetíveis de afetar a sua segurança, saúde, formação, educação ou desenvolvimento integral.

2 – As comissões de proteção exercem as suas atribuições em conformidade com a lei e deliberam com imparcialidade e independência.

3 – As comissões de proteção são declaradas instaladas por portaria dos membros do Governo responsáveis pelas áreas da justiça, da solidariedade e da segurança social.

(O nº 3 foi alterado pela Lei nº 142/2015, de 8 de Setembro)

Anotação

a) Aqui se definem as Comissões de Protecção, dado adquirido no nosso sistema protectivo como degrau intermédio, e um exemplo completo da chamada governação integrada.

Nas CPCJ celebra-se a comunidade.

Todos nós, sem becas ou togas, sem fato de comissário, sem fato de operário.

No fundo, todos os cidadãos.

Ou dito de melhor forma, todos os seres humanos.

De facto, é preferível falar-se na pessoa humana, mais do que no cidadão. Este é criação da vontade do Estado e pode ser facilmente reduzido na sua medida e na sua importância. Isso é ainda mais verdadeiro quando se considera que para muitos teóricos, legisladores e políticos, a cidadania está ligada à comprovação da vinculação jurídica a um Estado ou à capacidade para exercer direitos políticos.

Nós queremos falar aqui daquela rede que nos rodeia todos os dias e onde se convocam valores, conceitos, teorias e experiências, tais como, a participação cívica, o próprio sentimento de comunidade, capital social, empoderamento, princípios e contextos ecológicos, suporte social, intervenção social, parcerias comunitárias, desenvolvimento comunitário e mudança social, na feliz expressão de Armando Leandro.

A comunidade local quer, assim, promover e proteger os direitos das mais frágeis na sua urbe – as crianças.

E quer dar a tais crianças qualidade na sua infância, manifestada ao nível dos afectos, do suporte adequado à sua frágil condição, sem descontinuidades comprometedoras, da sua educação para a privacidade e para o espaço público, da sua participação efectiva na tomada de decisões sobre a sua pessoa e sobre o seu devir e da satisfação integral das suas necessidades de segurança e de suporte ético. Porque, não esquecendo os seus direitos, há que afirmar bem alto os seus deveres que o farão cada vez mais responsável e cidadão de pleno corpo e alma.

E qualidade de infância consegue-se na vivência do seio de uma Família que o ame e trate como criança, a caminho da adultez, na experimentação de um contexto comunitário de proximidade que seja valioso e atento aos sinais do risco e do perigo.

A criança quer ter direito às suas raízes, a uma família e a uma comunidade.

E aqui, voltamos à ideia de que o superior interesse de cada criança vivida em contexto familiar e social tem uma eminente natureza e relevo públicos, com desejável vocação para ser veículo de divulgação dos próprios direitos da criança, tarefa tão possivelmente desempenhada pela modalidade alargada das CPCJ, aqui e ali tão desactivadas.

Na realidade, o papel das CPCJ, atenta a sua natureza, competência territorial, composição, atribuições e apoio logístico, é preponderante na tomada de consciência desta comunidade territorial local sobre o clima de tolerância zero que tem de ser ministrado em sede de direitos da Criança.

b) O texto da LPCJP fala por si, nos artigos 12º a 33º.

Como ajuíza tão bem o Presidente da Comissão Nacional, Juiz Conselheiro Armando Leandro, farol de todos nós, «o carácter *não judiciário* das Comissões, associado à sua intervenção decisória vinculativa, *conforme à lei* e deliberada com *imparcialidade* e *independência,* aponta, quando relacionado com o princípio da subsidiariedade e suas decorrências, para uma opção clara de *desjudicialização,* com atribuição de algumas características da intervenção judicial essenciais à legitimidade e eficácia da missão atribuída às Comissões: o poder/dever de deliberar com *imparcialidade* e *independência,* actuando sempre *em conformidade com a lei* e gozando de *autonomia funcional,* garantia imprescindível às referidas exigências de *imparcialidade* e *independência* e fonte das correspondentes elevadas responsabilidades».

O *sistema* – consciente de que, no actual condicionalismo, o reconhecimento da criança como Sujeito de direito, com o inerente carácter eminentemente público do seu superior interesse, implica o *direito da criança à sua comunidade* e o correspondente *dever* por parte desta – quer consagrar, de forma muito impressiva, mesmo ao nível institucional formal, o dever da *comunidade* de intervir na promoção e protecção dos direitos da criança e atribuir-lhe a correspondente legitimidade e os inerentes poderes e responsabilidades.

Mas vai mais longe.

Atribui às Comissões de Protecção a corporização política e jurídica dessa *comunidade* (enquanto patamar intermédio da intervenção no quadro da já aludida *«pirâmide»,* expressão gráfica do princípio da subsidiariedade), conferindo-lhe competências para actuar na promoção dos direitos e prevenção da sua violação (de forma em boa parte semelhante à dos Tribunais, embora, naturalmente, com as bem conhecidas assinaláveis diferenças ao nível dos requisitos de legitimidade da intervenção, da totalidade das medidas legais aplicáveis e da coercibilidade das decisões).

Como tal, atribui-lhe competência para intervir na detecção, diagnóstico, afastamento do perigo, superação das suas consequências e criação de condições de desenvolvimento seguro e saudável da criança, inclusivamente aplicando as *medidas de promoção e protecção* taxativamente previstas na lei (com exclusão da medida de confiança da criança a pessoa seleccionada para a adopção ou a família de acolhimento ou instituição com vista a futura adopção), executando-as ou acompanhando a sua execução, revendo-as e decidindo a sua cessação.

O *sistema*, a meu ver, consagra, esta concepção e correspondente opção de **forma inovadora, ao nível político e jurídico,** superando, a esses dois níveis, anteriores e clássicas concepções e correspondentes respostas, neste domínio da promoção e defesa dos direitos da criança.

Do *ponto* de *vista político*, parece-me reconhecer a *comunidade* como fonte em grande medida autónoma de *legitimidade democrática* neste domínio, ao atribuir à Comissão de Protecção, em que a *comunidade* se constitui, a natureza de instituição oficial não judiciária dotada de autonomia funcional, com o sentido e efeitos acima referidos, numa lógica de governação integrada.

c) E de legitimidade estamos falados.

Quanto a questões mais práticas e cirúrgicas, defendo cada vez mais:

- Necessidade de consciencialização do facto de a intervenção junto do RISCO dever ser hoje mais acutilante, definindo-se novas estratégias para evitar que ele se transforme em perigo concreto;
- Necessidade de consciencialização para a difícil problemática da saúde mental dos jovens entre os 15 e os 18 anos, implementando-se soluções pragmáticas e eficazes;
- Necessidade de uma interlocução activa e estimulante do Ministério Público, enquanto pólo aglutinador e real representante dos interesses da criança protegida no sistema mais amplo da Justiça, relativamente ao trabalho das CPCJ;
- Necessidade de constatação de que a intervenção protectiva deve ser comandada pelo mecanismo dos afectos, vendo-se o sistema como um todo sistémico;
- Necessidade de implementação de uma coordenação individual institucional entre todos os serviços do sistema, criando hábeis circuitos de comunicação com vista a uma resposta integrada que aproveite o melhor que cada entidade pode dar à resolução do caso de cada criança em perigo, urgindo uma necessária interpenetração entre a promoção e protecção e a intervenção tutela educativa ;
- Necessidade de integração das políticas legislativas nesta área da infância e juventude, consubstanciado em orientações conjuntas gizadas entre vários Ministérios, em eficazes parcerias locais e numa intervenção técnica com referenciais comuns de avaliação, de planeamento, de supervisão e de intervenção focados no desenvolvimento da criança

(colocando-se aqui o relevo na figura do «gestor de caso», outrora chamado de «coordenador de caso», e na desejável urgência a conferir ao diagnóstico e à solução a dar a cada caso);

- Necessidade de integração de todos os sistemas informáticos que a existência de uma criança em perigo acaba por convocar;
- Constatação da conveniência de realização assídua de reuniões em rede entre os vários intervenientes do sistema (Tribunal, EMAT, DGRSP), bem como da prestação de depoimentos para memória futura, quando a criança é vítima;
- Necessidade de criação, ao nível da Segurança Social, de casas de acolhimento, em modelo terapêutico, com escola integrada, em regime funcionando em regime aberto, onde o tempo médio de acolhimento não deverá exceder os 18 meses;
- Defesa da concepção de uma Comissão Nacional dependente da Presidência do Conselho de Ministros e não de um qualquer Ministério;
- A não ser que seja caso de procedimento de urgência (artigo 91º da LPCJP), situação em que a CPCJ deve agir de imediato para remover o perigo, a CPCJ deve apenas fazer a comunicação prevista no artigo 69º da LPCJP, não agindo em sede de incumprimentos de acordos gizados em sede judiciária;
- Se houver incumprimento de cláusula do acordo de PP, gizado em sede da Comissão, deve agir a CPCJ, revendo ou não a cláusula, ou tomando a decisão de remeter o processo para tribunal, nos termos do artigo 11º, alínea c) da LPCJP (não cumprimento reiterado do acordo);
- Por isso, apelo a que não se redijam cláusulas de acordos de PP que se confundam com os clausulados em acção de regulação do exercício das RP (residência, organização dos tempos da criança e alimentos) – AS INTERVENÇÕES SÃO DIVERSAS E OS OBJECTIVOS DAS MESMAS TAMBÉM O SÃO;
- Apelo à aposta no acolhimento familiar preferencialmente a aplicar para situações de crianças até aos 6 anos que tenham de ser retiradas da sua família natural – perspectivação do Acolhimento Familiar como aquele que tem lugar quando seja previsível a posterior integração da criança ou do jovem numa família ou a sua futura autonomização;
- Apelo à responsabilização positiva (no sentido da consciencialização e necessidade de formação para a definição do seu papel com carácter de imprescindibilidade) das CPCJ na verificação atempada da insufi-

ciência do cuidado prestado pela família biológica – e aí defendemos um modelo de corresponsabilização entre os técnicos das CPCJ e da CN, auxiliado por todas as entidades que possam ser úteis na identificação, estudo e tratamento das situações de perigo em termos técnico-práticos (Faculdades de Direito, OPA, centros de Investigação e Formação);

- Que se implemente um mecanismo de supervisão alargada do trabalho das CPCJ, com encontros periódicos de discussão e avaliação de casos e boas práticas, até para que façamos todos PREVENÇÃO, o apelido de qualquer CPCJ;
- Consciencialização de que o trabalho das Comissões e nas Comissões é legalmente prioritário relativamente ao que é exercido nos respectivos serviços, constituindo serviço público obrigatório (não se podendo fazer letra morta do artigo 25º da LPCJP);
- Ponderação sobre se fará sentido que estejam Presidentes de Câmara ou vereadores a assumir as presidências das CPCJ;
- Defesa de que quem quer sair de uma CPCJ não o deverá ou poderá fazer sem que esteja garantida a sua substituição.

d) Sobre a **Comissão Nacional (CN),** hoje chamada de Promoção dos Direitos e Protecção das Crianças e Jovens (cf. DL nº 159/2015, de 10/8, que veio revogar o DL nº 98/98, de 18/4, diploma esse já revisto entretanto pelo DL nº 139/2017, de 10/11), que dizer?

Quem deverá garantir o planeamento, o acompanhamento e a integração e coerência deste sistema?

A lei revista fez opções.

Eis as principais novidades:

- **A CN é uma pessoa colectiva pública, com autonomia administrativa e património próprio, que funciona no âmbito do Ministério da Solidariedade, Emprego e Segurança Social;**
- **A CN, anualmente, elabora um plano de acção, a ser homologado pelo Ministro da tutela (área da Segurança Social);**
- **Compõem a CN, o seu Presidente, designado pelo Ministro da tutela, o Conselho Nacional e as coordenações regionais;**
- **O Presidente é coadjuvado e substituído, nas suas faltas e impedimentos, por um Vice-Presidente por si designado de entre os comissários;**

- **O Conselho Nacional - cuja composição e funções constam dos artigos 8º, 9º, 10º e 11º do DL 159/2015 - funciona na modalidade alargada e restrita;**
- **São criadas 5 coordenações regionais que correspondem às NUT II (Norte, Centro, Área Metropolitana de Lisboa, Alentejo e Algarve);**
- **A CN é apoiada por uma equipa técnica operativa, com funções executivas e formação multidisciplinar, sendo a sua composição fixada pelo Conselho Nacional.**

e) Mas poderia ainda ter ido mais longe.

Embora a definição das normas jurídicas e das correspondentes políticas relativas à promoção dos direitos da criança e à sua protecção caibam, naturalmente, ao poder político e legislativo, parece indispensável, conforme o Comité da ONU para os Direitos da Criança preconiza, que haja um organismo, com suficiente representatividade das principais instituições públicas e privadas com responsabilidades nessa matéria, que tenha atribuições, e suficientes poderes, capacidades e meios, para garantir:

I) Uma efectiva contribuição visando:

1. A elaboração das normas legais e a definição das correspondentes políticas integradas e coerentes, mediante a sua participação e audição em tempo útil e a possibilidade de apresentação de propostas;
2. A planificação da intervenção promotora, preventiva e reparadora do Estado, na sua conjugação com a das instituições e organismos públicos e privados das comunidades.
3. A permanente reflexão e o estímulo à investigação sobre o sistema de promoção e protecção dos direitos da criança, e à sua avaliação, em ordem ao seu contínuo aperfeiçoamento.

II) A coordenação, o acompanhamento e a avaliação dos projectos e acções desenvolvidos em função da planificação referida em I) 2.

Em conformidade, deveriam ser atribuições da CN, nos domínios com reflexo na promoção e protecção dos direitos da criança:

- Participar na elaboração das leis e na sua alteração;
- Apresentar propostas legislativas e de políticas e medidas integradas, tendo em vista a elaboração, o acompanhamento e a avaliação de uma Estratégia Nacional sistémica e coerente;

- Promover projetos sistémicos de prevenção universal e de prevenção selectiva ou indicada;
- Colaborar com as entidades com competência em matéria de infância e juventude na sua formação, quer relativamente às suas funções de promoção e de prevenção do risco e do perigo, quer às de reparação, em primeira linha, das situações de perigo, quer ainda como responsáveis por actos concretos de execução de medidas de promoção e protecção, podendo emitir recomendações sobre estes aspectos;
- Acompanhar, apoiar, formar, promover a possibilidade de supervisão e avaliar as comissões de protecção de crianças e jovens, contribuindo, no respeito pela sua autonomia, para (que possam melhorar continuamente) a qualidade do seu desempenho;
- Formular orientações e emitir diretivas genéricas relativamente à organização e ao exercício das competências das CPCJ;
- Efectuar, directamente ou mediante pedido ao Ministério Público, as auditorias e inspecções às CPCJ permitidas pela Lei.
- Promover o estudo e a consagração legal de específicos critérios, e respectivas metodologias de aplicação, com vista à avaliação funcional, pelas entidades a determinar, dos membros das CPCJ, e bem assim sobre os possíveis contributos da CN para essa avaliação;
- Dinamizar protocolos de articulação entre as CPCJ e departamentos estatais com intervenção na área da protecção e da educação da criança, bem como com instituições particulares de solidariedade social ou outras entidades privadas com intervenção ou conhecimentos nessa área;
- Solicitar e acompanhar estudos de diagnóstico e de avaliação das respostas e medidas sociais, existentes ou a promover, no âmbito do sistema de promoção e de protecção dos direitos de crianças e jovens, tendo em vista o seu contínuo aperfeiçoamento;
- Concertar a acção de todas as entidades públicas e privadas, estruturas e programas de intervenção na área da promoção e protecção dos direitos da criança, de modo a reforçar estratégias de cooperação e de racionalização de recursos, podendo emitir recomendações nesse sentido;
- Promover a melhoria da recolha e tratamento dos dados estatísticos relativos à realidade da situação da criança a nível nacional, nomeadamente no que respeita à promoção dos seus direitos e à prevenção e reparação da sua violação;

- Recolher e tratar todos os dados disponíveis relativos à situação referida no item anterior e viabilizar a sua correcta divulgação;
- Ouvir, a título consultivo, sobre as matérias relacionadas com as suas atribuições, as instituições e personalidades que entender.

Algumas ideias aqui expresso sobre a desejável composição, inserção institucional e natureza da CN:

– Composição:

- Todos os indicados na actual composição (mas com a nomeação do Presidente pelo Primeiro Ministro) e ainda um representante do Ministério da Administração Interna e/ou, para a finalidade de mais directa representação, de um representante da direção/comando de cada uma das forças de segurança que integram as CPCJ (PSP e GNR).
- Parece-me ainda conveniente que, considerando a amplitude e exigências da intervenção do Presidente, seja previsto um Vice-Presidente, nomeado com base em indicação do Presidente, que teria possibilidades de naquele delegar competências, nomeadamente na área de gestão administrativa. Caso assim não seja entendido, talvez fosse de estatuir expressamente a faculdade de algumas delegações no Secretário Executivo.
- Parece também indispensável a constituição de grupos de trabalho para estudo e propostas relativamente a temas específicos.
- Será porventura ainda funcional a constituição de um núcleo mais restrito da CN, com atribuições mais operativas e reuniões mais frequentes, de acordo com o plano concreto das suas actividades.

– Inserção institucional:

Dependente da Presidência do Conselho de Ministros, considerando as características e exigências de interinstitucionalidade integrada.

Natureza – a CN é uma instituição que deve gozar de autonomia administrativa e financeira e de independência no exercício das suas atribuições

– Avaliação de desempenho

Parece-me que seria preferível remeter este aspecto para a LPCJP, na medida em que está ligada ao estatuto dos membros das CPCJ, a ser considerado nesse âmbito.

– Núcleos/Delegações Regionais

Parecem-me essenciais para a indispensável proximidade no exercício das atribuições da CN, a exercer em harmonia com as grandes linhas por si definidas, ainda que com atenção aos contextos geográficos específicos.

Parece conveniente que sejam tantas quantas as diversas regiões (norte; centro, Lisboa e Vale do Tejo, Sul e cada uma das Regiões Autónomas, estas com naturais especificidades).

f) ***Novidades mais relevantes da revisão da LPCJP, em 2015, neste capítulo das CPCJ:***

- Os serviços públicos, as autoridades administrativas e as entidades policiais têm o dever de colaborar com as CPCJ no exercício das suas atribuições.
- O dever de colaboração abrange o de informação e o de emissão, sem quaisquer encargos, de certidões, relatórios e quaisquer outros documentos considerados necessários pelas CPCJ, no exercício das suas competências de promoção e protecção.
- A CPCJ pode, quando necessário para assegurar a protecção da criança ou do jovem, proceder ao tratamento de dados pessoais sensíveis, designadamente, informação clínica, desde que consentida pelo titular dos dados ou, sendo este menor ou interdito por anomalia psíquica (hoje, maior acompanhado), pelo seu representante legal, nos termos da alínea h) do artigo 3º e do nº 2 do artigo 7º da Lei da Protecção de Dados Pessoais, aprovada pela Lei nº 67/98, de 26 de Outubro.
- As CPCJ dispõem de registo de reclamações, nos termos previstos nos artigos 35º-A e 38º do Decreto-Lei nº 135/99, de 22 de Abril, alterado pelos Decretos-Leis nºs 29/2000, de 13 de Março, 72-A/2010, de 18 de Junho, e 73/2014, de 13 de Maio.
- As reclamações são remetidas à CN, para apreciação da sua motivação, realização de diligências ou emissão de recomendações, no âmbito das respectivas atribuições de acompanhamento, apoio e avaliação (atenção ao nº 3 do artigo 13º-B).
- O apoio ao funcionamento das CPCJ, designadamente, ***nas vertentes logística, financeira e administrativa***, é assegurado pelo município, podendo, para o efeito, ser celebrados protocolos de cooperação com os serviços e organismos do Estado representados na Comissão Nacional

(hoje, faz-se recair a actividade das CPCJ cada vez mais sob a responsabilidade dos municípios).

- Em suma:

- **Mexeu-se nos artigos 12º, 13º, 14º, 15º, 17º, 18º, 19º, 20º, 21º, 22º, 23º, 24º, 25º, 26º, 29º, 30º, 31º, 32º, e 33º;**
- **Aditaram-se os artigos 13º-A (acesso a dados pessoais sensíveis) e 13º-B (reclamações);**
- **Há que ligar esta mudança à publicação do DL nº 159/2015, de 10/8, que veio criar a *COMISSÃO NACIONAL DE PROMOÇÃO DOS DIREITOS E PROTECÇÃO DAS CRIANÇAS E JOVENS*, revogando o DL nº 98/98, de 18/4, alterado pelo DL nº 65/2013, de 13/5, diploma este que entrou em vigor em 10 de OUTUBRO de 2015;**
- **Não nos esqueçamos que as CPCJ são acompanhadas, apoiadas e avaliadas pela COMISSÃO NACIONAL (artigo 30º);**
- **Aditou-se o artigo 20º-A (Apoio técnico excepcional)** – Excepcionalmente, por manifesta falta de meios humanos e em função da qualificação da resposta protectiva, a CN pode protocolar com as entidades representadas na comissão alargada a afectação de técnicos para apoio à actividade da comissão restrita.

g) Reproduzimos aqui os normativos mais relevantes da **Lei nº 159/2015, de 10/8**:

Artigo 3º

Missão e atribuições

1 – A Comissão Nacional tem por missão contribuir para a planificação da intervenção do Estado e para a coordenação, acompanhamento e avaliação da ação dos organismos públicos e da comunidade na promoção dos direitos e proteção das crianças e jovens.

2 – São atribuições da Comissão Nacional, nomeadamente:

a) Ser ouvida nas alterações legislativas que respeitem a matérias relativas à sua missão;

b) Bem como ser consultada sobre projetos de diplomas em matéria de infância e juventude;

c) Dinamizar a celebração de protocolos de articulação e colaboração entre as seguintes entidades:

i) Comissões de proteção de crianças e jovens (CPCJ);

ii) Serviços, organismos e outras entidades públicas com intervenção nas áreas da promoção, proteção e desenvolvimento integral dos direitos da criança;

iii) Instituições particulares de solidariedade social com intervenção nas áreas da promoção, proteção e desenvolvimento integral dos direitos da criança;

iv) Outras entidades privadas com intervenção nas áreas da promoção, proteção e desenvolvimento integral dos direitos das crianças;

d) Solicitar estudos de diagnóstico e de avaliação das necessidades de medidas e respostas sociais existentes ou a promover, no âmbito do sistema de promoção dos direitos e de proteção de crianças e jovens;

e) Planear, acompanhar e avaliar uma estratégia nacional para a aplicação da Convenção dos Direitos da Criança, tendo em vista, designadamente, a recolha e o tratamento dos dados estatísticos relevantes no âmbito de aplicação desta convenção;

f) Elaborar e submeter à aprovação do Conselho de Ministros um plano nacional plurianual de promoção e proteção dos direitos da criança, cuja coordenação de execução compete à Comissão Nacional;

g) Aprovar e divulgar anualmente o seu plano de ação e o relatório de atividades;

h) Concertar a ação de todas as entidades públicas e privadas, estruturas e programas de intervenção na área da promoção dos direitos e da proteção das crianças e jovens, de modo a reforçar estratégias de cooperação e de racionalização de recursos, podendo, para o efeito, emitir recomendações;

i) Acompanhar, apoiar e promover mecanismos de supervisão e proporcionar formação especializada às CPCJ, com vista a melhorar a qualidade da sua intervenção;

j) Auditar as CPCJ, de acordo com o disposto no artigo 33º da Lei de Proteção de Crianças e Jovens em Perigo, aprovada pela Lei nº 147/99, de 1 de Setembro;

k) Formular orientações e emitir diretivas genéricas relativamente ao exercício das competências das CPCJ, bem como formular recomendações quanto ao seu regular funcionamento e composição, sem prejuízo da imparcialidade e independência em que deve assentar o funcionamento das CPCJ;

l) Promover a audição, com caráter consultivo, de personalidades relevantes no âmbito de temáticas específicas da promoção dos direitos e proteção das crianças e jovens, sempre que tal se justifique;

m) Contribuir para organizar e operacionalizar a intervenção eficaz das entidades com competência em matéria de infância e juventude;

n) Participar na execução de inspeções à atividade das CPCJ, promovidas pelo Ministério Público e a seu requerimento;

o) Realizar anualmente um encontro de avaliação da atividade das CPCJ, com base na divulgação e análise do relatório de atividades nacional.

Artigo 6º
Composição da Comissão Nacional

1 - A Comissão Nacional tem a seguinte composição:

a) O presidente, que é designado por despacho do Primeiro-Ministro, sob proposta do membro do Governo responsável pela área da solidariedade e segurança social, de entre personalidades de reconhecido mérito;

b) O Conselho Nacional;

c) As coordenações regionais.

2 - O mandato do presidente tem a duração de quatro anos, renovável por uma vez.

Artigo 7º
Competências do Presidente

1 - Compete ao presidente da Comissão Nacional:

a) Dirigir a Comissão Nacional;

b) Exercer publicamente a representação da Comissão Nacional;

c) Elaborar a agenda das reuniões;

d) Presidir ao Conselho Nacional e convocar e dirigir as respetivas reuniões;

e) Assegurar o cumprimento das deliberações do Conselho Nacional;

f) Promover, em articulação com o representante da Procuradoria-Geral da República, reuniões periódicas com os interlocutores regionais do Ministério Público, cuja designação deve ser previamente solicitada à Procuradoria-Geral da República, tendo em vista, designadamente, o acompanhamento e a execução das diretivas e circulares do Ministério Público em matéria de proteção de crianças;

g) Promover a articulação e a coordenação com os responsáveis máximos das entidades representadas na Comissão Nacional;

h) Nomear o diretor executivo e os membros das coordenações regionais previstas no nº 2 do artigo 12º, ouvida a equipa técnica operativa respetiva;

i) Propor a cooptação das personalidades previstas na alínea s) do nº 1 do artigo seguinte.

2 - O presidente é equiparado, para efeitos de competência de gestão orçamental e de autorização para a realização de despesas, a cargo de direção superior de 1º grau.

3 - O presidente é coadjuvado e substituído, nas suas faltas e impedimentos, por um vice-presidente por si designado de entre os comissários.

4 - O vice-presidente exerce as funções que lhe sejam delegadas ou subdelegadas pelo presidente.

5 – O presidente e o vice-presidente têm direito, nas deslocações em representação da Comissão Nacional, ao abono de ajudas de custo, nos termos do regime aplicável aos trabalhadores em funções públicas.

Artigo 8º
Composição do Conselho Nacional

1 – O Conselho Nacional, na sua modalidade alargada, tem a seguinte composição:

a) Um representante da Presidência de Conselho de Ministros;

b) Um representante a designar pelo membro do Governo responsável pela área da juventude;

c) Um representante a designar pelo membro do Governo responsável pela área da administração interna;

d) Um representante a designar pelo membro do Governo responsável pela área da justiça;

e) Um representante a designar pelo membro do Governo responsável pela área da saúde;

f) Um representante a designar pelo membro do Governo responsável pela área da educação;

g) Um representante a designar pelo membro do Governo responsável pela área da solidariedade e da segurança social;

h) Um magistrado do Ministério Público, em representação do Procurador-Geral da República;

i) Uma personalidade a indicar pelo Provedor de Justiça;

j) Um representante do Governo Regional dos Açores;

k) Um representante do Governo Regional da Madeira;

l) Um representante do Conselho Nacional da Juventude;

m) Um representante da Associação Nacional de Municípios Portugueses;

n) Um representante da Associação Nacional das Freguesias;

o) Um representante da Confederação Nacional das Instituições de Solidariedade;

p) Um representante da União das Misericórdias;

q) Um representante da União das Mutualidades;

r) Um representante da Confederação Nacional das Associações de Pais;

s) Personalidades de mérito reconhecido cooptadas para colaborar na representação da Comissão Nacional, sempre que a especificidade das matérias o justifique.

2 - Integram, por inerência, o Conselho Nacional, na sua modalidade restrita, o presidente e os comissários referidos nas alíneas c) a h) do número anterior, sem prejuízo de, sob proposta do presidente e por deliberação do Conselho Nacional, poder ser integrado por outros comissários, até ao máximo de três.

3 - As entidades com assento no Conselho Nacional podem, a todo o tempo, proceder à substituição dos seus representantes, a título temporário ou definitivo, mas asseguram, em qualquer caso, a respetiva representação de forma continuada.

4 - Os representantes das entidades com assento no Conselho Nacional não têm, pelo exercício dessas funções, direito a receber qualquer tipo de remuneração ou abono.

Artigo 9º
Funcionamento do Conselho Nacional

1 - O Conselho Nacional funciona na modalidade alargada e na modalidade restrita.

2 - O Conselho Nacional reúne, na sua modalidade alargada, sempre que convocado pelo presidente e, no mínimo, com periodicidade trimestral.

3 - O Conselho Nacional reúne, na sua modalidade restrita, sempre que convocado pelo presidente e, no mínimo, com periodicidade mensal.

4 - O Conselho Nacional delibera por maioria simples, tendo o presidente voto de qualidade.

5 - Podem ser constituídos grupos de trabalho para a análise e estudo de matérias específicas a submeter à apreciação do Conselho Nacional.

6 - As reuniões do Conselho Nacional são registadas em ata, da qual constam as deliberações tomadas e a menção de o terem sido por unanimidade ou maioria.

7 - O mandato dos comissários tem a duração de dois anos, renovável até um máximo de duas vezes.

Artigo 10º
Conselho Nacional na modalidade alargada

1 - Ao Conselho Nacional, na modalidade alargada, compete efetuar todas as ações necessárias à prossecução das atribuições da Comissão Nacional previstas nas alíneas a), c) a f) e i) a n) do nº 2 do artigo 3º, bem como ao cumprimento do disposto nos artigos 4º e 5º

2 – O Conselho Nacional, na modalidade alargada, pode incumbir o Conselho Nacional, na modalidade restrita, de desenvolver as ações tendentes ao acompanhamento da Estratégia Nacional para a Implementação da Convenção dos Direitos da Criança e, bem assim, as que visem a recolha e o tratamento dos dados estatísticos relevantes no âmbito de aplicação da referida Convenção.

Artigo 11º
Conselho Nacional na modalidade restrita

1 – Ao Conselho Nacional, na modalidade restrita, compete efetuar todas as ações necessárias à prossecução das atribuições da Comissão Nacional não previstas no artigo anterior, bem como aquelas que lhe sejam delegadas.

2 – O exercício de funções dos comissários, na modalidade restrita do Conselho Nacional, pressupõe a correspondente afetação ao trabalho efetivo, por um período mínimo de oito horas semanais, que é integrado no período normal de trabalho do comissário no respetivo serviço de origem.

Artigo 12º
Coordenações regionais

1 – As coordenações regionais são órgãos executivos da Comissão Nacional.

2 – São criadas cinco coordenações regionais, que correspondem às NUT II.

3 – As coordenações regionais previstas no número anterior são instaladas por deliberação do Conselho Nacional, ponderadas as necessidades de acompanhamento das CPCJ, em função do número de CPCJ em funcionamento na respetiva área territorial.

4 – O mandato das coordenações regionais tem a duração de dois anos, renovável até um máximo de duas vezes.

5 – Compete às coordenações regionais previstas no nº 2, em cada área territorial, apoiar a Comissão Nacional na execução do plano de atividades, nomeadamente na representação, formação, acompanhamento das CPCJ da respetiva área territorial e correspondente articulação com os serviços de origem.

6 – Cada coordenação regional prevista no nº 2 deve articular e reunir com os responsáveis regionais dos serviços representados nas CPCJ, nomeadamente com os das áreas da educação, saúde, segurança social, administração interna e do respetivo município e, bem assim, com os interlocutores regionais do Ministério Público, nos termos previstos pela alínea f) do nº 1 do artigo 7º

7 – Nas situações em que se verifique ausência de protocolo de cedência de instalações, por parte de outras estruturas regionais, as coordenações regionais previstas no nº 2 são instaladas no Centro Distrital do Instituto da Segurança Social, I. P., da respetiva região, mediante protocolo.

8 – Em cada Região Autónoma existe uma coordenação regional definida por diploma a aprovar pelo seu órgão de governo próprio, a qual executa as ações previstas no plano de atividades da Comissão Nacional, com as necessárias adaptações, exercendo ainda a sua representatividade no respetivo território.

Artigo 13º
Equipa técnica operativa

1 – A Comissão Nacional é apoiada por uma equipa técnica operativa, com funções executivas e formação multidisciplinar, sendo a sua composição fixada pelo Conselho Nacional.

2 – A equipa técnica operativa é integrada por trabalhadores oriundos das administrações direta, indireta, regional e local, entidades públicas empresariais, associações e fundações de direito público ou privado, recrutados preferencialmente através de instrumentos de mobilidade, aplicando-se o disposto na Lei Geral do Trabalho em Funções Públicas, aprovada pela Lei nº 35/2014, de 20 de junho, alterada pela Lei nº 82-B/2014, de 31 dezembro.

3 – A equipa técnica operativa é dirigida por um diretor executivo, que depende do presidente.

4 – Ao diretor executivo compete a coordenação da prática dos atos necessários à execução das deliberações do Conselho Nacional.

5 – O diretor executivo é equiparado, para efeitos remuneratórios, a cargo de direção intermédia de 2º grau.

6 – A equipa técnica operativa presta apoio às coordenações regionais através de um mínimo de três elementos, um dos quais exerce as funções de coordenador.

7 – A avaliação de desempenho dos membros que compõem a equipa técnica operativa deve ser efetuada com respeito pela Lei nº 66-B/2007 de 28 de dezembro, alterada pelas Leis nºs 64-A/2008, de 31 de dezembro, 55-A/2010, de 31 de dezembro, e 66-B/2012, de 31 de dezembro, que aprovou o sistema integrado de gestão e avaliação do desempenho da Administração Pública, sempre que a mesma lhes seja aplicável.

Artigo 14º
Apoio logístico, administrativo e financeiro

A Secretaria-Geral do Ministério da Solidariedade, Emprego e Segurança Social presta o apoio logístico, administrativo e financeiro necessário ao funcionamento da Comissão Nacional, podendo para o efeito celebrar protocolos com outras entidades.

Artigo 16º
Auditorias

1 – As auditorias referidas no artigo 33º da Lei de Proteção de Crianças e Jovens em Perigo, aprovada pela Lei nº 147/99, de 1 de Setembro, são realizadas por iniciativa da Comissão Nacional, sob proposta do presidente, ou a requerimento do Ministério Público.

2 – As auditorias realizam-se sem prejuízo do disposto no artigo 72º da Lei de Proteção de Crianças e Jovens em Perigo, aprovada pela Lei nº 147/99, de 1 de Setembro, e com respeito pela autonomia de funcionamento das CPCJ e das suas deliberações.

3 – A Comissão Nacional pode, para efeitos da realização das auditorias, solicitar a intervenção dos serviços de auditoria competentes, nomeadamente da Procuradoria-Geral da República, do Ministério da Saúde, do Ministério da Educação e Ciência e do Ministério da Solidariedade, Emprego e Segurança Social, competindo à equipa técnica operativa a prática dos atos necessários à realização das mesmas.

4 – As auditorias visam, exclusivamente, verificar:

a) O regular funcionamento das CPCJ, tendo por referência o quadro legal constante dos artigos 15º a 29º da Lei de Proteção de Crianças e Jovens em Perigo, aprovada pela Lei nº 147/99, de 1 de Setembro;

b) O cumprimento das orientações e diretivas genéricas relativas às competências das CPCJ, nos termos da alínea b) do artigo 31º da Lei de Proteção de Crianças e Jovens em Perigo, aprovada pela Lei nº 147/99, de 1 de Setembro.

h) **Deixo agora aqui expressas algumas das respostas dadas pela CN no Encontro Nacional das CPCJ, realizado em Idanha-a-Nova, em Maio de 2017, veiculando muitas das preocupações dos comissários:**

1. A Lei define que a Comissão Nacional deve estabelecer os critérios uniformes de afectação dos técnicos, o que já foi feito mas não publicado ainda.

2. As entidades de primeira linha tinham já, de acordo com o anterior artigo 7º, as suas obrigações na intervenção de primeira linha, atribuições de acordo com o princípio da subsidiariedade.

Agora essas funções estão mais esclarecidas no actual artigo 7º: compete-lhes avaliar e intervir nas situações de perigo, e implementar estratégias de intervenção, acompanhar a criança e executar os atos materiais com esse desiderato. No nº 5 do normativo, estabelece-se a obrigação de, no exercício das competências, elaborar e manter um registo actualizado, do qual conste a descrição sumária das diligências tratadas e dos seus resultados.

Naturalmente que, quando as entidades de primeira linha não puderem resolver a situação, mas tentaram, desde que tenham tido o consenso dos pais, e a não oposição das crianças, as diligências que efectuaram e aquilo que observaram e diagnosticaram deve constar desse processo e desse procedimento informal, pois tais dados são importantes para a brevidade e a completude de um diagnóstico que a Comissão tenha de fazer.

Nessa linha de raciocínio, é convocável também o artigo 83º, de aplicação geral, quer aos processos das Comissões quer aos processos dos Tribunais, consagrando justamente o princípio do aproveitamento dos actos anteriormente praticados, dizendo-nos que quer as Comissões quer os Tribunais se devem abster de praticar actos, diligências, já antes efectuadas, nomeadamente relatórios sociais ou exames médicos, salvo quando o interesse superior da criança exija a sua repetição ou quando tal repetição se torne necessária para assegurar o princípio do contraditório.

Basicamente, a regra é de que tudo aquilo que está no processo, processo considerado desde as suas origens, desde os seus tempos iniciais mais remotos, deve ser assimilado, deve ser considerado e na sequência é que se vai determinar a realização de novas diligências. Não há, digamos, desperdício da actividade processual já antes desenvolvida pelas próprias Comissões quando o processo, por qualquer razão, transite para o Tribunal.

3. Quanto a informações relativas ao processo que podem ser partilhadas com as entidades locais, diremos que o processo nas CPCJ é secreto. As informações que podem ser dadas às entidades têm de ter em consideração esse carácter secreto. Mas é evidente que esse secretismo é estabelecido

em função do interesse da criança e, portanto, não se pode usar contra os interesses da mesma.

Se houver necessidade de uma informação útil, uma informação capaz de ajudar, ela pode ser dada. O que é preciso é que todos guardem respeito por esse carácter secreto do processo, com a ideia que ele não é um direito de quem tem o segredo, mas um direito da criança que não pode ser utilizado em desfavor dela. Agora, não se devem dar informações que não sejam indispensáveis para a protecção da criança ou para a execução da medida aplicada.

Devemos ser criteriosos nessa informação, a dar e a pedir, em conclusão.

4. Não é obrigatória a assinatura dos acordos de promoção e protecção pelas entidades com competência em matéria de infância e juventude, não havendo necessidade de um acordo formal.

O que resulta do artigo 7º é que as entidades de primeira linha devem avaliar, diagnosticar e intervir nas situações de risco e de perigo, e devem implementar estratégias de intervenção com a família, pelo que é natural que estabeleçam com a família, com a criança ou o jovem, um plano de intervenção sujeito a um consenso, não sendo necessário formalizar esse acordo.

5. Um elemento cooptado da CPCJ tem os mesmos direitos e deveres dos outros membros, e não se confunde com os representantes das entidades nela representadas.

Os elementos em causa são cooptados em função do carácter interdisciplinar da Comissão, também o podendo ser por razões de funcionalidade, mas nesse caso têm de ser pessoas com especial interesse pelos problemas da infância e juventude.

O que não pode acontecer é existirem elementos cooptados que funcionem como outro representante dessas entidades, porque isso não está de acordo com a lei.

A entidade só tem um representante e, por isso, é preferível que esses elementos, quando não são necessários, aí estejam como técnicos de apoio. Mas quando são cooptados, verdadeiros cooptados, nada os distingue porque eles são membros da Comissão com os mesmos direitos (voto e apreciação) e os mesmos deveres de todos os outros.

6. Pergunta-se: só são técnicos de apoio os que estão afectos através dos Protocolo celebrados no âmbito do artigo 20º-A da LPCJP?

Os técnicos de apoio não são apenas os que estão no 20º-A, fazendo estes parte de um contingente excepcional.

O município pode, para além do seu representante, facultar um apoio. E as outras instituições também o podem fazer, existindo o nº 6 do artigo 20º que estipula que «nos casos em que o exercício de funções a tempo inteiro pelos comissários não garanta a observância dos critérios previstos no nº 3 do artigo 22º, as entidades mencionadas nas alíneas *a)*, *b)*, *c)* e *k)* do nº 1 do artigo 17º disponibilizam ainda técnicos para apoio à comissão, aplicando-se com as devidas adaptações o disposto no nº 2 do artigo seguinte».

Ora, não se tratam de outros representantes mas de técnicos de apoio à Comissão.

Os técnicos de apoio não são, pois, só os do artigo 20º-A, estes colocados a título de excepção.

Deve haver esta ideia clara da dignificação do trabalho dos técnicos de apoio. São muito importantes para a Comissão, não são elementos da Comissão, não votam, mas a nova Lei veio dignificar esse trabalho, dizendo que os seus pareceres devem sempre ser considerados pela Comissão.

Há que dignificar o trabalho do técnico de apoio porque, embora não sendo um elemento da Comissão, é fundamental para a funcionalidade desta, nada diminuindo a pessoa ser apenas técnico. Isto é importante que seja interiorizado. Porque um "falso técnico" é mau para a Comissão. O técnico não pode ser representante, o seu nível de autonomia e independência, se for um técnico cooptado, é o mesmo que se for um técnico da Comissão. Realmente é esta a diferença, e é fundamental.

7. Podem os técnicos de apoio ser gestores de processo?

O artigo 82º-A normatiza que, para cada processo de promoção e protecção, a Comissão de Protecção de Crianças e Jovens ou o Tribunal competentes designam um técnico gestor de processo, ao qual compete mobilizar os intervenientes e os recursos disponíveis para assegurar de forma global, coordenada e sistémica, todos os apoios, serviços e acompanhamento de que a criança ou jovem e a sua família, necessitam, prestando informação sobre o conjunto da intervenção desenvolvida.

A lei fala em gestor do processo, mas ele é mais um gestor de caso.

Relativamente àquele caso, ele deve ter o domínio da globalidade da intervenção, da responsabilidade das instituições convocadas e deve dar informação sobre a família e as suas vicissitudes, passadas e presentes.

Sempre que possível, deve ser um elemento da representação.~

Contudo, pela letra da Lei e por esta finalidade, isso não significa que, por decisão da Comissão, não possa ser um técnico de apoio.

Não é propriamente um direito/dever do técnico. Na verdade, quando for possível ser um representante deve ser um representante, é preferível. Agora, nada impede, e isso sim, que por decisão e sob responsabilidade da Comissão, o gestor não possa ser um técnico de apoio.

8. Quanto às diligências sumárias, temos de seguir a lei.

As diligências sumárias estão previstas no artigo 94º: "recebida a comunicação da situação ou depois de proceder a diligências sumárias que a confirmem, deve contactar a criança ou o jovem (....)".

Este artigo tem de ser conjugado com o 97º que diz que "O processo inicia-se com o recebimento da comunicação (...)".

Recebida a comunicação, deve imediatamente instaurar-se o processo e, depois, a questão das diligências sumárias deve ter uma interpretação restritiva: só se deve procurar aquilo que for indispensável para a confirmação disso, mas sem abranger um pedido excessivo de informações.

Porquê?

Porque ainda não foi prestado o consentimento e o consentimento é fundamental para a legitimidade da intervenção da Comissão.

Portanto, estas diligências sumárias significam um mínimo a obter junto da entidade que fez a comunicação, quase apenas para esclarecer.

O nº 3 do artigo 94º estabelece que as "diligências sumárias" se destinam apenas à obtenção, junto da entidade que comunicou a situação de perigo, de elementos que possam confirmá-la ou esclarecê-la.

Assim, as CPCJ não podem fazer diligências sumárias que envolvam obtenção de informações a que não têm o direito ainda de aceder porque não obtiveram o consentimento das pessoas.

Não se pode abusar das diligências sumárias – só junto da entidade que fez a comunicação ou sinalização é que se podem obter algumas informações sobre as circunstâncias para poder verificar se há realmente, ou não, perigo que justifique a continuação do processo.

9. A transferência de processos vem estabelecida na lei de uma forma clara e foi mantida na nova legislação.

Qual é a intenção da lei?

A residência é o centro de vida da criança. É aí que se determina qual é o centro de vida dela.

Agora esclarece-se que, quando há a aplicação de uma medida de colocação residencial e a casa de acolhimento residencial se situa em município diferente, isso não significa alteração de residência.

Ora, este princípio também se deverá aplicar a outras medidas, dependendo do caso.

Por vezes há nas comissões, numa ou outra comissão, a ideia: mas porquê? Se ele já foi para outro local, mudou de centro de vida, porque é que não se manda imediatamente o processo? A razão de ser da lei é esta: a criança não pode esperar pela medida – tem de ter uma medida de protecção. Só pode mudar o processo quando já tiver uma medida que o proteja.

Esta alteração, a introdução deste esclarecimento no nº 5 do artigo 79º, que expressamente diz que a execução de medida de proteção de acolhimento não determina alteração da residência da criança ou jovem acolhido, foi uma questão que suscitou nos tribunais alguma controvérsia e decisões jurisprudenciais distintas e algum debate de ideias a respeito desta matéria – sobre se, sim ou não, se deveria transferir o processo três meses após a aplicação da medida para o tribunal competente em caso de aplicação do, à data, acolhimento institucional, agora residencial.

E portanto, procurando dar resposta justamente a essa dúvida gerada na altura, abundantemente, o legislador, agora inequivocamente, pronunciou-se no sentido de esse acolhimento residencial não determinar a alteração da residência da criança ou do jovem acolhido quando haja uma alteração do local onde a criança fisicamente se encontra, por força da aplicação dessa medida de acolhimento residencial.

10. O apadrinhamento civil pode ser também da iniciativa da Comissão e as Comissões devem estar atentas a isso.

A criança tem direito a uma família: biológica, de preferência, ou adoptiva.

Mas mesmo quando não tenha uma família biológica ou adoptiva capaz, tem o direito a uma parentalidade positiva.

O apadrinhamento civil procura corresponder a esse direito da criança e as CPCJ devem, estando preenchidos os requisitos do apadrinhamento civil, promover essa medida.

A CN vai ter orientações mais precisas que poderá transmitir às Comissões para que a medida de apadrinhamento civil tenha uma expressão mais representativa dos interesses que lhe subjazem.

11. Que informações podem as CPCJ prestar à comunicação social?

Como salvaguardar/defender as CPCJ da exposição factual que é difundida de forma muitas vezes incorrecta na comunicação social?

Faria sentido a criação de gabinetes de apoio às CPCJ no que concerne às comunicações aos *media*/redes sociais?

Apela-se à leitura do artigo 88º da LPCJP que aponta o carácter reservado do processo – daqui decorre um conjunto de consequências que não podem ser esquecidas ou pouco valorizadas e que limitam bastante, em função dos valores e interesses que legitimamente cabe acautelar (a susceptibilidade de dar informação aberta e total sobre aquilo que se passa no decurso de um concreto e determinado processo que respeita a uma concreta e determinada criança).

Não obstante isto, há um outro artigo muito relevante, o artigo 90º, que regula um conjunto de deveres por parte da comunicação social na divulgação pública de situações que dizem respeito a crianças e jovens alvo de intervenção protectiva do Estado.

Mas também há deveres para as CPCJ e tribunais – devem informar os *media* sobre os factos, decisão e circunstâncias necessárias para a sua correcta compreensão.

Ora, aqui reside a dificuldade – quais são os factos, a decisão e as circunstâncias necessárias que permitem à comunidade compreender, adequada e correctamente, de uma forma esclarecida, o sentido da decisão proferida?

É sempre difícil o equilíbrio entre estas duas necessidades, uma a necessidade da comunidade de ser informada e outra a natureza reservada do processo e tudo o que ela acarreta (reserva da intimidade da família, da própria criança, a preservação da sua imagem perante terceiros, em geral).

Em qualquer circunstância, é interessante a ideia da eventual criação de um gabinete de apoio no que concerne à comunicação com o exterior, *media* e redes sociais.

12. Pode a CPCJ, após o envio do processo para intervenção judicial, responder a questões colocadas pela EMAT?

Numa lógica de aproveitamento dos actos anteriores, tudo aquilo que está para trás está adquirido para o processo e, portanto, constará já dele – haverá o registo no processo daquilo que de relevante haja a assinalar nas fases anteriores e, como tal, a EMAT socorrer-se-á sem problemas daquilo que do processo consta.

Mas poderá ocorrer a eventualidade de a EMAT precisar de algum esclarecimento relativamente à descrição que, em tempos, foi feita pela Comissão e que está registada, relativamente ao sentido de uma informação concreta que conste no processo.

A CN não vê qualquer dificuldade em que se dê essa informação.

E nós com ela.

13. Quando um processo é reaberto, as medidas aplicadas anteriormente devem ser consideradas para o cômputo dos 18 meses de tempo máximo da medida, ou em cada reabertura é possível aplicar medidas iniciando uma nova contagem?

A reabertura é isso mesmo e a interpretação que se deve fazer é que as medidas aplicadas até ao momento do encerramento do processo não contam quando haja aplicação de uma medida após a sua reabertura.

14. Se as diligências sumárias confirmarem a existência de uma situação de perigo, a comunicação dará lugar à abertura de um processo.

Ou seja, das comunicações, em princípio, não resultará a necessidade de diligências sumárias, só elas existirão se houver a estrita necessidade de esclarecer, nos termos atrás referenciados.

Como tal, a regra é de que as comunicações dão efectivamente lugar à abertura do processo, só assim não sucedendo quando houver necessidade de diligências sumárias a realizar nos termos já referidos.

i) Apelo a que as CPCJ estejam atentas à necessária e imperiosa intervenção tutelar educativa de jovens entre os 12 e os 16 anos que pratiquem factos qualificados na lei como crimes, devendo accionar com maior frequência a sinalização ao Ministério Público de tais situações.

É verdade que a maioria das crianças com uma medida de protecção não suscita necessidade de intervenção tutelar educativa.

Contudo, muitas vezes, inexiste legitimidade para uma intervenção protectiva (lançando-se mão de uma artificiosa e errónea aplicação do perigo previsto na alínea g) do nº 2 do artigo 3º da LPCJP), quando, afinal, fica por fazer uma necessária intervenção educativa, esquecida na ânsia desenfreada de proteger – de facto, REEDUCAR uma criança para o Direito é, não raras vezes, um caminho bem mais eficaz do que a mera protecção para se atingir um crescimento saudável e completo de um jovem em contexto social e familiar (e nunca é demais lembrar que a lei dá prioridade metodológica à intervenção tutelar educativa – cfr. artigo 43º, nº 3 da LTE).

Como muito bem recentemente – no dia 22 de Maio de 2019, em Tavira, na Abertura do Encontro Nacional de Avaliação das Actividades das CPCJ em 2018) – a nossa Procuradora-Geral da República, Drª Lucília Gago, lembrou:

«1. Com a alteração da Lei Tutelar Educativa que teve lugar em 2015 (com a publicação da Lei nº 4/2015, de 15 de Janeiro), adquirida a notícia do facto criminalmente relevante pelo Ministério Público, cometido por jovem de 12 ou mais anos que não haja ainda completado 16, ela determina obrigatoriamente a abertura de inquérito, o que vale por dizer ser dispensável qualquer manifestação de vontade de quem quer que seja no sentido de tal instauração, sendo igualmente irrelevante qualquer manifestação de vontade no sentido do prosseguimento dos autos ou no do arquivamento;

2. A de que tal cometimento não é, por si só, habilitante de intervenção protetiva, designadamente da competência das Comissões de Proteção de Crianças e Jovens, na certeza de que o perigo a que alude a alínea g) do nº 2 do artigo 3º da LPCJP, por vezes invocado para justificar a instauração de processo de promoção e proteção, não se mostrará obviamente preenchido quando o jovem dessa faixa etária adota tais comportamentos sem que os cuidadores deles tenham conhecimento e justamente por isso não poderá configurar-se sequer qualquer hipótese de a eles se poderem opor;

3. Sendo a denúncia obrigatória para os órgãos de polícia criminal e para os funcionários, estes quanto a factos de que tomem conhecimento no exercício das suas funções e por causa delas – obrigatoriedade que não é demais enfatizar –, a fraca expressão numérica das participações e dos inquéritos tutelares educativos é merecedora de reflexão e iniciativas visando uma melhor abordagem por parte das entidades e instituições que exercem a sua atividade no âmbito do Direito da Família e das Crianças, incluindo do Ministério Público, numa área de relevância fulcral e indissociável dos objetivos de prevenção da criminalidade».

Artigo 13º – Colaboração

1 – Os serviços públicos, as autoridades administrativas e as entidades policiais têm o dever de colaborar com as comissões de proteção no exercício das suas atribuições.

2 – O dever de colaboração incumbe igualmente às pessoas singulares e coletivas que para tal sejam solicitadas.

3 – O dever de colaboração abrange o de informação e o de emissão, sem quaisquer encargos, de certidões, relatórios e quais-

quer outros documentos considerados necessários pelas comissões de proteção, no exercício das suas competências de promoção e proteção.

(Alterado pela Lei nº 142/2015, de 8 de Setembro)

ANOTAÇÃO

A violação deste dever de colaboração pode justificar a remessa do processo de uma CPCJ para o tribunal [artigo 11º/1 alínea f)].

Artigo 13º-A – Acesso a dados pessoais sensíveis

1 – A comissão de proteção pode, quando necessário para assegurar a proteção da criança ou do jovem, proceder ao tratamento de dados pessoais sensíveis, designadamente, informação clínica, desde que consentida pelo titular dos dados ou, sendo este menor ou interdito por anomalia psíquica, pelo seu representante legal, nos termos da alínea h) do artigo 3º e do nº 2 do artigo 7º da Lei da Proteção de Dados Pessoais, aprovada pela Lei nº 67/98, de 26 de outubro.

2 – Para efeitos de legitimação da comissão de proteção, nos termos do previsto no número anterior, o titular dos dados pessoais sensíveis deve prestar, por escrito, consentimento específico e informado.

3 – O pedido de acesso ao tratamento de dados pessoais sensíveis por parte da comissão de proteção deve ser sempre acompanhado da declaração de consentimento a que alude o número anterior.

4 – Sempre que a entidade detentora da informação a que se refere o nº 1 for uma unidade de saúde, o pedido da comissão de proteção deve ser dirigido ao responsável pela sua direção clínica, a quem cabe a coordenação da recolha de informação e sua remessa à comissão requerente.

(Artigo introduzido pela Lei nº 142/2015, de 8 de Setembro)

ANOTAÇÃO

a) As CPCJ deverão pedir o consentimento inicial – e por escrito – dos pais, representante legal ou da pessoa que tem a guarda de facto da criança (do titular dos dados em causa), também para os efeitos deste normativo. Contudo, nada impede que o faça posteriormente.

b) Cf. ainda artigo 87º, nº 3, quanto a exames médicos.

c) Aludo aqui ao Regulamento nº 2016/679 do Parlamento Europeu e do Conselho, de 27/4/2016, relativo à protecção das pessoas singulares no que diz respeito ao tratamento de dados pessoais e à livre circulação desses dados e que revoga a Directiva 95/46/CE (**REGULAMENTO GERAL SOBRE A PROTECÇÃO DE DADOS, doravante RGPD)** – entrou em vigor em 25 de Maio de 2018 e substituiu a Directiva e a lei de **protecção de dados** em vigor (Lei nº 67/98, de 26/10).

De facto, a 25 de Maio de 2018 entrou em vigor o dito RGPD [Regulamento (UE) 2016/679 do Parlamento Europeu e do Conselho] que não carece de transposição para a lei dos Estados-Membros, conforme ocorre com as "directivas".

A anterior Lei nº 67/98 (lei da protecção de dados pessoais) correspondia à transposição para a ordem jurídica portuguesa da Directiva nº 95/46/CE do Parlamento Europeu e do Conselho, Directiva esta que foi revogada com a entrada em vigor do Regulamento.

d) Cf. artigo 13º (dever de colaboração) – os serviços públicos, as autoridades administrativas e as entidades policiais têm o dever de colaborar com as comissões de protecção no exercício das suas atribuições, abrangendo tal dever de colaboração o de informação e o de emissão, sem quaisquer encargos, de certidões, relatórios e quaisquer outros documentos considerados necessários pelas CPCJ, no exercício das suas competências de promoção e protecção.

e) Acesso a dados pessoais sensíveis (Cf. ainda artigo 9º/2 a) do Regulamento Geral sobre a Protecção de Dados) – a CPCJ pode, quando necessário para assegurar a protecção da criança ou do jovem, proceder ao tratamento de dados pessoais sensíveis, designadamente, informação clínica, desde que consentida pelo titular dos dados ou, sendo este menor ou interdito por anomalia psíquica, pelo seu representante legal, nos termos do nº 11 do artº 4º da RGPD e da alínea a) do nº 2 do artº 9º do RGPD (atenção ao consentimento específico quanto a esta matéria, não confundível com o consentimento previsto no artº 9º da LPCJP).

f) Quando a entidade detentora da informação for uma unidade de saúde o pedido da comissão deve ser dirigido ao responsável pela direcção clínica, a quem cabe a coordenação da recolha da informação e sua remessa à comissão requerente.

O pedido de acesso a dados pessoais sensíveis deve ser sempre acompanhado da declaração de consentimento escrito, específico e informado por parte do titular dos dados.

g) Como opinou, e muito bem, Rui Marques, conhecido empreendedor, gestor, activista social e orador, em artigo no jornal «PÚBLICO» de 24/2/2017:

> *«O juízo elaborado em cada Comissão perante cada caso concreto está condicionado pela qualidade e relevância da informação disponível sobre a situação da criança em causa e do seu contexto (...). A informação que se dispõe é, quase sempre, limitada e pode não se ter acesso a dados essenciais para compreender todo o contexto (...)».*

Artigo 13º-B – Reclamações

1 – As comissões de proteção dispõem de registo de reclamações, nos termos previstos nos artigos 35º-A e 38º do Decreto-Lei nº 135/99, de 22 de abril, alterado pelos Decretos-Leis nº 29/2000, de 13 de março, nº 72 A/2010, de 18 de junho, e nº 73/2014, de 13 de maio.

2 – As reclamações são remetidas à Comissão Nacional de Promoção dos Direitos e Proteção de Crianças e Jovens, adiante designada Comissão Nacional, para apreciação da sua motivação, realização de diligências ou emissão de recomendações, no âmbito das respetivas atribuições de acompanhamento, apoio e avaliação.

3 – Quando, nos termos do artigo 72º, a reclamação envolva matéria da competência do Ministério Público, a comissão de proteção deve, em simultâneo com a comunicação referida no número anterior, remeter cópia da mesma ao magistrado do Ministério Público a quem compete o acompanhamento referido no nº 2 do mesmo artigo.

(Artigo introduzido pela Lei nº 142/2015, de 8 de Setembro)

Anotação

É uma forma de sindicância da decisão das CPCJ, para além da interlocução a fazer pelo Magistrado do Ministério Público, nos termos do artigo 72º, nº 2.

Artigo 14º – Apoio ao funcionamento

1 – O apoio ao funcionamento das comissões de proteção, designadamente, nas vertentes logística, financeira e administrativa, é assegurado pelo município, podendo, para o efeito, ser celebrados protocolos de cooperação com os serviços e organismos do Estado representados na Comissão Nacional.

2 – O apoio logístico abrange os meios, equipamentos e recursos necessários ao bom funcionamento das comissões de proteção, designadamente, instalações, informática, comunicação e transportes, de acordo com os termos de referência a definir pela Comissão Nacional.

3 – O apoio financeiro consiste na disponibilização:

***a)* De um fundo de maneio, destinado a suportar despesas ocasionais e de pequeno montante resultantes da ação das comissões de proteção junto das crianças e jovens, suas famílias ou pessoas que têm a sua guarda de facto, de acordo com os termos de referência a definir pela Comissão Nacional;**

***b)* De verba para contratação de seguro que cubra os riscos que possam ocorrer no âmbito do exercício das funções dos comissários previstos nas alíneas h), i), j), l) e m) do nº 1 do artigo 17º**

4 – O apoio administrativo consiste na cedência de funcionário administrativo, de acordo com os termos de referência a definir pela Comissão Nacional.

5 – Excecionalmente, precedendo parecer favorável da Comissão Nacional, os municípios podem protocolar com outros serviços representados nas comissões de proteção que lhes proporcionem melhores condições de apoio logístico.

6 – Os critérios de atribuição do apoio ao funcionamento das comissões de proteção devem ser fixados tendo em consideração a população residente com idade inferior a 18 anos, o volume pro-

cessual da comissão e a adequada estabilidade da intervenção protetiva, nos termos a definir pela Comissão Nacional.

(Alterado pela Lei nº 142/2015, de 8 de Setembro)

ANOTAÇÃO

O apoio ao funcionamento das CPCJ, designadamente, ***nas vertentes logística, financeira e administrativa***, é assegurado pelo município, podendo, para o efeito, ser celebrados protocolos de cooperação com os serviços e organismos do Estado representados na Comissão Nacional **(hoje, a actividade das CPCJ recai cada vez mais sob a responsabilidade dos municípios).**

SUBSECÇÃO II - Competências, composição e funcionamento

Artigo 15º – Competência territorial

1 – As comissões de proteção exercem a sua competência na área do município onde têm sede.

2 – Tendo em vista a qualificação da resposta protetiva, mediante proposta dos municípios envolvidos e precedendo parecer favorável da Comissão Nacional, podem ser criadas:

***a)* Nos municípios com maior número de habitantes e quando se justifique, mais de uma comissão de proteção, com competências numa ou mais freguesias, nos termos a definir pela portaria de instalação;**

***b)* Em municípios adjacentes com menor número de habitantes e quando se justifique, comissões intermunicipais, nos termos a definir pela portaria de instalação.**

(O nº 2 foi alterado pela Lei nº 142/2015, de 8 de Setembro)

ANOTAÇÃO

Num município com grande dimensão geográfica podem ser criadas comissões de protecção com competência limitada a uma ou várias freguesias.

Além disso, em municípios adjacentes, com menor número de habitantes, e sempre que se justifique, não sendo, pois, automático, podem-se criar comissões intermunicipais.

Artigo 16º – Modalidades de funcionamento da comissão de proteção

A comissão de proteção funciona em modalidade alargada ou restrita, doravante designadas, respetivamente, de comissão alargada e de comissão restrita.

ANOTAÇÃO

Estas as duas modalidades de intervenção das CPCJ (aqui em 2015 nada se alterou).

Sobre a modalidade alargada, infelizmente, algo desactivada, regem, em termos de competência, funcionamento e composição, os artigos 17º, 18º e 19º.

Sobre a modalidade restrita, regem os artigos 20º, 20º-A, 21º e 22º.

Artigo 17º – Composição da comissão alargada

1 – A comissão alargada é composta por:

a) Um representante do município, a indicar pela câmara municipal, **dos municípios, a indicar pelas câmaras municipais, no caso previsto na alínea *b)* do nº 2 do artigo 15º,** ou das freguesias, a indicar por estas, no caso previsto na alínea *a)* do nº 2 do artigo 15º, de entre pessoas com especial interesse ou aptidão na área das crianças e jovens em perigo;

b) Um representante da segurança social, de preferência designado de entre técnicos com formação em serviço social, psicologia ou direito;

c) Um representante dos serviços do Ministério da Educação, de preferência professor com especial interesse e conhecimentos na área das crianças e dos jovens em perigo;

***d)* Um representante do Ministério da Saúde, preferencialmente médico ou enfermeiro, e que integre, sempre que possível, o Núcleo de Apoio às Crianças e Jovens em Risco;**

e) Um representante das instituições particulares de solidariedade social ou de outras organizações não-governamentais que desenvolvam, na área de competência territorial da comissão de proteção, respostas sociais de carácter não residencial, dirigidas a crianças, jovens e famílias;

***f)* Um representante do organismo público competente em matéria de emprego e formação profissional;**

g) Um representante das instituições particulares de solidariedade social ou de outras organizações não-governamentais que desenvolvam, na área de competência territorial da comissão de proteção, respostas sociais **de caráter residencial** dirigidas a crianças e jovens;

h) Um representante das associações de pais existentes na área de competência da comissão de proteção;

i) Um representante das associações ou outras organizações privadas que desenvolvam, na área de competência da comissão de proteção, atividades desportivas, culturais ou recreativas destinadas a crianças e jovens;

j) Um representante das associações de jovens existentes na área de competência da comissão de proteção ou um representante dos serviços de juventude;

***k)* Um representante de cada força de segurança, dependente do Ministério da Administração Interna, presente na área de competência territorial da comissão de proteção;**

l) Quatro cidadãos eleitores, preferencialmente com especiais conhecimentos ou capacidades para intervir na área das crianças e jovens em perigo, **designados pela assembleia municipal, ou pelas assembleias municipais ou assembleia de freguesia, nos casos previstos, respetivamente, nas alíneas *b)* e *a)* do no nº 2 do artigo 15º;**

m) Os técnicos que venham a ser cooptados pela comissão, com formação, designadamente, em serviço social, psicologia, saúde ou direito, ou cidadãos com especial interesse pelos problemas da infância e juventude.

2 – Nos casos da alínea *b)* do nº 2 do artigo 15º a designação dos cidadãos eleitores a que se reporta a alínea *l)* do número anterior deve ser feita por acordo entre os municípios envolvidos, privilegiando-se, sempre que possível, a representatividade das diversas populações locais.

3 – Nos casos previstos no nº 2 do artigo 15º a composição da comissão observa a representatividade interinstitucional e pluridisciplinar prevista no nº 1 do presente artigo.

(Alterado pela Lei nº 142/2015, de 8 de Setembro)

Anotação

Verifica-se o aumento de entidades representadas na modalidade alargada.

Artigo 18º – Competência da comissão alargada

1 – À comissão alargada compete desenvolver ações de promoção dos direitos e de prevenção das situações de perigo para a criança e jovem.

2 – São competências da comissão alargada:

a) Informar a comunidade sobre os direitos da criança e do jovem e sensibilizá-la para os apoiar sempre que estes conheçam especiais dificuldades;

b) Promover ações e colaborar com as entidades competentes tendo em vista a deteção dos fatos e situações que, na área da sua competência territorial, afetem os direitos e interesses da criança e do jovem, ponham em perigo a sua segurança, saúde, formação ou educação ou se mostrem desfavoráveis ao seu desenvolvimento e inserção social;

c) Informar e colaborar com as entidades competentes no levantamento das carências e na identificação e mobilização dos recursos necessários à promoção dos direitos, do bem-estar e do desenvolvimento integral da criança e do jovem;

d) Colaborar com as entidades competentes no estudo e elaboração de projetos inovadores no domínio da prevenção primária dos fatores de risco e no apoio às crianças e jovens em perigo;

***e)* Colaborar com as entidades competentes na constituição, funcionamento e formulação de projetos e iniciativas de desenvolvimento social local na área da infância e da juventude;**

f) Dinamizar e dar parecer sobre programas destinados às crianças e aos jovens em perigo;

g) Analisar a informação semestral relativa aos processos iniciados e ao andamento dos pendentes na comissão restrita, **sem prejuízo do disposto no artigo 88º;**

***h)* Prestar o apoio e a colaboração que a comissão restrita solicitar, nomeadamente no âmbito da disponibilização dos recursos necessários ao exercício das suas funções;**

***i)* Elaborar e aprovar o plano anual de atividades;**

j) Aprovar o relatório anual de atividades e avaliação e enviá-lo à Comissão Nacional, à assembleia municipal e ao Ministério Público;

***k)* Colaborar com a Rede Social na elaboração do plano de desenvolvimento social local, na área da infância e juventude.**

3 – No exercício das competências previstas nas alíneas *b)*, *c)*, *d)* e *e)* do número anterior, a comissão deve articular com a Rede Social local.

[As alíneas *e)*, *g)* e *h)* a *k)* e o nº 3 foram alterados pela Lei nº 142/2015, de 8 de Setembro]

ANOTAÇÃO

Algo redundantes as ideias plasmadas nas alíneas e), *in fine*, k) e nº 3.

Artigo 19º – Funcionamento da comissão alargada

1 – A comissão alargada funciona em plenário ou por grupos de trabalho para assuntos específicos.

2 – O plenário da comissão reúne com a periodicidade exigida pelo cumprimento das suas funções, no mínimo mensalmente.

3 – O exercício de funções na comissão alargada pressupõe a afetação dos comissários ao trabalho efetivo na comissão, por tempo não inferior a oito horas mensais, a integrar o período normal de trabalho.

(Os nºs 2 e 3 foram alterados pela Lei nº 142/2015, de 8 de Setembro)

ANOTAÇÃO

As reuniões da modalidade alargada passam a ser, por regra, mensais, em vez de bimestrais.

Passa a ficar estabelecido na lei o mínimo do tempo de afectação ao trabalho na comissão alargada por parte dos comissários aí efectivos.

Artigo 20º – Composição da comissão restrita

1 – A comissão restrita é composta sempre por um número ímpar, nunca inferior a cinco dos membros que integram a comissão alargada.

2 – São, por inerência, membros da comissão restrita o presidente da comissão de proteção e os representantes do município, ou dos municípios ou das freguesias nos casos previstos, respetivamente, nas alíneas *b)* e *a)* do no nº 2 do artigo 15º, e da segurança social, da educação e da saúde quando não exerçam a presidência.

3 – Os restantes membros são designados pela comissão alargada, devendo a designação de, pelo menos, um deles ser feita de entre os representantes de instituições particulares de solidariedade social ou de organizações não governamentais.

4 – Os membros da comissão restrita devem ser escolhidos de forma que esta tenha uma composição interdisciplinar e interinstitucional, incluindo, sempre que possível, pessoas com formação nas áreas de serviço social, psicologia e direito, educação e saúde.

5 – Não sendo possível obter a composição nos termos do número anterior, a designação dos membros aí referidos é feita por cooptação, nomeadamente de entre os técnicos a que se refere a alínea *m)* do artigo 17º

6 – Nos casos em que o exercício de funções a tempo inteiro pelos comissários não garanta a observância dos critérios previstos no nº 3 do artigo 22º, as entidades mencionadas nas alíneas *a), b), c)* e *k)* do nº 1 do artigo 17º disponibilizam ainda técnicos para apoio à comissão, aplicando-se com as devidas adaptações o disposto no nº 2 do artigo seguinte.

(Os nºs 2 e 6 foram alterados pela Lei nº 142/2015, de 8 de Setembro)

Anotação

a) Aplaude-se a introdução das valências da saúde e da educação no corpo do nº 2.

b) Cf. artigo 22º, nº 5 (no caso em que as entidades referidas no nº 6 deste normativo não cumpram os tempos de afectação do nº 3 desse artigo 22º).

Artigo 20º-A – Apoio técnico

1 – Excecionalmente, por manifesta falta de meios humanos e em função da qualificação da resposta protetiva, a Comissão Nacional pode protocolar com as entidades representadas na comissão alargada a afetação de técnicos para apoio à atividade da comissão restrita.

2 – O apoio técnico pode assumir a coordenação de casos e emite parecer no âmbito dos processos em que intervenha, o qual é tido em consideração nas deliberações da Comissão.

(Artigo introduzido pela Lei nº 142/2015, de 8 de Setembro)

Anotação

a) Pedem-se mais recursos humanos para a comissão restrita. Que venham os protocolos e a boa vontade das entidades representadas na alargada!

b) O Município/Freguesia, Ministério da Segurança Social, Ministério da Educação e Forças de Segurança estão obrigados a disponibilizar técnicos para apoio à comissão, quando o exercício de funções a tempo inteiro pelos membros da comissão restrita não garanta a satisfação dos critérios de referência a estabelecer pela Comissão Nacional

Perante a "manifesta falta de meios humanos", a CN, excepcionalmente, pode protocolar com as entidades representadas na CPCJ a afetação de técnicos para apoio à atividade da comissão restrita – este técnico não é um comissário, pode assumir a coordenação de casos e emite parecer no âmbito dos processos em que intervenha, constando o seu parecer obrigatoriamente da acta da reunião da Comissão, elemento a ser ponderado pela CPCJ (v.g. artigo 29º/2).

Artigo 21º – Competência da comissão restrita

1 – À comissão restrita compete intervir nas situações em que uma criança ou jovem está em perigo.

2 – Compete designadamente à comissão restrita:

a) Atender e informar as pessoas que se dirigem à comissão de proteção;

***b)* Decidir da abertura e da instrução do processo de promoção e proteção;**

c) Apreciar liminarmente as situações de que a comissão de proteção tenha conhecimento, decidindo o arquivamento imediato do processo quando se verifique manifesta desnecessidade de intervenção;

d) Proceder à instrução dos processos;

e) Solicitar a participação dos membros da comissão alargada nos processos referidos na alínea anterior, sempre que se mostre necessário;

f) Solicitar parecer e colaboração de técnicos ou de outras pessoas e entidades públicas ou privadas;

g) **Decidir a aplicação e acompanhar e rever as medidas de promoção e proteção, com exceção da medida de confiança a pessoa selecionada para a adoção, a família de acolhimento ou a instituição com vista a adoção;**

h) **Praticar os atos de instrução e acompanhamento de medidas de promoção e proteção que lhe sejam solicitados no contexto de processos de colaboração com outras comissões de proteção;**

i) Informar semestralmente a comissão alargada, sem identificação das pessoas envolvidas, sobre os processos iniciados e o andamento dos processos pendentes.

[As alíneas *b)* a *i)* do nº 2 foram alteradas pela Lei nº 142/2015, de 8 de Setembro]

Anotação

a) As funções da comissão restrita estão agora cronologicamente definidas, com maior rigor – desde o atendimento ao público e a informação devida ao mesmo, à decisão de abertura de um processo de promoção e protecção, à decisão de arquivamento liminar de uma participação, à instrução dos processos abertos, à aplicação, acompanhamento e revisão das medidas de promoção e protecção passíveis de ser aplicadas em sede de CPCJ, à colaboração com outras CPCJ e à informação semestral à comissão alargada sobre os processos abertos e seu andamento.

É o órgão executivo das CPCJ, o âmago de um órgão que se quer activo, parte fundamental que é do sistema de promoção e protecção em Portugal.

Actua nos seus processos e faz as comunicações legais ao Ministério Público (artigos 68º, 69º e 70º).

b) No caso da alínea c) do nº 2, o processo é destruído dois anos após o arquivamento – cf. artigo 88º, nº 9.

Artigo 22º – Funcionamento da comissão restrita

1 – A comissão restrita funciona em permanência.

2 – O plenário da comissão restrita reúne sempre que convocado pelo presidente, no mínimo com periodicidade quinzenal, e distribui entre os seus membros as diligências a efetuar nos processos de promoção dos direitos e proteção das crianças e jovens em perigo.

3 – Os membros da comissão restrita exercem funções em regime de tempo completo ou de tempo parcial, em conformidade com os critérios de referência estabelecidos pela Comissão Nacional.

4 – A comissão restrita funcionará sempre que se verifique situação qualificada de emergência que o justifique.

5 – Quando a entidade representada ou responsável por disponibilizar técnicos para apoio nos termos do nº 6 do artigo 20º, não cumprir os tempos de afetação definidos nos termos do nº 3, deve o presidente da comissão de proteção comunicar a referida irregularidade ao Ministério Público e à Comissão Nacional, nos 30 dias que se seguem à sua verificação, cabendo a esta última providenciar junto das entidades competentes pela sanação daquela irregularidade.

(Os nºs 3 e 5 foram alterados pela Lei nº 142/2015, de 8 de Setembro)

Anotação

Depende agora da Comissão Nacional a decisão aposta no nº 3, entidade que deve também providenciar junto das tutelas pela sanação de irregularidades nos tempos de afectação dos comissários (cf. nº 6 do artigo 20º).

Artigo 23º – Presidência da comissão de proteção

1 – O presidente da comissão de proteção é eleito pelo plenário da comissão alargada de entre todos os seus membros.

2 – O presidente designa um membro da comissão para desempenhar as funções de secretário.

3 – O secretário substitui o presidente nas suas faltas e impedimentos.

4 – O exercício efetivo da presidência é obrigatório para o membro eleito e vincula, nos casos aplicáveis, a entidade representada.

5 – O presidente da comissão exerce as suas funções a tempo inteiro, sempre que a população residente na área de competência territorial da respetiva comissão for, pelo menos, igual a 5000 habitantes com idade igual ou inferior a 18 anos.

6 – O exercício das funções do presidente da comissão de proteção é obrigatoriamente considerado e valorizado, quer para efeitos da avaliação de desempenho pela sua entidade de origem, quer

para progressão na carreira, quer ainda em procedimentos concursais a que se candidate.

7 – Para efeitos da vinculação a que se refere o nº 4, a comissão emite e disponibiliza à entidade de origem certidão da ata da reunião que elegeu o presidente.

(Os n.os 1 e 3 a 7 foram alterados pela Lei nº 142/2015, de 8 de Setembro)

Anotação

Cf. artigo 28º, quanto à vinculação e execução obrigatória das deliberações tomadas nas CPCJ.

Artigo 24º – Competências do presidente

Compete ao presidente:

a) Representar a comissão de proteção;

b) Presidir às reuniões da comissão alargada e da comissão restrita e orientar e coordenar as suas atividades;

c) Promover a execução das deliberações da comissão de proteção;

***d)* Coordenar os trabalhos de elaboração do plano anual de atividades, elaborar o relatório anual de atividades e avaliação e submetê-los à aprovação da comissão alargada;**

e) Autorizar a consulta dos processos de promoção dos direitos e de proteção;

f) Proceder às comunicações previstas na lei.

[A alínea *d)* foi alterada pela Lei nº 142/2015, de 8 de Setembro]

Anotação

Novidade é a feitura de um **plano anual** - caderno de encargos para o futuro - de actividades [cf. artigo 18º, nº 2, alínea i)], que se distingue do **relatório anual** de actividades, este vocacionado para o balanço das actividades passadas.

Artigo 25º – Estatuto dos membros da comissão de proteção

1 – Os membros da comissão de proteção representam e obrigam os serviços e as entidades que os designam, **sendo responsáveis pelo cumprimento dos objetivos contidos no plano anual de ação do**

serviço respetivo para a proteção da criança, designadamente no que respeita às responsabilidades destes serviços no âmbito das comissões de proteção de crianças e jovens.

2 – O exercício das funções dos membros da comissão de proteção, no âmbito da competência desta, têm carácter prioritário relativamente às que exercem nos respetivos serviços **e constituem serviço público obrigatório sendo consideradas, para todos os efeitos, como prestadas na profissão, atividade ou cargo do respetivo titular.**

3 – A formação inicial e contínua dos membros das comissões constitui um dever e um direito, cabendo à entidade representada ou à Comissão Nacional, no caso dos comissários previstos nas alíneas *h), i), j), l)* e *m)* do nº 1 do artigo 17º, proporcionar os meios indispensáveis à frequência dessas ações.

4 – Quando demandados por atos praticados no exercício das suas funções, os membros da comissão de proteção gozam de isenção de custas, cabendo à entidade representada ou à Comissão Nacional, no caso dos comissários previstos nas alíneas *h), i), j), l) e m)* do nº 1 do artigo 17º, assegurar os custos inerentes ao respetivo patrocínio judiciário.

5 – Os membros da comissão de proteção têm direito à atribuição e ao uso de cartão de identificação, de modelo aprovado por portaria dos membros da Governo responsáveis pelas áreas da justiça, da solidariedade e da segurança social.

(Alterado pela Lei nº 142/2015, de 8 de Setembro)

Anotação

Confere-se neste normativo maior vinculação das entidades representadas na CPCJ às decisões aí tomadas pelos seus comissários/representantes, constituindo o trabalho destes autêntico serviço público obrigatório e prioritário relativamente aos seus demais afazeres nos serviços de origem.

Esta é uma situação que está longe de ser real no nosso país, infelizmente....

Artigo 26º – Duração do mandato

1 – Os membros da comissão de proteção são designados por um período de três anos, renovável por duas vezes.

2 – Excecionalmente, o exercício de funções na comissão de proteção pode prolongar-se para além do prazo máximo estabelecido no número anterior, designadamente nos casos de impossibilidade de substituição do membro, desde que haja acordo entre o comissário e a entidade representada, nos casos aplicáveis, e parecer favorável da comissão nacional.

3 – O presidente da comissão é eleito pelo período de três anos, renovável por uma única vez.

4 – Os comissários mantêm-se em funções até ao final do seu mandato.

5 – Decorrido o período de nove anos consecutivos de exercício de funções na comissão de proteção, só pode ocorrer designação do mesmo comissário para o referido exercício, decorrido que seja o período completo de duração de um mandato, com exceção das situações previstas no nº 2.

(Alterado pela Lei nº 142/2015, de 8 de Setembro)

Anotação

Acabou a regra dos seis anos consecutivos, há muito reclamada, podendo agora um comissário manter-se em funções por 9 anos consecutivos, em regra, comportando o nº 2 uma excepção a essa regra (para aumentar ainda mais o tempo de permanência).

Já o Presidente da CPCJ é eleito por 3 anos, renovável apenas uma vez.

Artigo 27º – Deliberações

1 – As comissões de proteção, alargada e restrita, deliberam por maioria de votos, tendo o presidente voto de qualidade.

2 – Para deliberar validamente é necessária a presença do presidente ou do seu substituto e da maioria dos membros da comissão de proteção.

Anotação

Nada se alterou em 2015 neste particular.

Artigo 28º – Vinculação das deliberações

1 – As deliberações da comissão de proteção são vinculativas e de execução obrigatória para os serviços e entidades nela representados, salvo oposição devidamente fundamentada.

2 – A comissão de proteção comunica ao Ministério Público as situações em que um serviço ou entidade se oponha à execução das suas deliberações.

Anotação

a) Nada se alterou em 2015 neste particular.

b) Cf. artigo 25º – esta situação revela um efeito jurídico do instituto da representação legal, previsto no artigo 258º do Código Civil.

c) Quanto às entidades não representadas nas CPCJ, essas apenas estão sujeitas ao dever geral de colaboração previsto no artigo 13º

d) As CPCJ não executam decisões de promoção e protecção aplicadas pelos tribunais.

Artigo 29º – Atas

1 – As reuniões da comissão de proteção são registadas em ata.

2 – A ata contém a identificação dos membros presentes e indica se as deliberações foram tomadas por maioria ou por unanimidade, **fazendo ainda menção aos pareceres emitidos nos termos do nº 2 do artigo 20º-A.**

(O nº 2 foi alterado pela Lei nº 142/2015, de 8 de Setembro)

Anotação

As actas são um instrumento precioso para o trabalho de interlocução do Magistrado do Ministério Público (artigo 72º, nº 2) e para as auditorias e inspecções previstas no artigo 33º.

SUBSECÇÃO III – Acompanhamento, apoio e avaliação

Artigo 30º – Acompanhamento, apoio e avaliação

As comissões de proteção são acompanhadas, apoiadas e avaliadas pela Comissão Nacional.

(Alterado pela Lei nº 142/2015, de 8 de Setembro)

ANOTAÇÃO

Nada de novo em 2015, a não ser a mudança de nome da Comissão Nacional.

Artigo 31º – Acompanhamento e apoio

O acompanhamento e apoio da Comissão Nacional consiste, nomeadamente, em:

a) Proporcionar formação **especializada** e informação adequadas no domínio da promoção dos direitos e da proteção das crianças e jovens em perigo;

b) Formular orientações e emitir diretivas genéricas relativamente ao exercício das competências das comissões de proteção, **bem como formular recomendações quanto ao seu regular funcionamento e composição;**

c) Apreciar e promover as respostas às solicitações que lhe sejam apresentadas pelas comissões de proteção sobre questões surgidas no exercício das suas competências;

d) Promover e dinamizar as respostas e os programas adequados ao desempenho das competências das comissões de proteção;

e) Promover e dinamizar a celebração dos protocolos de cooperação entre as entidades referidas na alínea *d)* do artigo 5º e as comissões de proteção necessários ao exercício das suas competências;

***f)* Promover mecanismos de supervisão e auditar as comissões de proteção;**

***g)* Participar na execução de inspeções à atividade das comissões de proteção promovidas pelo Ministério Público e a seu requerimento.**

[As alíneas *a)*, *b)*, *f)* e *g)* foram alteradas pela Lei nº 142/2015, de 8 de Setembro]

Anotação

a) Cf. artigo 32º quanto à avaliação do trabalho das CPCJ consubstanciada na elaboração do relatório anual de actividades.

b) Cf. artigo 33º quanto às auditorias e inspecções de que pode ser alvo uma CPCJ.

c) Cf. artigo 12º, quanto à imparcialidade e independência do trabalho das CPCJ [as recomendações agora referidas na parte final da alínea b) não podem extravasar a questão do normal funcionamento e composição das mesmas].

Artigo 32º – Avaliação

1 – As comissões de proteção elaboram anualmente um relatório de atividades, com identificação da situação e dos problemas existentes **na respetiva área de intervenção territorial** em matéria de promoção dos direitos e proteção das crianças e jovens em perigo, incluindo dados estatísticos e informações que permitam conhecer a natureza dos casos apreciados e as medidas aplicadas e avaliar as dificuldades e a eficácia da intervenção.

2 – O relatório é remetido à Comissão Nacional, à assembleia municipal e ao Ministério Público, até 31 de janeiro do ano seguinte àquele a que respeita.

3 – O relatório relativo ao ano em que se inicia a atividade da comissão de proteção é apresentado no prazo previsto no número anterior.

4 – As comissões de proteção fornecem à Comissão Nacional os dados estatísticos e as informações que lhe sejam solicitados.

5 – A Comissão Nacional promove a realização anual de um encontro de avaliação das comissões de proteção, **com base na divulgação e análise do relatório de atividades nacional.**

6 – A Comissão Nacional envia à Assembleia da República, até 30 de junho, o Relatório Anual de avaliação das CPCJ.

(Os nºs 1, 5 e 6 foram alterados pela Lei nº 142/2015, de 8 de Setembro)

Anotação

É pela feitura deste relatório anual de actividades que as CPCJ se mostram ao País, elaborando, depois, a Comissão Nacional, com base nesses relatórios parcelares de cada CPCJ, o Relatório Anual de Avaliação das CPCJ, agora a ser enviado obrigatoriamente à Assembleia da República.

Artigo 33º – Auditoria e inspeção

1 – As comissões de proteção são objeto de auditorias e de inspeção nos termos da lei.

2 – As auditorias às comissões de proteção são da competência da Comissão Nacional e são efetuadas nos termos previstos no diploma que aprova a sua orgânica, visando exclusivamente:

***a)* Aferir o regular funcionamento e composição das comissões de proteção, tendo por referência o quadro legal constante dos artigos 15º a 29º;**

***b)* Aferir os níveis de observância das orientações e diretivas genéricas que versem o exercício das competências das comissões de proteção e que lhes sejam dirigidas pela Comissão Nacional.**

3 – As auditorias realizam-se por iniciativa da Comissão Nacional ou a requerimento do Ministério Público.

4 – As inspeções às comissões de proteção são da competência e iniciativa do Ministério Público, podendo ter lugar por solicitação da Comissão Nacional.

5 – As inspeções têm por objeto a atividade globalmente desenvolvida pelas comissões de proteção, excluindo-se do respetivo âmbito as matérias a que se reporta o nº 2.

(Alterado pela Lei nº 142/2015, de 8 de Setembro)

Anotação

Faz-se agora uma clara distinção entre auditorias e inspecções.

As auditorias realizam-se por iniciativa da Comissão Nacional ou a requerimento do Ministério Público.

As inspecções são da competência e iniciativa do Ministério Público, podendo ter lugar por solicitação da Comissão Nacional.

As inspecções têm por objecto a actividade globalmente desenvolvida pelas comissões de protecção, não podendo incidir sobre o objecto das auditorias, constante do nº 2 – cf. ainda artigo 3º, nº 2, alínea j) e 16º do Decreto--Lei nº 159/2015, de 10 de Agosto, entrado em vigor em 10/10/2015, e que revogou o anterior DL 98/98, de 18/4 (cria a Comissão Nacional de Promoção dos Direitos e Protecção das Crianças e Jovens, define a sua missão e as suas atribuições, bem como o tipo de organização interna e funcionamento).

Capítulo III
Medidas de promoção dos direitos e de proteção

SECÇÃO I - Das medidas

Artigo 34º – Finalidade

As medidas de promoção dos direitos e de proteção das crianças e dos jovens em perigo, adiante designadas por medidas de promoção e proteção, visam:

a) Afastar o perigo em que estes se encontram;

b) Proporcionar-lhes as condições que permitam proteger e promover a sua segurança, saúde, formação, educação, bem-estar e desenvolvimento integral;

c) Garantir a recuperação física e psicológica das crianças e jovens vítimas de qualquer forma de exploração ou abuso.

Anotação

Nada de novo na reforma de 2015 – apenas lembrar que as medidas têm como função **promover** os direitos das crianças e **proteger** aquelas que estão em perigo (que do risco passaram ao perigo, sem que aquele fosse atacado de forma eficaz). Assim sendo, se não há perigo, não há legitimidade para aplicar, seja em que sede, uma medida de promoção e protecção.

Lembremos aqui – nem toda a criança em risco é uma criança em perigo, nem toda a criança em perigo é uma criança adoptável e, infelizmente, nem toda a criança adoptável vem a ser adoptada...

Artigo 35º – Medidas

1 – As medidas de promoção e proteção são as seguintes:

a) Apoio junto dos pais;

b) Apoio junto de outro familiar;

c) Confiança a pessoa idónea;

d) Apoio para a autonomia de vida;

e) Acolhimento familiar;

***f)* Acolhimento residencial**;

g) Confiança a pessoa selecionada para a adoção, **a família de acolhimento** ou a instituição com vista à adoção.

2 – As medidas de promoção e de proteção são executadas no meio natural de vida ou em regime de colocação, consoante a sua natureza, **e podem ser decididas a título cautelar, com exceção da medida prevista na alínea *g)* do número anterior.**

3 – Consideram-se medidas a executar no meio natural de vida as previstas nas alíneas *a)*, *b)*, *c)* e *d)* do nº 1 e medidas de colocação as previstas nas alíneas *e)* e *f)*; a medida prevista na alínea *g)* é considerada a executar no meio natural de vida no primeiro caso e de colocação, no **segundo e terceiro casos.**

4 – O regime de execução das medidas consta de legislação própria.

[As alíneas *f)* e *g)* e os n.os 2 e 3 foram alterados pela Lei nº 142/2015, de 8 de Setembro]

Anotação

a) O acolhimento em instituição passa a chamar-se acolhimento residencial e acrescenta-se à alínea g) do nº 1 a situação da criança acolhida familiarmente – embora seja uma medida de colocação, não é irrazoável pensar que está aberto o caminho para que uma família de acolhimento que tenha a seu cargo uma criança (*a priori*, sem intuitos adoptivos) venha a afeiçoar-se à mesma (acontecendo também o mesmo com a criança acolhida), possa inscrever-se para adoptar, acabando por receber essa mesma criança de que cuida e ama, com vista a futura adopção [substituição da medida da alínea e) pela da alínea g)].

Pode argumentar-se que a inclusão desta medida nas de colocação inculca a ideia de que a criança apenas está na família de acolhimento – como o estará numa casa de acolhimento – à espera eventualmente de um projecto adoptivo **de terceiros**.

Mas parece-me injusto que não se possa aproveitar esta porta aberta para fazer coincidir os afectos mútuos num projecto que se construiu, embora sem essa inicial motivação... Não mudarão de colo assim tanto essas crianças!

b) Tomou-se também posição sobre uma questão que dividia os práticos – a medida do artigo 35º/1 g) não pode ser aplicada, e muito bem, a título cautelar (outrora, provisório), tal o alcance da mesma e o grau de ruptura que vai criar entre a criança visada e a sua família de origem.

c) São elas:

EXECUTADAS EM MEIO NATURAL DE VIDA

- **Apoio junto dos PAIS – ou de um deles** (arts. 39º, 41º, 42º, 56º, 60º, 62º, 63º)
- **Apoio junto de outro familiar** (arts. 40º, 41º, 42º, 56º, 60º, 62º, 63º)
- **Confiança a pessoa idónea** (arts. 43º, 56º, 60º, 62º e 63º)
- **Apoio para a autonomia de vida** (arts. 45º, 56º, 60º, 62º e 63º)

Regulamentadas pelo DL nº 12/08, de 17.01

- **Confiança a pessoa seleccionada para a adopção** (arts. 38º-A e 62º-A) **– da competência exclusiva dos tribunais – NÃO PODE SER APLICADA A TÍTULO CAUTELAR**

EXECUTADAS EM REGIME DE COLOCAÇÃO

- **Acolhimento familiar** (arts. 46º, 57º, 58º, 61º, 62º e 63º) **– Parcialmente regulamentada pelo DL nº 11/08, de 17.01 (diploma este em fase de revisão neste momento em que escreve a 4ª edição)**
- **Acolhimento RESIDENCIAL** (arts. 49º a 54º, 57º, 58º, 61º, 62º e 63º) **– Por regulamentar (desde 1.1.2001)**
- **Confiança a FAMÍLIA DE ACOLHIMENTO ou a instituição com vista a futura adopção** (arts. 38º-A e 62º-A) **– da competência exclusiva dos Tribunais – NÃO PODE SER APLICADA A TÍTULO CAUTELAR – Por regulamentar?**

d) No que concerne à regulamentação das medidas, há que dizer o seguinte:

O regime de execução das medidas ainda não regulamentadas (**medida de acolhimento residencial**, pois as outras parecem continuar a ver a sua regulamentação pelos **Decretos-Leis nºs 11/2008 e 12/008, de 17/1, não expressamente revogadas por esta revisão**) a que se reporta o nº 4 do artigo 35º da LPCJP, **é objecto de regulamentação no prazo de 120 dias, a contar da data de entrada em vigor desta.**

Pergunto-me, contudo, se não será de considerar tacita e parcialmente revogado o DL nº 11/2008 (regime de execução da medida de acolhimento familiar), face à nova fisionomia da medida gizada pela nova redacção da LPCJP.

Ou seja:

- 1. O *Decreto-Lei nº 12/2008, de 17 de Janeiro,* regulamenta o regime **de execução das medidas de promoção dos direitos e de protecção das crianças e jovens em perigo, respeitantes ao apoio junto dos pais e apoio junto de outro familiar, à confiança a pessoa idónea e ao apoio para a autonomia de vida (MEDIDAS A EXECUTAR EM MEIO NATURAL DE VIDA).**
- 2. O *DL nº 11/2008, de 17 de Janeiro,* estabelece o regime de **execução do acolhimento familiar previsto na presente lei (MEDIDA DE COLOCAÇÃO DE ACOLHIMENTO FAMILIAR)**
  - Terá sido tacita e parcialmente revogado?
  - Estão tacitamente revogados – a alínea b) do nº 2 e nº 3 do artigo 4º do *DL nº 190/92, de 3 de Setembro*
  - Contudo, mantém-se em vigor o nº 4 do artigo 4º do dito diploma
  - Está em curso o processo de revisão deste diploma regulamentador (dou nota de recentes iniciativas legislativas[5] que visam a alteração

[5] Pretende-se a discussão conjunta dos seguintes documentos:

Projeto de Lei nº 873/XIII/3ª	Altera o Decreto-Lei nº 11/2008, de 17 de janeiro, que aprova o Regime de Execução do Acolhimento Familiar	PS
Projeto de Lei nº 913/XIII/3ª	Altera o Decreto-Lei nº 11/2008, de 17 de janeiro, que aprova o Regime de Execução do Acolhimento Familiar	PSD
Projeto de Lei nº 1012/XIII/4ª	Procede à alteração do Regime de Execução do Acolhimento Familiar, reforçando o acolhimento familiar, promovendo uma política efectiva de desinstitucionalização de crianças e jovens	PAN
Projeto de Lei nº 1018/XIII/4ª	1ª Alteração ao Decreto-Lei nº 11/2008, de 17 de janeiro, que aprova o Regime de Execução do Acolhimento Familiar, de modo a criar novos direitos nas famílias de acolhimento	CDS-PP

do Regime de Execução do Acolhimento Familiar, surgindo em Abril de 2019 um anteprojecto de Decreto-Lei que pretende, a final, revogar na sua globalidade o DL nº 11/2018 e que no momento em que se escrevinha esta edição está em discussão pública).

- 3. Aguarda-se então a tão ansiada ***regulamentação da medida de acolhimento residencial [artigo 35º /1 f) da LPCJP] e ainda a regulamentação da medida do artigo 35º/1 g) da LPCJP, não excepcionada no âmbito do nº 4 do artigo 35º:***
  - Dúvida – ***a medida do artigo 35º/1 g) NECESSITARÁ de regulamentação em diploma avulso? Poderá pensar-se que não pois resultará tal regulamentação do próprio texto da LPCJP e do novo regime jurídico do processo da ADOPÇÃO (aprovado pela Lei nº 143/2015, de 8 de Setembro).***

e) Pese embora o elenco diversificado de medidas consagrado na lei, na prática judiciária, quando se conclui pela existência de uma situação de perigo que demanda a aplicação de uma delas, a escolha deverá atender ao conjunto de medidas que sejam susceptíveis de concretização efectiva, atentos os meios e recursos disponíveis no momento e no local em que são aplicadas.

Isto se quisermos imprimir eficácia à intervenção, pois de outra forma a decisão de aplicação de medida não logrará obter o seu efeito útil, comprometendo assim o interesse superior da criança ou do jovem.

Deste modo, a escolha da medida em cada caso concreto deverá atender:

1. ao critério de exequibilidade da medida, *supra* referido; e
2. aos princípios orientadores da intervenção de promoção e protecção, consagrados no artigo 4º da LPCJP, dos quais importa salientar, neste contexto:
   - o *princípio da prevalência da família*, privilegiando-se a integração da criança ou do jovem na família, acompanhada do apoio que traduza um efectivo trabalho com o agregado [artigo 4º, alínea *h)*], entenda-se aqui, quando existam vínculos afectivos próprios da filiação e estes não se encontrem seriamente comprometidos, o que é determinante para o investimento na família biológica; para os casos em que não existem vínculos afectivos próprios da filiação ou estes se encontrem seriamente comprometidos e se verifique uma das situações enunciadas no artigo 1978º do Código Civil, o princípio

da prevalência da família aponta para a implementação de medidas que promovam a adopção da criança;

- a intervenção traduzida na medida aplicada e no trabalho a desenvolver com a família deverá ser apenas a necessária e adequada à situação de perigo existente no momento da decisão, interferindo na vida do menor e da sua família somente na medida do que for estritamente necessário a essa finalidade [*princípio da actualidade e proporcionalidade* – artigo 4º, alínea *e)*];
- esta intervenção deverá ser processada de modo a que os pais assumam os deveres para com os filhos [*princípio da responsabilidade parental* – artigo 4º, alínea *f)*]; e
- no processo de tomada de decisão deve haver uma efectiva participação dos pais, representante legal, ou pessoa com a guarda de facto, bem como da criança ou jovem [*princípio da audição obrigatória e participação* – artigo 4º, alínea *j)*].

Finalmente, estes princípios deverão ser atendidos e analisados à luz do *interesse superior da criança e do jovem* (o tal «melhor» interesse da criança), considerando-se prioritariamente os interesses e direitos destes [artigo 4º, alínea *a)*].

Artigo 36º – Acordo

As medidas aplicadas pelas comissões de proteção ou em processo judicial, por decisão negociada, integram um acordo de promoção e proteção.

Anotação

a) Todas as medidas aplicadas, pelas CPCJ e pelos tribunais, através de decisão negociada, revestem a natureza de acordos de promoção e protecção, no segundo caso, a necessitar de uma homologação judicial (artigo 113º, nº 2).

b) Cf. quanto aos requisitos do acordo em causa, os artigos 55º, 56º e 57º

Artigo 37º – Medidas cautelares

1 – A título cautelar, o tribunal pode aplicar as medidas previstas nas alíneas *a)* a *f)* do nº 1 do artigo 35º, nos termos previstos no nº 1 do artigo 92º, ou enquanto se procede ao diagnóstico da situação da criança e à definição do seu encaminhamento subsequente.

2 – As comissões podem aplicar as medidas previstas no número anterior enquanto procedem ao diagnóstico da situação da criança e à definição do seu encaminhamento subsequente, sem prejuízo da necessidade da celebração de um acordo de promoção e proteção segundo as regras gerais.

3 – As medidas aplicadas nos termos dos números anteriores têm a duração máxima de seis meses e devem ser revistas no prazo máximo de três meses.

(Alterado pela Lei nº 142/2015, de 8 de Setembro)

Anotação

a) A título cautelar (uma outra palavra para o anterior «provisório»), o tribunal pode aplicar as ***medidas previstas nas alíneas a) a f) do nº 1 do artigo 35º:***

- nos termos previstos no nº 1 do artigo 92º (procedimento de urgência),
- ou enquanto se procede ao diagnóstico da situação da criança e à definição do seu encaminhamento subsequente.

b) A título cautelar (uma outra palavra para o anterior «provisório»), as CPCJ podem aplicar as ***medidas previstas nas alíneas a) a f) do nº 1 do artigo 35º:***

- enquanto se procede ao diagnóstico da situação da criança e à definição do seu encaminhamento subsequente.

c) Estas medidas cautelares têm a duração máxima de seis meses, e devem ser revistas a meio de tal prazo – este prazo de duração máxima continua a ser meramente indicativo, sendo certo que o seu decurso não pode ter como consequência a extinção da medida (nem a sua caducidade), devendo antes ser devidamente fundamentada a razão da sua prorrogação.

De facto, deparamo-nos com diversas situações em que se atinge o referido prazo de seis meses e em que a medida cautelar continua a justificar-se plenamente, na impossibilidade de aplicação imediata de uma medida definitiva, colocando-se então a questão: que fazer, perante este cenário?

A jurisprudência dos tribunais superiores já teve a oportunidade de se pronunciar sobre a matéria, sendo que a Relação de Évora, em Acórdão de 1/7/2004, entendeu que a medida provisória, *in casu*, acolhimento em instituição, «não pode em situação alguma exceder o prazo de 6 meses, cessando *ipso lege*, quando não tenha, entretanto, sido fixada uma medida com carácter definitivo».

Por seu turno, a Relação de Lisboa, em aresto de 5/7/2007, sustentou que a cessação automática da medida não se coaduna com a natureza do processo de promoção e protecção nem com o interesse superior da criança e do jovem e ele subjacente.

Ao abrigo da anterior redacção da LPCJP, diria que a lei, ao estabelecer no então nº 6 do artigo 62º que as medidas provisórias deviam ser necessariamente revistas no prazo máximo de 6 meses e que, segundo o nº 3 do mesmo preceito, a decisão de revisão poderia determinar a cessação, continuação, prorrogação ou substituição da medida por outra mais adequada, parecia apontar para a possibilidade de se estender a sua duração para além daquele prazo.

Parece-me que devemos continuar a apoiar esta tese.

Assim sendo, esgotado o prazo da sua duração, havendo razões ponderosas para que seja prorrogada, e apenas nestes casos, a medida não cessará, devendo a decisão de prorrogação ser devidamente fundamentada.

Com efeito, atendendo à natureza e finalidades da intervenção de protecção, bem como aos seus princípios orientadores, afigura-se-nos que nos casos em que a efectiva protecção da criança impõe a manutenção da medida cautelar, sob pena de se voltar a colocá-la na situação de perigo que desencadeou o processo, a prorrogação da execução da medida deve ser admitida, proferindo-se para tanto despacho devidamente fundamentado.

d) Estas medidas cautelares são recorríveis (artigo 123º).

e) A medida do artigo 35º, nº 1, alínea g) não pode ser aplicada em termos cautelares.

Artigo 38º – Competência para aplicação das medidas

A aplicação das medidas de promoção dos direitos e de proteção é da competência exclusiva das comissões de proteção e dos tribunais;

a aplicação da medida prevista na alínea *g)* do nº 1 do artigo 35º é da competência exclusiva dos tribunais.

Anotação

a) Nada foi alterado em 2015.

b) Cf. artigo 75º, alínea a).

c) A medida da alínea g) do nº 1 do artigo 35º continua a ser da competência exclusiva dos tribunais.

Note-se que as entidades de primeira linha (artigo 7º) não podem aplicar estas medidas, apenas o podendo as CPCJ [com excepção da referida alínea g)] e os tribunais.

Artigo 38º-A – Confiança a pessoa selecionada para a adoção, a família de acolhimento ou a instituição com vista a futura adoção

A medida de confiança a pessoa selecionada para a adoção, **a família de acolhimento** ou a instituição com vista a futura adoção, aplicável quando se verifique alguma das situações previstas no artigo 1978º do Código Civil, consiste:

a) Na colocação da criança ou do jovem sob a guarda de candidato selecionado para a adoção pelo competente organismo de segurança social;

b) Ou na colocação da criança ou do jovem sob a guarda **de família de acolhimento** ou de instituição com vista a futura adoção.

[Corpo e alínea *b)* alterados pela Lei nº 142/2015, de 8 de Setembro]

Anotação

a) Cf. nota a) ao artigo 35º, quanto à medida de confiança a família de acolhimento com vista à adopção.

b) No direito português vigente, um adoptante só pode tomar criança a seu cargo com vista a futura adopção (estabelecimento da adoptabilidade da criança) em três situações:

Se for filho do cônjuge, basta um período de pré-adopção que não deve exceder os 3 meses – porém, nestas situações tem de se comunicar aos Organismos de Segurança Social a candidatura à adopção e indicar a criança concretamente em causa, a fim de se iniciar o período de pré-adopção, tal resultando do disposto no artigo 34º, nº 1, alínea c) e nº 3 do Regime Jurídico do Processo de Adopção, aprovado pela Lei nº 143/2015, de 8/9.

Nas outras situações, terá de haver uma de duas:

- Confiança Administrativa com vista a adopção [artigo 34º, nº 1, alínea b) do Regime Jurídico do Processo de Adopção, aprovado pela Lei nº 143/2015, de 8/9].
- Medida de Promoção e Protecção de confiança a pessoa seleccionada para a adopção ou a família de acolhimento ou instituição com vista a futura adopção [cf. artigos 38º-A e 62º-A da LPCJP e 34º, nº 1, alínea a) do Regime Jurídico do Processo de Adopção, aprovado pela Lei nº 143/2015, de 8/9].

c) As situações que hoje podem dar lugar à aplicação da medida da alínea g) do nº 1 do artigo 35º são as seguintes:

1. *filiação não estabelecida ou falecimento dos pais;*
2. *consentimento prévio para adopção (artigos 35º do RJPA e 1982º, nº 2, do CC);*
3. *abandono do filho por parte dos pais;*
4. *situação de perigo* grave *para a segurança, saúde, formação, educação ou desenvolvimento do filho, quer através de acções, quer através de omissões, mesmo que por manifesta incapacidade devida a razões de doença mental (estando aqui consagrada a anterior indignidade, mas desta feita abrangendo o facere e o non facere);*
5. *manifesto desinteresse pelo filho acolhido por particular ou por instituição, com comprometimento da qualidade e da continuidade dos vínculos afectivos próprios da filiação, durante pelo menos os três meses que precederam o pedido de confiança (consagra-se uma situação semelhante ao anterior desinteresse).*

Analisemos alínea por alínea do artigo 1978º, nº 1 do CC, assente que a sua enumeração é taxativa e que cada alínea ou alíneas podem ser activadas, no caso concreto, podendo uma funcionar para a situação da mãe e outra para o pai.

Tal normativo reza assim, após a revisão de 2015, levada a cabo pela Lei nº 143/2015, de 8 de Setembro:

ARTIGO 1978º
Confiança com vista a futura adopção

1 – O tribunal, no âmbito de um processo de promoção e proteção, pode confiar a criança com vista a futura adoção quando não existam ou se encontrem seriamente comprometidos os vínculos afetivos próprios da filiação, pela verificação objetiva de qualquer das seguintes situações:

a) Se a criança for filha de pais incógnitos ou falecidos;

b) Se tiver havido consentimento prévio para a adoção;

c) Se os pais tiverem abandonado a criança;

d) Se os pais, por ação ou omissão, mesmo que por manifesta incapacidade devida a razões de doença mental, puserem em perigo grave a segurança, a saúde, a formação, a educação ou o desenvolvimento da criança;

e) Se os pais da criança acolhida por um particular, por uma instituição ou por família de acolhimento tiverem revelado manifesto desinteresse pelo filho, em termos de comprometer seriamente a qualidade e a continuidade daqueles vínculos, durante, pelo menos, os três meses que precederam o pedido de confiança.

2 – Na verificação das situações previstas no número anterior, o tribunal deve atender prioritariamente aos direitos e interesses da criança.

3 – Considera-se que a criança se encontra em perigo quando se verificar alguma das situações assim qualificadas pela legislação relativa à proteção e à promoção dos direitos das crianças.

4 – A confiança com fundamento nas situações previstas nas alíneas a), c), d) e e) do nº 1 não pode ser decidida se a criança se encontrar a viver com ascendente, colateral até ao 3º grau ou tutor e a seu cargo, salvo se aqueles familiares ou o tutor puserem em perigo, de forma grave, a segurança, a saúde, a formação, a educação ou o desenvolvimento da criança ou se o tribunal concluir que a situação não é adequada a assegurar suficientemente o interesse daquela.

5 – (Revogado)

6 – (Revogado)

1º – Na *alínea* a) apenas urge sublinhar que em Direito só lidamos com pais de registo e não com pais «de facto», razão pela qual o pai incógnito (ou seja, aquele cuja identidade é desconhecida) será aquele que não está estabelecido como pai no registo de nascimento de uma criança, não obstante até resultar dos relatórios sociais que aquele específico homem é como tal considerado pela comunidade.

Esta alínea funciona, como é óbvio, independentemente do comportamento anterior que os pais falecidos tiveram para com a criança e, no que toca ao cariz incógnito dos pais, cabe dizer, em relação com o abandono, que prevalece aquele.

2º – A *alínea* b) consagra uma situação de entrega para adopção, por via de um específico acto jurídico, ou seja, quando os pais, ou só um deles, deram o seu consentimento para a adopção, nos termos dos artigos 1982º, nº 2, do CC e 35º do RJPA.

3º – Na *alínea* c), fala-se em abandono dos pais.

Ora o que se deve entender, aqui, por abandono?

Parece-nos que só pode ser o abandono *físico categórico e absoluto, e não moral [aquele que chamaríamos «camuflado», porque coincidente com as situações de incúria e mau trato previstos na alínea* d) *ou com a situação de desinteresse da alínea* e)*], como o previsto no anterior artigo 1978º,* sendo certo que, a não ser assim, então, as alíneas do nº 1 do artigo 1978º teriam um campo de aplicação algo coincidente e até repetitivo, o que não nos parece ter estado na mente do legislador que, de facto, e a nosso ver, atribuiu alíneas diferentes a situações que quer também diferentes.

Não se ignora que é a adopção que provoca a ruptura com a família natural, mas é porque existe a ruptura já efectiva ou provável que se fala em adopção.

Na verdade, a voz do sangue mostra-se muitas vezes incapaz de propiciar à criança aquilo que de que ela basicamente carece – e aí surgem os fenómenos abandónicos, os pequenos e os grandes [e quer-nos parecer que esta alínea *c)* apenas visa abranger os «pequenos» abandonos, ou seja, aqueles que se consubstanciam e esvaziam num acto único de despojamento físico em relação ao filho, não querendo abranger a situação daqueles pais que, na linguagem corrente, deixam o filho abandonado à sua sorte, deixando-o viver uma vida muito auto-suficiente e entregue a si próprio – situação já abrangida pela alínea *d)*].

Veja-se até que a alínea *a)* do nº 2 do artigo 3º da LPCJP distingue a criança abandonada da criança entregue a si própria, duas realidades primas mas não irmãs gémeas.

O facto de uma mãe decidir entregar um filho à adopção (através do acto do consentimento prestado perante um juiz ou através de um acto abandónico) não nos permite à partida formular juízos de valor sobre a sua pessoa.

Esta decisão pode implicar tanto o desinteresse fútil e real, como um esforço generoso de garantir à criança condições que, de antemão, ela sabe que não lhe pode dar.

A propósito da alínea *c)*, opinaremos que o sentido de «abandono» é exactamente aquele que a linguagem vulgar veicula – o de entregar ao destino, o de deixar exposto, não estando nós aqui de acordo com o decidido, a este propósito, em aresto, em que se considera que há abandono, para este efeito legal, por parte de um pai que visita o filho num Centro de Acolhimento mas que vai espaçando tais visitas até deixar de o visitar: aqui, há um desinteresse manifesto por parte de um pai que redundou num abandono físico que foi sendo progressivo, aplicando-se, a nosso ver, a alínea *e)* e não a *a)*, sob pena de as alíneas terem campos pouco nítidos de aplicação, entremeando-se umas nas outras.

Se o abandono da criança pelos pais, como fundamento da adopção, tem de ser a negação rotunda do dever de velar pela segurança e saúde do primeiro e de prover ao seu sustento, dirigir a sua educação, representá-lo e administrar os seus bens, o abandono, para efeitos da alínea *c)* que ora se analisa, é a negação imediata, instantânea e definitiva, configurando a negação progressiva uma situação clara da alínea *d)* ou eventualmente da alínea *e)* se a criança estiver já acolhida.

4º – Quanto à *alínea* d), há que dizer que na mesma se pressupõe a manutenção da relação pais/filhos, embora seriamente comprometida (o perigo hoje considerado grave, próximo da antiga indignidade – na interpretação que abarca a acção e a omissão –, traduzido na forte possibilidade do dano grave); note-se que o perigo aqui considerado é aquele que, de forma exemplificativa, surge circunstanciado nas várias alíneas do nº 2 do artigo 3º da LPCJP (cf. artigo 1978º, nº 3, do CC).

Este perigo é uma situação de facto que ameaça um qualquer dos itens consagrados na alínea em causa (que em boa hora acrescentou agora o «desenvolvimento», a exemplo da LPCJP), não se exigindo que já se tenha verificado, como resultado de concreta acção dos pais, a efectiva lesão.

A este propósito, basta lembrarmo-nos daqueles situações muito vulgares de pais absolutamente disfuncionais (por comportamentos aditivos graves e igualmente graves enfermidades mentais), a quem outros filhos já foram retirados por clara negligência, e que vêem o seu filho recém-nascido sair da maternidade directamente para um centro de acolhimento, aí até o visitando e até demonstrando indícios de afecto pela criança – objectivamente, estes pais ainda não tiveram a oportunidade de colocar em perigo *concreto* o seu filho, precisamente porque ainda o não tiveram nos seus braços a sós, sendo óbvio que ninguém o irá entregar às suas mais do que suspeitas pessoas só para saber se, agora, com este filho, a alínea *d)* também poderá entrar em acção – basta assim a história pessoal passada dos pais – repetimos, grave e negra, em termos de condições objectivas e subjectivas para cuidar de uma criança –, e a prognose de que este comportamento disfuncional não se inverteu nem existe a probabilidade de se vir a inverter num futuro próximo, para que esta alínea possa funcionar para efeitos de se considerar uma criança em estado de adoptabilidade.

A novidade desta alínea, na reforma de 2003, reside na circunstância de se colocar, ao lado das situações de dolo ou negligência, aquelas que resultam de verdadeira incapacidade devida a razões de saúde mental (o que também é indiciado pelo adjectivo «objectiva» no corpo do nº 1 do artigo em causa) – desta forma, tentou-se ultrapassar as divergências que giravam em torno deste fundamento, em caso de anomalia ou enfermidade psíquica dos pais.

De facto, não é a saúde mental dos pais que termina por si só com a relação com os filhos – é, antes, um problema de saúde mental que provoca real perigo para os filhos e que, além disso, compromete seriamente os vínculos próprios da filiação.

Assim sendo, acentua-se o carácter objectivo das condutas ou situações vividas pela criança em perigo, podendo mesmo configurar-se como tal uma situação de gestação não vigiada pelos progenitores, aliada a toda uma disfuncionalidade vivencial subsequente ao nascimento.

5º – Finalmente, temos a *alínea* e) que prescreve requisitos cumulativos e que sofreu algumas alterações de fundo, desde logo, reduzindo o prazo de 6 para 3 meses e acrescentando os epítetos «qualidade e continuidade», no que concerne aos vínculos parentais.

Os outrora seis meses, hoje três meses de separação, têm sido considerados o limite da irreversibilidade.

No entanto, há que atender ao grau de desenvolvimento de cada criança e ao estádio ou fase desse mesmo desenvolvimento.

Tenha-se, no entanto, em atenção que o prazo de 3 meses (prazo este que se conta desde o momento em que começa a cogitar, em tribunal, a aplicação da medida de confiança com vista a futura adopção) deve ser entendido com agilidade, de forma a não serem consideradas as visitas (ou os meros telefonemas) daqueles progenitores que se limitam a, de forma muito esporádica e intermitente, passarem pelo centro de acolhimento para «descarregarem» mais uma visita, sem que demonstrem qualquer sério esforço para reunir condições que viabilizem o retorno do filho ao meio familiar - como tal, é cogitável concluir-se pelo manifesto desinteresse dos pais apesar de estes visitarem o filho, por exemplo, todos os meses, mas de forma vazia e quase oportunista.

Neste particular, importa também que o Tribunal confie na leitura que a instituição que acolhe a criança faz dessas visitas, a fim de evitar ser enganado quanto ao que realmente se passou entre as quatro paredes do centro de acolhimento, vendo desinteresse onde afinal o não há, para aí empurrado por técnicos parciais que já pensaram e querem fazer vingar, contra tudo e contra todos, o pensado projecto daquela criança - no entanto, voltamos sempre, e ainda bem, ao comando constitucional do artigo 36º, nº 6 (nenhum filho pode ser separado de seus pais, contra a vontade destes, a não ser que estes o coloquem em perigo e sempre mediante a decisão de um Juiz *e de mais ninguém*)!

Com interesse para a definição do conceito de «desinteresse» é a contraposição face à antiga *indignidade* (que justificava a dispensa do consentimento).

Duas posições foram tomadas, na altura, sobre a matéria:

- tratavam-se de conceitos *autónomos* - tese maioritária [a alínea *a)* do nº 2 do artigo 1988º do CC, na redacção original, permitia a dispensa do consentimento «*...por serem indignas as pessoas...ou por mostrarem desinteresse...*», distinguindo os conceitos; o desinteresse seria apreciado na acção de declaração do estado de abandono e não no processo de adopção; o desinteresse dispensava a averiguação da indignidade quando levava à não exigência do consentimento por via da declaração do estado de abandono, resultando, assim, de uma omissão, de uma situação passiva, não sendo evidente o romper do vínculo afectivo, enquanto a indignidade operava pela actividade em si, objectivamente reveladora da quebra desse vínculo];
- *a indignidade também envolveria condutas omissivas* [a noção da alínea *a)* do nº 2 do artigo 1988º do CC visou ultrapassar a restrita noção de abandono do artigo 1962º, restrita ao filho de pais incógnitos ou ausentes em parte incerta, deixado ao desamparo, e daí que se tenha eliminado a distinção, até face ao artigo 1978º, na redacção de 1977; haveria indignidade na falta de assistência material ou espiritual do filho].

Perante o actual regime, desapareceu o conceito de *indignidade*, constituindo o anterior *desinteresse* fundamento de dispensa do consentimento, o que vai no sentido dos defensores da segunda corrente acima mencionada.

Parece, assim, que a nova lei não visou alterar a anterior noção de desinteresse, mantendo-se o seu cariz de comportamento passivo ou omissivo.

O desinteresse distingue-se do abandono, porquanto este representa um comportamento activo (*activo*, no afastamento, *omissivo*, na sua manutenção), traduzindo-se num objectivo, patente e inequívoco afastamento (voluntário ou não), existindo já a quebra do vínculo afectivo da filiação.

O desinteresse supõe uma situação omissiva, *de não fazer*, em que ainda há contacto com a criança, gerando-se a dúvida acerca da manutenção ou não do referido vínculo.

Da omissão reiterada à acção de afastamento (afastamento inicial com posterior omissão de contacto com o menor) é uma questão de grau, pelo que, havendo dúvida sobre o abandono, dever tratar-se a questão, ou em sede de perigo ou em sede de desinteresse.

O perigo omissivo e o desinteresse supõem o contacto com a criança e a manutenção de um certo vínculo que pode estar comprometido.

A gravidade do perigo omissivo parece-nos ser, assim, um critério de distinção, assente, contudo, que a gravidade do perigo não se confunde com o comprometer do vínculo afectivo da filiação e que o critério da gravidade respeita ao grau de probabilidade do dano, ao tipo de dano possível e à maior ou menor reversibilidade da situação.

Mas mais importante é o facto de, na generalidade dos casos, não existir perigo imediato para a criança nos casos da alínea *e)* do artigo 1978º, nº 1, isto porque ela está ao cuidado de uma instituição de apoio ou acolhido por particular idóneo [esta alínea contempla, assim, situações de «abandono ficcionado», e não directamente situações de perigo omissivo, embora, em nossa opinião, as possa abarcar, quando não sejam subsumíveis à alínea *d)* e constituam situações assimiláveis ao tal «abandono ficcionado»].

Como se vê, *as alíneas* c) *e* e) exigem a ruptura (o abandono de facto, traduzido no inequívoco acto de quebra definitiva do vínculo afectivo próprio da filiação ou o desinteresse, traduzido no dito «abandono ficcionado» para efeitos legais) – a este propósito, há que dizer que o desinteresse da alínea *e)* deverá ser notório e não apenas subjectivo, sendo, por outro lado, irrelevante a alegação e prova da subsistência de um vínculo afectivo de *ordem exclusivamente subjectiva*.

6º – Todos estes fundamentos precisam de demonstrar na prática que não existem (nunca existiram) ou que se encontram seriamente comprometidos os vínculos afectivos próprios da filiação (vistos tanto na perspectiva dos pais para com os filhos como na dos filhos para com os pais), não bastando, assim, uma situação de mera incúria quanto ao cumprimento dos seus deveres ou de carência económica dos pais da criança – *esta outra das novidades da Reforma de 2003.*

Assim sendo, defendemos que estas acções têm uma causa de pedir complexa, na linha do opinado por Guilherme de Oliveira: na realidade, ao lado dos fundamentos objectivos das várias alíneas do artigo 1978º, há que provar – *prova essa que resulta dos factos apurados e do juízo que deles se faz, a exemplo do que se fazia no divórcio litigioso – quando a culpa ainda perpassava pelos nossos divórcios – quanto à conclusão de que a violação ilícita e culposa de um dever conjugal, pela sua gravidade ou reiteração, comprometia a possibilidade de vida em comum de um casal* – que, de facto, não existem ou estão seriamente comprometidos os vínculos afectivos (e não se fala aqui em vínculos económico-sociais) próprios da filiação.

Desta forma, entende-se que a verificação e prova das circunstâncias das alíneas do artigo 1978º, nº 1, não constitui uma presunção *iuris et de iure* de que aqueles vínculos não existem ou se encontram seriamente comprometidos – o que é verdade é que nenhuma confiança com vista a futura adopção, em sede judiciária, pode ser decidida no sentido da procedência sem que a verificação do comprometimento dos vínculos próprios da filiação seja *autonomamente* feito.

7º – *E quando é que é chegado o momento de tal concluir, em definitivo?*

Cf. Paulo Guerra e Helena Bolieiro, A Criança e a Família – uma questão de direitos, Coimbra Editora, 2ª edição, p. 366 e sgs, e Madalena Alarcão, Incumprimentos da parentalidade, comprometimento dos vínculos afectivos próprios da filiação e adopção – Revista do Ministério Público, nº 116, p. 121-131.

- Constatação das dificuldades parentais
- Avaliação e constatação da impossibilidade de mudança do comportamento parental
- Ponderação do que é mais ameaçador para o desenvolvimento da criança:
  - se a permanência num contexto familiar caracterizado por dificuldades e inconsistências da parentalidade, aliada a alguma negligência;

- se o corte de uma filiação que, embora atribulada, constituiu uma referência num percurso desenvolvimental marcado por uma ou mais rupturas;
- QUESTÃO: **os adultos pai/mãe biológicos, com o seu comportamento, comprometeram seriamente os vínculos afectivos próprios da filiação? – artigo 1978º do CC** – se a resposta for afirmativa, deve decretar-se a adoptabilidade da criança; se for negativa, ainda não...

Como decidiu exemplarmente o Acórdão da Relação de Guimarães de 6/10/2016 (Pº 291/11.1TBVPA-A.G2):

«Frustrando-se, em Processo de Promoção e Protecção pendente desde 2007, todas as múltiplas tentativas feitas no sentido de preservar a qualidade e a continuidade dos vínculos afectivos próprios da filiação, afinal séria e irreversivelmente comprometidos devido ao óbvio e persistente alheamento dos pais na prossecução do interesse dos filhos, que não retrocederam no seu comportamento activo e omissivo gerador de perigo grave para a sua segurança, saúde, formação, educação e desenvolvimento e que justificou o seu acolhimento em instituição, tendo aqueles actualmente 12 e 10 anos de idade, inexistindo garantias sérias, sólidas e definidas no tempo de que as hipóteses de alteração para melhor, alardeadas pela progenitora, sejam reais, correspondam a uma firme determinação e comportem qualquer potencialidade de reversão justificativa do prolongamento da medida para permitir mais "análise", "estudo" e "experimentação", "até que mude de vida", ***é de confirmar a decisão que, em tal quadro, decretou a medida de confiança a instituição com vista a futura adopção e até esta ser decretada, assim se afirmando a supremacia do interesse das crianças em detrimento dos desejos da mãe».***

Ou seja, **o melhor interesse da criança a que se deve atender em primeiro lugar, não permite que esta possa ficar indefinidamente à espera que os progenitores reúnam condições para o seu regresso à família.**

8º – Imagine-se agora esta situação:

Criança nascida e acolhida passados cinco dias, ao abrigo de medida aplicada nos termos do artigo 91º, porque a mãe declarou pretender consentir na sua adopção.

Foi solicitado relatório social.

O ISS ouviu a mãe, que declarou que sempre quis dar uma criança para adopção, por isso tendo recorrido a um dador para engravidar.

Disse que os pais já tinham 75 anos e por isso não constituíam alternativa, além de não pretender que saibam da existência da criança.

O ISS apurou ainda que existiu uma situação semelhante com esta mãe, em 2016: também quis consentir na adopção de uma criança, os seus pais souberam e convenceram-na a ficar com a criança, tendo esta ficado acolhida até aos seis meses, data em que foi aplicada medida de apoio junto dos avós; actualmente, segundo diz, a criança vive consigo e com os avós.

O ISS não contactou os avós e baseou-se apenas em entrevista à mãe.

Questão: **impõe-se ouvir os avós?**

Eu não ouviria.

E a razão está também na lei, de forma indirecta (cfr. nº 4 do artigo 1978º CC):

> *4. A confiança com fundamento nas situações previstas nas alíneas* ***a), c), d) e e) do nº 1*** *não pode ser decidida se a criança se encontrar a viver com ascendente, colateral até ao 3º grau ou tutor e a seu cargo, salvo se aqueles familiares ou o tutor puserem em perigo, de forma grave, a segurança, a saúde, a formação, a educação ou o desenvolvimento da criança ou se o tribunal concluir que a situação não é adequada a assegurar suficientemente o interesse daquela.*

Veja-se que neste nº 4 não falam da alínea b) do nº 1 (os casos de consentimento prévio da mãe).

A lei parece, pois, bastar-se com a vontade soberana de uma mãe que sabe o que está a fazer.

Mas cada caso será um caso...

9º – Que dizer da reunificação familiar, após a desdita?

Temos de partir da premissa por vezes certa do desinvestimento, por parte dos técnicos, no trabalho desenvolvido com as famílias, nomeadamente no que se refere ao planeamento do regresso das crianças a partir do momento em que estas são retiradas e ingressam no sistema de acolhimento – que não se residencialize primeiro e só depois se defina o melhor projecto para uma criança, sem prejuízo das situações de emergência que têm de requerer procedimentos de urgência e retiradas imediatas daquela, na falta de famílias de acolhimento ou de familiares adequados da mesma, para casas de acolhimento...

Daremos assim tantas benesses às famílias biológicas?

Como se afere que uma família é credível e como elencar aquelas relativamente às quais vale a pena investir?

Nem sempre a reunificação familiar é uma solução viável para uma criança.

Como encontrar os critérios certos e avaliação de risco mobilizados, quer na fase inicial da avaliação diagnóstica da potencial situação de perigo e antecedente ao momento de retirada da criança, quer na fase de possível regresso ao meio familiar, de preferência regenerado.

Como concluir que o risco está enfim superado para se avançar sem medos para a reunificação familiar? Quando é que os pais atingem o nível desejado de superação suficiente do perigo que criaram, por acção ou omissão, para o seu filho?

Como gerir o desafio da complexidade e da natural subjectividade de quem opina no processo e de quem decide a final, em todo o processo de avaliação e tomada de decisão sobre a vida de uma criança?

Como resistir àquilo que se chama de «rotineirização da indignação», seguindo doutrinadores estrangeiros, entendido como o fenómeno provocado pelo impacte da reacção pública a fatalidades infantis, televisionadas até ao vómito?

Como resolver este conflito de interesses – qual o sentido das políticas públicas? Devemos investir na prossecução da regulação e automatização contínua das relações entre Estado e cidadãos em situação de vulnerabilidade social, prosseguindo ideais de gestão eficiente de recursos e promovendo, nesse sentido, a estandardização das respostas ou, inversamente, reconhecer a importância da dimensão humana na tomada de decisões e definição das intervenções, o que requer, necessariamente, a concessão de um grau significativo de discricionariedade e autonomia técnica dos profissionais que asseguram a provisão destes serviços públicos?

Que factores influenciam a decisão intermédia – a das assessorias – e a final – das CPCJ ou dos tribunais?

Serve isto para dizer, atento o facto de que todo o homem é também um ser ético, que toda a decisão sobre o projecto de vida de uma criança deve poder reflectir uma tripla perspectiva – a ética das normas aplicadas, a ética como suposto da sua aceitação pelo indivíduo e a ética da pessoa que sopesa argumentos e se decide por essa aplicação, quando chamado a isso.

Esta questão leva a uma outra.

A de saber se nesta valoração da justeza e adequação que se faça sobre a norma, está o decisor amparado, para além dos princípios de direito e do desenvolvimento de uma criança, pelo reconhecimento de que dispõe de alguma discricionariedade para conformar, ou não, a sua decisão com ela (cf. Hermengarda...

Em caso afirmativo, se essa discricionariedade não equivale a reconhecer ao decisor uma dimensão profundamente subjectiva como elemento essencial na ponderação e motivação da sua decisão que seja, precisamente, o postulado ético do seu exercício profissional.

Tendo em conta que, como pensamos, toda a decisão tem por base uma tomada de posição prévia sobre a justeza da norma, quer por reporte aos direitos legalmente reconhecidos, quer por reporte aos direitos legalmente não reconhecidos, então a decisão assenta também no *subjectivismo* do julgador.

A ser assim, parece acertado concluir que é à ética do indivíduo que temos, em última instância, de ir buscar a extensão e limite das suas dúvidas, das suas reflexões e das suas razões. Pelo que a ética do decisor também é, por esta via, fundamento e motivo da sua decisão.

O que o Direito quer abolir é o perigo. Mas não tanto o risco.

E a diferença é essa.

O risco é subir à árvore, o perigo é bater com a cabeça num chão que não absorve a energia.

E é o perigo que nós temos de eliminar e não o risco.

É evidente que podemos diminuir o risco de certas situações. Se a árvore tem um ramo seco, manda o bom senso que o jardineiro corte o ramo seco.

A prevenção é o segredo para exterminar o abuso das crianças.

É a fórmula para a existência feliz de desejadas reunificações familiares.

Alguns programas apresentam-se como capazes de prevenir o abuso, mas muitos ainda nem sequer estão avaliados.

Podemos dar alguns bons exemplos:

A. Programas de prevenção primária (antes de ocorrer o abuso) abrangendo dois programas específicos de visitas domiciliárias que demonstraram sua eficácia nos EUA: o Nurse-Family Partnership (NFP) e o Early Start. Há outros programas igualmente promissores, como o Triple P e os programas de sensibilização em ambiente hospitalar, para evitar os traumatismos cranianos e melhorar os cuidados pediátricos;
B. Programas de prevenção da recorrência: eles ajudam os pais que maltrataram os seus filhos a evitar que o façam novamente (por exemplo,

a Parent-Child Interactive Therapy, nos EUA também, que demonstrou ser eficaz para reduzir a recorrência da violência física);

C. Programas de prevenção de sequelas: eles ajudam as vítimas de violência (por exemplo, terapia cognitiva-comportamental), tendo suficiente eficácia para ajudar as crianças vítimas de agressão sexual que apresentam sintomas de distúrbio de stress pós-traumático.

Considerando o impacto enorme da violência sobre o desenvolvimento de uma criança, é fundamental encontrar meios de prevenir o abuso antes que ele ocorra, antever o perigo, saber ler sinais, tantas vezes, inequívocos, da desdita e da disfuncionalidade...

E desafiaria ainda o leitor a trabalhar, de forma mais presente, as representações que têm os artífices do trabalho com vista à reunificação familiar, entre pré-conceitos e preconceitos que urge definir, delimitar e extirpar de vez da intervenção psicossocial e judiciária (com especial enfoque nas próprias vivências pessoais de cada ser ajuizador ou decisor).

10º – Preocupam-me os dados oriundos do relatório do Conselho Nacional para a Adopção (CNA) relativo a 2017.

O universo de crianças e jovens à espera de uma família adoptiva, já depois de um juiz ter decretado a sua condição de adoptabilidade e corte com os pais biológicos, continua a ser superior ao conjunto das crianças adoptadas.

Em 2017, estavam 318 crianças e jovens a aguardar uma família adoptiva sem perspectiva nenhuma de algum dia regressarem à família biológica.

Para além disso, mais crianças em 2017 viram o seu projecto de adopção *interrompido na fase de pré-adopção* – isso aconteceu em 2017 com 15 crianças (tinha acontecido com cinco em 2016).

SECÇÃO II – Medidas no meio natural de vida

Artigo 39º – Apoio junto dos pais

A medida de apoio junto dos pais consiste em proporcionar à criança ou jovem apoio de natureza psicopedagógica e social e, quando necessário, ajuda económica.

Anotação

a) Nada se alterou em 2015.

b) Cf. DL nº 12/2008, de 17/1, nomeadamente, o seu artigo 13º que tem ajudado tanta família [aplicável também às medidas das alíneas b), c) e d) do artigo 35º, nº 1], aqui se produzindo tal normativo:

Artigo 13º
Apoio económico

1 – O apoio económico consiste na atribuição de uma prestação pecuniária, a pagar pelos serviços distritais da segurança social, para a manutenção da criança ou do jovem, ao agregado familiar com quem reside, tendo como fundamento a necessidade de garantir os cuidados adequados ao desenvolvimento integral da criança ou jovem.

2 – O montante do apoio económico tem como limite máximo o equivalente ao valor do subsídio mensal de manutenção fixado para a medida de acolhimento familiar.

3 – A atribuição do apoio referido nos números anteriores não prejudica o pagamento de despesas relacionadas com a aquisição do equipamento indispensável ao alojamento da criança ou do jovem, sempre que se justifique, tendo em conta as disponibilidades orçamentais.

4 – O apoio económico previsto no âmbito da medida de apoio para a autonomia de vida é atribuído directamente ao jovem no contexto do respectivo plano de intervenção.

c) Cf. artigo 3º da Lei nº 113/2009, de 17 de Setembro (aferição de idoneidade na tomada de decisões de confiança de menores):

«1 – As autoridades judiciárias que, nos termos da lei, devam decidir sobre a adopção, tutela, curatela, acolhimento familiar, apadrinhamento civil, entrega, guarda ou confiança de menores ou regulação do exercício das responsabilidades parentais acedem à informação sobre identificação criminal das pessoas a quem o menor possa ser confiado, como elemento da tomada da decisão, nomeadamente para aferição da sua idoneidade.

2 – As autoridades judiciárias podem ainda aceder à informação sobre identificação criminal das pessoas que coabitem com as referidas no número anterior.

3 – A informação referida nos números anteriores abrange o teor integral do registo criminal, salvo a informação definitivamente cancelada.

4 – Tratando-se de procedimento não judicial, a Comissão de Protecção de Crianças e Jovens, ou a entidade que for competente, solicita informação ao Ministério Público, que pode proceder de acordo com o nº 1.

5 – As entidades que acedam a informação constante do registo criminal nos termos do presente artigo asseguram a sua reserva, salvo no que seja indispensável à tramitação e decisão dos respectivos procedimentos».

Artigo 40º – Apoio junto de outro familiar

A medida de apoio junto de outro familiar consiste na colocação da criança ou do jovem sob a guarda de um familiar com quem resida ou a quem seja entregue, acompanhada de apoio de natureza psicopedagógica e social e, quando necessário, ajuda económica.

Anotação

a) Nada se alterou em 2015 – estamos a falar mesmo de um membro da família biológica da criança. Uma madrinha muito próxima mas não familiar não cabe neste artigo mas no artigo 43º.

b) Cf. artigo 3º da Lei nº 113/2009, de 17 de Setembro (aferição de idoneidade na tomada de decisões de confiança de menores):

«1 – As autoridades judiciárias que, nos termos da lei, devam decidir sobre a adopção, tutela, curatela, acolhimento familiar, apadrinhamento civil, entrega, guarda ou confiança de menores ou regulação do exercício das responsabilidades parentais acedem à informação sobre identificação criminal das pessoas a quem o menor possa ser confiado, como elemento da tomada da decisão, nomeadamente para aferição da sua idoneidade.

2 – As autoridades judiciárias podem ainda aceder à informação sobre identificação criminal das pessoas que coabitem com as referidas no número anterior.

3 – A informação referida nos números anteriores abrange o teor integral do registo criminal, salvo a informação definitivamente cancelada.

4 – Tratando-se de procedimento não judicial, a Comissão de Protecção de Crianças e Jovens, ou a entidade que for competente, solicita informação ao Ministério Público, que pode proceder de acordo com o nº 1.

5 – As entidades que acedam a informação constante do registo criminal nos termos do presente artigo asseguram a sua reserva, salvo no que seja indispensável à tramitação e decisão dos respectivos procedimentos».

Artigo 41º – Educação parental

1 – Quando sejam aplicadas as medidas previstas nos artigos 39º e 40º, os pais ou os familiares a quem a criança ou o jovem sejam entregues podem beneficiar de um programa de formação visando o melhor exercício das funções parentais.

2 – O conteúdo e a duração dos programas de educação parental são objeto de regulamento.

Anotação

Nada se alterou em 2015.

Artigo 42º – Apoio à família

As medidas de apoio previstas nos artigos 39º e 40º podem abranger o agregado familiar da criança e do jovem.

Anotação

Nada se alterou em 2015.

Artigo 43º – Confiança a pessoa idónea

1 – A medida de confiança a pessoa idónea consiste na colocação da criança ou do jovem sob a guarda de uma pessoa que, não pertencendo à sua família, com eles tenha estabelecido relação de afetividade recíproca.

2 – A medida pode ser acompanhada de apoio de natureza psicopedagógica e social e, quando necessário, de ajuda económica.

(O nº 2 foi introduzido pela Lei nº 142/2015, de 8 de Setembro)

Anotação

a) A medida do artigo 43º (confiança a pessoa idónea) pode ser agora acompanhada de apoio de natureza psicopedagógica e social e, quando necessário, de ajuda económica – esta ajuda antes apenas era concedida às medidas da alínea a) e b) do artigo 35º, nº 1.

Contudo, o artigo 13º do DL 12/2008 não fazia distinção entre as medidas das alíneas a) a d) do nº 1 do artigo 35º.

b) Cf. artigo 3º da Lei nº 113/2009, de 17 de Setembro (aferição de idoneidade na tomada de decisões de confiança de menores):

«1 – As autoridades judiciárias que, nos termos da lei, devam decidir sobre a adopção, tutela, curatela, acolhimento familiar, apadrinhamento civil, entrega, guarda ou confiança de menores ou regulação do exercício das responsabilidades parentais acedem à informação sobre identificação criminal das pessoas a quem o menor possa ser confiado, como elemento da tomada da decisão, nomeadamente para aferição da sua idoneidade.

2 – As autoridades judiciárias podem ainda aceder à informação sobre identificação criminal das pessoas que coabitem com as referidas no número anterior.

3 – A informação referida nos números anteriores abrange o teor integral do registo criminal, salvo a informação definitivamente cancelada.

4 – Tratando-se de procedimento não judicial, a Comissão de Protecção de Crianças e Jovens, ou a entidade que for competente, solicita informação ao Ministério Público, que pode proceder de acordo com o nº 1.

5 – As entidades que acedam a informação constante do registo criminal nos termos do presente artigo asseguram a sua reserva, salvo no que seja indispensável à tramitação e decisão dos respectivos procedimentos».

Artigo 44º – Colocação sob a guarda de pessoa idónea selecionada para adoção

(Revogado em 2003 – cf. artigo 5º da Lei nº 31/2003, de 22/8)

Artigo 45º – Apoio para a autonomia de vida

1 – A medida de apoio para a autonomia de vida consiste em proporcionar diretamente ao jovem com idade superior a 15 anos apoio económico e acompanhamento psicopedagógico e social, nomeadamente através do acesso a programas de formação, visando proporcionar-lhe condições que o habilitem e lhe permitam viver por si só e adquirir progressivamente autonomia de vida.

2 – A medida referida no número anterior pode ser aplicada a mães com idade inferior a 15 anos, quando se verifique que a situação aconselha a aplicação desta medida.

Anotação

Nada se alterou em 2015.

Contudo, cf. agora o nº 60º, nº 3, quanto à duração máxima desta medida – na conjugação desta norma com o artigo 5º/a) da LPCJP, todas as medidas podem ser prorrogadas, a pedido do jovem, para além dos 18 anos, podendo agora a medida de apoio para a autonomia de vida ser excepcionalmente prorrogada até aos 21/25 anos, aqui também por iniciativa do tribunal e com a adesão do jovem (sendo certo que, a não haver esta norma do nº 3, cessaria, tal como as restantes medidas executadas em meio natural de vida, no máximo, aos 19 anos e seis meses do jovem).

SECÇÃO III – Medidas de colocação

SUBSECÇÃO I – Acolhimento familiar

Artigo 46º – Definição e pressupostos

1 – O acolhimento familiar consiste na atribuição da confiança da criança ou do jovem a uma pessoa singular ou a uma família, habilitadas para o efeito, proporcionando a sua integração em meio familiar e a prestação de cuidados adequados às suas necessidades e bem-estar e a educação necessária ao seu desenvolvimento integral.

2 – Para efeitos do disposto no número anterior, considera-se que constituem uma família duas pessoas casadas entre si ou que vivam uma com a outra há mais de dois anos em união de facto ou parentes que vivam em comunhão de mesa e habitação.

3 – O acolhimento familiar tem lugar quando seja previsível a posterior integração da criança ou jovem numa família ou, não sendo possível, para a preparação da criança ou jovem para a autonomia de vida.

4 – Privilegia-se a aplicação da medida de acolhimento familiar sobre a de acolhimento residencial, em especial relativamente a crianças até aos seis anos de idade, salvo:

***a)* Quando a consideração da excecional e específica situação da criança ou jovem carecidos de proteção imponha a aplicação da medida de acolhimento residencial;**

***b)* Quando se constate impossibilidade de facto.**

5 – A aplicação da medida de acolhimento residencial nos casos previstos nas alíneas *a)* e *b)* do número anterior é devidamente fundamentada.

(Alterado pela Lei nº 142/2015, de 8 de Setembro)

Anotação

a) Esta uma das grandes novidades do regime de 2015 – até aos 6 anos da criança, prefere-se esta medida à do acolhimento residencial, devendo justificar-se sempre que a esta se recorre nesta faixa etária.

É o reconhecimento de que a criança se desenvolve melhor nos primeiros anos de vida em ambiente familiar e não institucional ou residencial.

Deixa de se pensar o acolhimento familiar como uma medida que deva ser necessariamente uma ante-câmara do regresso à família de origem.

Mas não temos hoje famílias de acolhimento em número suficiente.

Esta medida ainda é aplicada de forma muito residual.

Desde já um ***aviso à navegação***:

- *Se isto começa sem formação, sem apoio, sem acompanhamento, não funciona...*
  - É uma enorme responsabilidade, mas por favor não "façamos de conta"!
  - Estudos têm vindo a demonstrar o impacto negativo da residencialização em crianças pequenas.
  - Os benefícios de manter as crianças pequenas com famílias são incontestáveis no que diz respeito à sua saúde, desenvolvimento e felicidade, e que são a concretização do seu melhor interesse.
  - Bebés que são institucionalizados antes dos 6 meses apresentam atrasos de desenvolvimento persistentes.
  - A Teoria da Vinculação (John Bowlby/Mary Ainsworth) veio evidenciar a importância das relações com o cuidador principal da criança, das figuras de vinculação e da necessidade de intimidade e continuidade na relação – isto não é possível acontecer, de forma contínua e consistente, numa casa de acolhimento, por muito bem que ali se trabalhe...
  - Os acolhimentos longos têm efeitos mais negativos do que os outros.

Recordemos aqui as Orientações para cuidados alternativos de crianças – ONU 2010:

- O acolhimento residencial deve ser limitado a casos nos quais este contexto é especificamente apropriado, necessário e construtivo para a criança em causa e no seu melhor interesse.
- Os cuidados alternativos para crianças pequenas, especialmente até aos 3 anos, **devem ser providenciados num contexto familiar.** Excepções podem ser feitas para evitar separar fratrias, e nos casos em que o acolhimento tem um carácter de urgência.

c) Cf. artigo 3º da Lei nº 113/2009, de 17 de Setembro (aferição de idoneidade na tomada de decisões de confiança de menores):

«1 – As autoridades judiciárias que, nos termos da lei, devam decidir sobre a adopção, tutela, curatela, acolhimento familiar, apadrinhamento civil, entrega, guarda ou confiança de menores ou regulação do exercício das responsabilidades parentais acedem à informação sobre identificação criminal das pessoas a quem o menor possa ser confiado, como elemento da tomada da decisão, nomeadamente para aferição da sua idoneidade.

2 – As autoridades judiciárias podem ainda aceder à informação sobre identificação criminal das pessoas que coabitem com as referidas no número anterior.

3 – A informação referida nos números anteriores abrange o teor integral do registo criminal, salvo a informação definitivamente cancelada.

4 – Tratando-se de procedimento não judicial, a Comissão de Protecção de Crianças e Jovens, ou a entidade que for competente, solicita informação ao Ministério Público, que pode proceder de acordo com o nº 1.

5 – As entidades que acedam a informação constante do registo criminal nos termos do presente artigo asseguram a sua reserva, salvo no que seja indispensável à tramitação e decisão dos respectivos procedimentos».

d) Escrevi isto há alguns meses sobre este impasse legislativo e estatal **(muito embora, à hora em que se redige esta 4ª edição, esteja já em discussão pública o anteprojecto do Decreto-Lei que estabelece o regime de execução do acolhimento familiar e que vai revogar o anterior diploma regulamentador, o DL nº 11/2008, de 17/1):**

«1. Todas as crianças precisam de colo.
De muito colo.
Mesmo contra a opinião de muitas avós que, do alto das suas experiências maternas e avoengas, vão opinando que colo a mais faz mal.

É da natureza humana a inevitabilidade da necessidade de vinculação segura.

A um outro.

A alguém que tem de ser capaz de amar e cuidar de uma criança como ela merece, de acordo com os cânones expostos nas Magnas Cartas da infância, todas iluminadas pelo espírito generoso e terno da Convenção dos Direitos da Criança, aprovada pela ONU em 1989 e logo ratificada pelo Estado Português no ano seguinte, fazendo, assim, e por isso, parte do cotejo de legislação que pode e deve ser directamente aplicada a todas as crianças portuguesas ou residentes em Portugal.

Na promoção de direitos e na protecção da criança deve ser dada prevalência às medidas que a integram ***numa*** *família – ou seja, na actual alínea h) do artigo 4º da Lei de Protecção de Crianças e Jovens em Perigo (LPCJP, doravante) já não se fala «na sua família», mas apenas em «família», seja ela qual for (dando-se aqui o primado de uma família em detrimento do acolhimento residencial).*

O princípio da prevalência da família terá que ser entendido não no sentido da afirmação da prevalência da família biológica a todo o custo, mas sim como o assinalar do direito sagrado da criança à família, seja ela a natural (se for possível, devendo, neste campo, o Estado ser capaz de acompanhar as famílias biológicas, ajudando-as a superar o perigo em que vivem as suas crianças), seja a adoptiva, reconhecendo que é na família que a criança tem as ideais condições de crescimento e desenvolvimento e é aquela o centro primordial de desenvolvimento dos afectos.

De facto, nem sempre a biologia é sinónimo de vinculação. O sangue não é uma sina para a vida. E assim, por vezes, haverá que entregar uma criança ao laço adoptivo, completamente similar ao biológico, a partir do momento em que existe uma sentença judicial constitutiva da providência tutelar cível em causa – a adopção.

E quer numa quer noutra, os pais vão ter de ser adoptados pelo filho que lhes foi entregue pela placenta ou por vontade soberana de um juiz – e, como diz Laborinho Lúcio, que bom seria que todos os filhos fossem adoptados, até os biológicos!

Mas uma criança pode viajar para o colo de outras pessoas sem ser pela adopção – existem outros caminhos, menos radicais, que podem até coexistir com alguma parte do exercício das responsabilidades parentais ainda nas mãos da progenitura biológica.

E esses caminhos são trilhados pela legislação portuguesa – podemos estar a falar de limitações do exercício das responsabilidades parentais, de tutelas, de apadrinhamentos civis ou de medidas de promoção e protecção, estas à luz da LPCJP, datada de 1999 mas revista, em grande espectro, em 2015.

O acolhimento familiar de crianças está previsto como uma das medidas protectivas aplicáveis pelas Comissões de Protecção e pelos Tribunais aquando da constatação de que uma criança está em perigo, lido sob a égide do artigo 3º, nº 2 dessa lei.

E sabemos que este é um momento charneira neste país – ***a lei quer que as crianças até aos 6 anos vivam em famílias de acolhimento se tiverem de ser separadas de seus pais****, de forma provisória, assim o ditando o nº 4 do artigo 46º da LPCJP.*

*

Temos lei, temos norma, queremos acção!

Neste momento, na Irlanda, 65% das crianças retiradas às famílias estão em famílias de acolhimento, 25 a 27% em famílias alargadas, 8% a 10% em acolhimento residencial.

Há 15 anos estava como nós!

Em Portugal, há uns anos, os parentes deixaram de poder funcionar como família de acolhimento.

Os outros países do chamado mundo desenvolvido reconhecem a família alargada como uma maneira de providenciar cuidados a crianças que não podem estar com a família imediata.

Se Portugal quer subir à primeira liga tem de considerar formas de valorizar mais os laços familiares, de pensar em formas de apoiar familiares que estão dispostos a acolher crianças que não podem estar com a família mais próxima.

Paul McDonald foi só um entre 700 delegados de 45 países que se encontraram na conferência bienal da EUSARF, a Associação Científica Europeia para o Acolhimento Residencial e Familiar de Crianças e Jovens, cujo congresso bienal juntou no Porto, entre 2 e 5 de Outubro, centenas de investigadores/professores, técnicos e estudantes (estive lá!).

Indignou-se como nenhum outro com a quantidade de crianças que Portugal tem a crescer em lares de infância e juventude e escreveu um manifesto que foi apresentado no encerramento da Conferência no dia 5/10/2018, e que seguiu, penso, para o Governo e para o Presidente da República.

Serviu para algo?

Os dados relativos ao CASA 2017 foram conhecidos no passado dia 20/11, com um atraso considerável.

Onde está a regulamentação da medida de acolhimento residencial, em falta desde 1/1/2001?

E o que foi dito pela tutela de que o Acolhimento Familiar ficará congelado até haver forma de monitorizar a fiscalização destas famílias?

Perguntas para as quais não tenho resposta (como se estivesse a ser feita uma eficaz fiscalização do acolhimento residencial entre nós!).

Para mim, é dilacerante saber que existem 7553 crianças acolhidas em terreno residencial, existindo ***apenas*** *178 famílias de acolhimento.*

Foi dito que o número de famílias de acolhimento só será aumentado quando existirem meios. Esqueceram-se, porém, de explicar que a inexistência desses mesmos meios resulta do não investimento neste processo (o mesmo se poderá dizer do Apadrinhamento Civil que existe desde 2008 mas que nunca viu um esforço estatal sério de explicação do instituto ao mundo).

Eu sei que uma Família não é uma VAGA, sendo antes um PERFIL – é certo que há que ser criterioso na escolha da melhor Família de Acolhimento para que nada falhe. Há muito trabalho pela frente, pois então!

Não vale é DESISTIR, como é aquilo que o Estado está a querer fazer...

Deve agir de imediato, começando paulatinamente pelos mais pequeninos, aqueles relativamente aos quais é pacífica a doutrina científica em considerar ser um crime de lesa-infância a sua residencialização, por muito boa que seja a Casa de Acolhimento.

Dar pequenos passos, regulamentar sabiamente a LPCJP neste jaez, aproveitar as mais-valias de experiência nortenhas de sucesso, olhar para as outras IPSS que estão prontas para avançar...

Não é preciso congelar a medida com a desculpa de que não há meios humanos para a monitorizar.

É necessário dar um passo civilizacional, entregando uma chance às crianças de não se verem condenadas à tristeza e de crescerem numa família que as motive, as estimule e as guarde.

Isto é pedir muito?

*

Temos por assente que é FUNDAMENTAL para uma criança o direito de viver numa família como privilegiada forma de realização pessoal e de consolidação da sua autonomia crescente – a criança cada vez mais tem direito ao convívio com quem a ama verdadeiramente, merecendo vincular-se a adultos de referência afectiva para si, sejam progenitores, sejam outros seres que tenham um significado relevante na sua vida e que povoem os seus afectos e a sua margem de ternura, mesmo que não seja para sempre.

Existe uma clara evidência científica que expõe as graves desvantagens da institucionalização.

Muito embora as instituições para crianças em perigo tendam a fazer um esforço de melhoria do seu funcionamento (onde deve sempre existir um claro contexto emocional), não é menos verdade que continuam a ser instituições.

Como me ensinou o meu querido amigo, o psicólogo espanhol Jesus Palácios, «nós, os humanos, somos feitos de uma matéria que, na infância, necessita atenção individualizada, de compromisso pessoal, e da presença e disponibilidade de boas figuras de afecto».

Esta medida do acolhimento familiar apresenta imensas vantagens e benefícios em relação ao acolhimento residencial, como por exemplo, o permitir à criança/jovem a vivência numa família estruturada e equilibrada, em oposição ao acolhimento residencial onde, inevitavelmente, as relações individualizadas ficam seriamente comprometidas e onde não existe um modelo familiar que a criança/jovem possa vivenciar e modelar-se; mas sim um modelo institucional, com enorme rotatividade de cuidadores, rotinas e actividades (quase) sempre de carácter grupal e onde o espaço íntimo – pessoal e relacional – é bastante difícil de ser promovido.

Os Direitos Humanos e os Direitos das Crianças devem estar na base da eliminação do acolhimento de longo prazo para crianças, pelo menos numa 1ª fase, com idade inferior a 3 anos.

Os dados da evidência científica vêm corroborar a importância desta questão.

Devem ser adoptadas, com carácter de urgência, estratégias e sistemas para prevenir e responder à colocação residencial das crianças pequenas, entendidas como forma de violação institucional dos direitos humanos.

Quando se esgotou a resposta na família biológica, junto dos pais, e a situação de grave perigo se mantém para a criança, deverão ser protegidos os direitos da criança assegurando que poderá viver numa família de substituição.

Um estudo de 2014 da ONU sobre a Violência contra as Crianças claramente indica que deve ser favorecido o acolhimento familiar em todas as situações de retirada da família biológica, e que, no caso das crianças até aos 3 anos de idade, deverá ser a única opção.

Os benefícios de manter as crianças pequenas com famílias são incontestáveis no que diz respeito à sua saúde, desenvolvimento e felicidade, e que são a concretização do melhor interesse da criança – e nunca é demais lembrar que cada ano de institucionalização de uma criança equivale à perda de 4 meses de desenvolvimento.

*Todos somos, **no fundo, 3-1-3: essenciais ao nosso equilíbrio emocional são os primeiros três (3) meses do primeiro (1) de três (3) anos da nossa vida...***

*

Temos, pois, todos de estar permanentemente acordados pois é daí que vem a luz, aquela que ilumina os casarios e vigia as crianças portuguesas ou aqui residentes no seu sono.

Porque um olhar activo e umas habilidosas mãos construtoras de desejáveis e mais do que necessárias famílias de acolhimento também podem – e são – actos de AMOR...»

e) Em parecer colectivo elaborado com mais 7 profissionais que exercem as suas competências nesta Área, defendi, quanto ao processo da regulamentação da medida de acolhimento familiar actualmente em curso, que:

- «Entendemos que deverá constar de um diploma único – ***neste*** – as questões relacionadas com ***«o processo de candidatura, seleção, formação, avaliação, e reconhecimento das famílias de acolhimento»*** e com ***«os termos e as condições de atuação das instituições de enquadramento no âmbito da execução da medida de acolhimento familiar»*** – daí a nossa proposta de desaparecimento dos nºs 4 e 5 do artigo 7º deste anteprojeto (que, a não desaparecer, acarretará um indesejável atraso na efectiva entrada em vigor de todo este edifício legislativo);
- Entendemos que será de retirar o impedimento relacionado com o facto de a Família de Acolhimento deste diploma não poder ter qualquer relação de parentesco com a criança, não se ignorando que este impedimento contribui de modo muito efetivo para que não haja mais Famílias de Acolhimento. Por outro lado, sabe-se que quando a família que acolhe tem formação específica e é selecionada para as funções de Acolhimento Familiar, se revela uma resposta de maior estabilidade, promovendo a permanência, a segurança e estabilidade emocional da criança acolhida [seguindo-se a nossa tese, tem de se delimitar muito bem a diferença entre a medida de promoção e proteção prevista no artigo 35º, nº 1 alínea b) – apoio junto de outro familiar – e esta medida da alínea f)];
- Entendemos que, em caso de candidatura plural, ambos os candidatos devem ser considerados «responsáveis» pelo acolhimento familiar, não fazendo sentido nomear um responsável por tal. A medida de Acolhimento Familiar é por natureza aplicada em família, envolvendo todos os seus elementos. Na presença de duas figuras adultas candidatas ao AF, todos os requisitos e apoios devem aplicar-se aos dois elementos da candidatura;
- Entendemos que deverá estar prevista uma forma de execução da medida de Acolhimento Familiar em situação de emergência, tal como esta é definida pela LPCJP [artigo 5º/c)], devendo constar esta modalidade logo no artigo 2º do AP, esclarecendo-se no artigo 15º que bastará a disponibilidade dessa família de acolhimento para justificar o seu pagamento, tenha ou não criança a seu cargo. O perfil de competências necessário à execução desta forma de Acolhimento familiar exige

formação específica e procedimentos de avaliação em conformidade com a exigência da tarefa;

- Na mesma linha, entendemos que no nº 3 do mesmo artigo 2º estão incluídos os casos de crianças cuja situação familiar as remete a acolhimento familiar de longa duração, até à autonomia de vida, sendo requerido que as famílias que acolherem estas crianças sigam processo específico de formação, avaliação e acompanhamento de acordo com as características desta forma de Acolhimento Familiar;
- Consideramos que a execução do Acolhimento Familiar deve assentar numa organização descentralizada, atribuindo maiores competências e responsabilidades às instituições de enquadramento pois são estas entidades quem melhor conhece a sua comunidade e respetivas necessidades, de acordo com as características de crianças a acolher. Estão, pois, em posição privilegiada para desenvolver campanhas efetivas de captação de famílias, bem como desenvolver e executar programas dirigidos à formação de famílias de acolhimento com perfil de competências diferenciado (que melhor correspondem às necessidades das crianças);
- Defendemos ainda que um processo efetivo de constituição de bolsa de famílias de acolhimento deve prever um momento de formação inicial, prévio à seleção das mesmas. A formação deve constituir um dos momentos iniciais do processo de formação, seleção e reconhecimento das famílias de acolhimento».

Artigo 47º – Tipos de famílias de acolhimento

(Revogado em 2015).

Artigo 48º – Modalidades de acolhimento familiar

(Revogado em 2015).

Espera-se, agora, a regulamentação necessária desta nova figura do Acolhimento Familiar (a anterior Lei que a regulamentava não responde agora ao novo paradigma legal) e o empenho estatal e das IPSS no sentido de angariarem bolsas de famílias capazes de bem acolher crianças, assente a ideia de que uma família não é uma vaga mas um perfil e que o que está escrito na lei é, de facto, para cumprir.

SUBSECÇÃO II - Acolhimento residencial

Artigo 49º – Definição e finalidade

1 – A medida de acolhimento residencial consiste na colocação da criança ou jovem aos cuidados de uma entidade que disponha de instalações, equipamento de acolhimento e recursos humanos permanentes, devidamente dimensionados e habilitados, que lhes garantam os cuidados adequados.

2 – O acolhimento residencial tem como finalidade contribuir para a criação de condições que garantam a adequada satisfação de necessidades físicas, psíquicas, emocionais e sociais das crianças e jovens e o efetivo exercício dos seus direitos, favorecendo a sua integração em contexto sociofamiliar seguro e promovendo a sua educação, bem-estar e desenvolvimento integral.

3 – Nos casos em que a criança ou jovem, de nacionalidade estrangeira, é acolhido em instituição pública, cooperativa, social ou privada com acordo de cooperação com o Estado, a medida envolve a atribuição de autorização de residência em território nacional pelo período necessário a uma decisão definitiva sobre eventual pedido de naturalização, nos termos do nº 3 do artigo 6º da Lei nº 37/81, de 3 de outubro.

(O nºs 1 e 2 foram alterados pela Lei nº 142/2015, de 8 de Setembro, e o nº 3 foi aditado pela Lei nº 26/2018, de 5 de Julho)

Anotação

a) Notas relevantes sobre esta medida, que deverá sempre ser o último recurso para as CPCJ e tribunais, em termos de aplicação:

- Aplicada pelas CPCJ – nestas por consenso com os pais e com a criança com idade superior a 12 anos – e pelos Tribunais;
- A execução da medida aplicada pela CPCJ é feita nos termos do Acordo de Promoção e Protecção;
- A execução da medida aplicada pelos Tribunais é supervisionada pelos tribunais, sendo o tribunal a designar a entidade – que nunca será a Comissão de Protecção – que considere mais adequada para o acompanhamento dessa execução;
- A medida tem a duração estabelecida no acordo ou na decisão judicial, sendo revista findo o prazo fixado no acordo ou na decisão judicial e, em qualquer caso, decorridos períodos nunca superiores a 6 meses;

- A revisão pode ocorrer antes do prazo fixado se assim se justificar;
- A revisão pode determinar a cessação da medida, a substituição por outra medida mais adequada e a continuação ou prorrogação da execução da medida;
- A medida cessa, entre outras causas, quando o jovem atinge 18 anos ou complete 21/25 anos, nos casos em que tenha solicitado a continuação da medida na pós-maioridade;
- Importância do cumprimento dos artigos 84º e 85º (audição da criança com mais de 12 anos e dos pais, em caso de aplicação, revisão ou cessação da medida).

b) Não escamoteamos que o internamento de crianças e jovens em perigo em instituições, cuja intenção inicial é a protecção dos mesmos – seja protecção contra maus-tratos, negligencia e/ou outros tipos de problemática – leva ao paradoxo da institucionalização, hoje, mais rigorosamente, **da residencialização.**

Isto é, se o objectivo da residencialização é proteger a criança/jovem em situaçao de perigo, criar-lhes condições de desenvolvimento e bem-estar que não são asseguradas no contexto familiar, o resultado pode ser o de um acréscimo dos danos nestes já sensibilizados, fragilizados e carenciados seres.

Daí que se veja com muitos bons olhos a aposta do sistema na medida do acolhimento familiar, em detrimento da medida prevista no nº 1, alínea f) do artigo 35º

Qualquer reforma do regime do acolhimento de crianças em perigo tem de passar:

- **pelo aprofundamento do seu modelo enquadrador**
- **pela articulação com as instituições da rede social**
- **pela diminuição do tempo de institucionalização: densificação de metodologias que para isso contribuam**
- **pelo aprofundamento do modelo de acolhimento que responda às necessidades no âmbito do acolhimento de emergência.**

Estamos perante uma mudança de paradigma

- Privilegiar o acolhimento familiar, em particular até aos 6 anos de idade
- Do acolhimento institucional ao acolhimento residencial
- Especialização dos acolhimentos residenciais de acordo com as características da população que integra.

Aguardemos ansiosamente a regulamentação há muito esperada da medida de acolhimento residencial.

c) Cf. anotação e) ao artigo 3º da LPCJP.

d) Os projectos de vida de uma criança residencializada podem ser, assim, esquematizados:

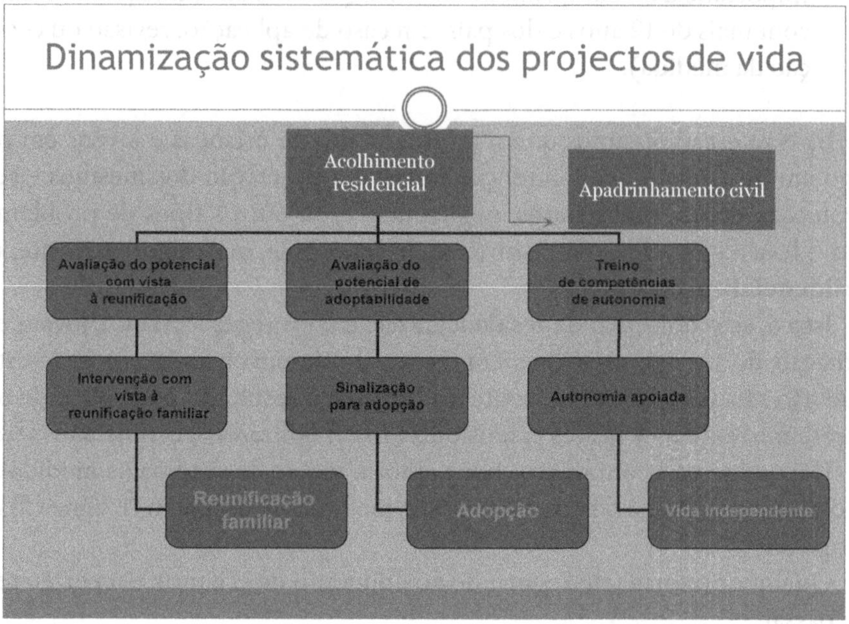

Artigo 50º – Acolhimento residencial

1 – O acolhimento residencial tem lugar em casa de acolhimento e obedece a modelos de intervenção socioeducativos adequados às crianças e jovens nela acolhidos.

2 – As casas de acolhimento podem organizar-se por unidades especializadas, designadamente:

***a)* Casas de acolhimento para resposta em situações de emergência;**

***b)* Casas de acolhimento para resposta a problemáticas específicas e necessidades de intervenção educativa e terapêutica evidenciadas pelas crianças e jovens a acolher;**

***c)* Apartamentos de autonomização para o apoio e promoção de autonomia dos jovens.**

3 – Para além das casas de acolhimento, as instituições que desenvolvem respostas residenciais, nomeadamente nas áreas da educação especial e da saúde podem, em situações devidamente fundamentadas e pelo tempo estritamente necessário, executar medidas de acolhimento residencial relativamente a crianças ou jovens com deficiência permanente, doenças crónicas de caráter grave, perturbação psiquiátrica ou comportamentos aditivos, garantindo os cuidados socioeducativos e terapêuticos a prestar no âmbito da execução da medida.

4 – A regulamentação do regime de organização e funcionamento das casas de acolhimento de crianças e jovens consta de legislação própria.

(Alterado pela Lei nº 142/2015, de 8 de Setembro)

Anotação

a) Esta medida tem agora lugar em CASA DE ACOLHIMENTO (já não Instituição) e obedece a modelos de intervenção de índole social e educativa adequados às crianças e jovens nela acolhidos.

Organizam-se em:

- Casas de acolhimento para resposta **em situações de emergência;**
- Casas de acolhimento para resposta **a problemáticas específicas e necessidades de intervenção educativa e terapêutica evidenciadas pelas crianças e jovens a acolher;**
- Apartamentos de **autonomização para o apoio e promoção de autonomia dos jovens.**

b) Guião dos artigos seguintes:

- ARTIGO 51º - MODALIDADES DE INTEGRAÇÃO
- ARTIGO 52º - NATUREZA DAS INSTITUIÇÕES DE ACOLHIMENTO (melhor seria terem-lhe chamado aqui «casas de acolhimento»)
- ARTIGO 53º - FUNCIONAMENTO DAS CASAS DE ACOLHIMENTO (aguarda diploma que defina o seu regime de funcionamento)
- ARTIGO 54º - RECURSOS HUMANOS

c) Lembra-se aqui a norma transitória do artigo 6º do diploma que aprovou esta revisão – até à entrada em vigor do diploma a que se refere o nº 2 do artigo 53º da LPCJP *(regime de funcionamento das casas de acolhimento, a ser definido em diploma próprio, a publicar no prazo de QUATRO meses a contar de 1/10/2015 – cf. artigo 5º/1 da Lei 142/2015)*, as casas de acolhimento funcionam em regime aberto, tal implicando a livre entrada e saída da criança e do jovem da casa, de acordo com as normas gerais de funcionamento, tendo apenas como limites os resultantes das suas necessidades educativas e da protecção dos seus direitos e interesses.

Ignora-se o que se vai fazer quanto ao funcionamento destas casas (podendo defender-se, com bons olhos, a existência de casas com regime semi-aberto), não deixando de se estranhar que se tenha querido remeter para a regulamentação – o que a fazer-se, gerará uma inegável inconstitucionalidade – matéria tão delicada e fulcral como esta, atinente a direitos, liberdades e garantias, fundamentais de uma criança.

d) **Relacionamento entre as Casas de Acolhimento (CA), as CPCJ e os Tribunais**

- Clima de confiança entre as instituições – relacionamento mais próximo e articulado, sustentado pelo cumprimento das comunicações previstas na lei, nos pareceres técnicos devidamente fundamentados, nas respostas e informações oportunas;
- As CA devem estar envolvidas em todas as etapas do processo, desde a avaliação diagnóstica, a avaliação consensual, a elaboração do Projecto de Vida e a avaliação e reajustamento de todo o processo;
- Valorização do Acordo de Promoção e Protecção – devem dele constar as responsabilidades de todos os intervenientes;
- Evitar a repetição de tarefas e das competências subutilizadas;
- Uniformização das actuações;
- Interiorização dos princípios orientadores da intervenção previstas na Lei;
- Necessidade de promover o apoio jurídico em todas as instituições;
- Cumprimento das comunicações previstas na Lei – um sistema de comunicações eficaz e oportuno gera uma lógica de corresponsabilização;
- Necessidade de informações completas dos factos
- Necessidade de generalizar a preocupação com a noção de "tempo útil" da criança – sugere-se que seja determinado um prazo para a avaliação

da família e para obter a recuperação mínima e que se diminua o peso reconhecido aos direitos dos adultos, responsável por excesso de recursos jurídicos e outras dilações, em prejuízo dos direitos da criança – defendo há muito que se devem dar prazos peremptórios às famílias para se organizarem, quando tal depende unica e exclusivamente da sua vontade ou compromisso.

e) **Constrangimentos que registo nestes relacionamentos:**

- Há apoio jurídico suficiente nas CA?
- Instituições com muitas crianças (relação nº crianças/nº de técnicos)
- Pouca escolarização e formação das equipas educativas
- Trabalha-se a família? E quando há uma grande distância geográfica entre as famílias e as instituições?
- Artigo 65º, nº 3 – as CA estão a comunicar ao Ministério Público todas as situações de crianças que acolham sem prévia decisão da CPCJ ou do Tribunal?
- Estão a ser cumpridas as comunicações previstas na Lei (artigos 64º a 71º da LPCJP)?
- Quando há crimes – crianças vítimas ou crianças agentes – cometidos no interior da instituição, o que fazer?
- E as crianças que ninguém quer? Como gerir as fugas? O perigo da desistência...
- Como gerir as visitas dos pais?
- Começa a pensar-se no projecto de vida das crianças desde que ela lá entra?
- Poucos técnicos do sexo masculino – uma menos-valia?
- Necessidade de um manual de qualidade para o acolhimento
- E depois dos 21/25 anos?
- Necessidade de qualificação dos interventores sociais
- É a instituição vista, de facto, como um serviço de urgência?
- Tem-se a noção de que, com o acolhimento residencial, a situação de perigo não fica necessariamente debelada?

f) Qualquer solução residencial terá de privilegiar estes aspectos:

- Deve proporcionar cuidados adequados às crianças e jovens
- Deverá ter uma dimensão pequena, permitindo um funcionamento mais familiar

- Deverá ser melhorada a selecção e formação dos profissionais que trabalham no Acolhimento Residencial
- Integração das crianças e jovens em actividades na comunidade onde estão inseridos.

g) Há que evoluir de um **acolhimento em modelo institucional para um modelo terapêutico.**

- Institucional – **lógica funcional** baseada no comportamento do jovem acolhido: satisfação de necessidades básicas, promovendo-se o nivelamento...
- Terapêutico – **lógica da diversidade** – quer-se uma transformação interna do jovem acolhido, acompanhando-o de forma mais pessoal e respeitando a sua individualidade...

Tem de haver um grande contexto afectivo na Casa de Acolhimento. Aí entrados, as crianças

- entram numa nova etapa, a caminho de uma NOVA vida (essa é a META)...
- recebem novos códigos de comportamento
- iniciam ou reiniciam processos de socialização, de educação para a autonomia funcional e emocional, de formação e de escolarização (parcerias íntimas com a Saúde e com a Escola)
- sentem saudades de casa (angústia da separação), enfrentam conflitos de lealdade e assumem culpabilidades na separação da família (sentem o acolhimento como castigo) – os seus problemas têm muito menos causas cognitivas e muito mais causas emocionais...
- têm baixas expectativas socio-profissionais (tendem a pensar: *«não tenho os mesmos direitos dos outros pois não tenho as mesmas capacidades»*)
- não têm necessariamente patologias de comportamento, ou melhor, *hiperactividade com déficit de atenção...*

Na casa de acolhimento, há que PROVER os cuidados relacionais

- Deverá estar a CA atento ao particular desenvolvimento da criança que acolhe
- Para isso
  - há que conhecer as fases desse desenvolvimento e as suas potenciais perturbações

- há que escolher actividades educacionais promotoras desse desenvolvimento
- há que individualizar tais cuidados, sabendo criar competências de observação de cada criança e planos de interacção entre os cuidadores e aquela.

Os técnicos das CA – que terão de ter com as crianças um envolvimento inteligente e comprometido – devem receber:

- Apoio emocional
- Supervisão institucional
- Formação contínua

As crianças acolhidas devem ter:

- Apoio emocional
- Supervisão individualizada

Temos com certo que:

- As famílias biológicas devem PODER visitar as crianças acolhidas, salvo restrições judiciais
- As crianças não podem estar sempre a mudar de casa de acolhimento
- Os irmãos tenderão a não ser separados
- As crianças mais pequenas devem ter um colo familiar não institucionalizante...

O que queremos que todas as crianças digam?
Que ***«o meu passado familiar não tem de determinar o meu futuro»!***

Artigo 51º – Modalidades da integração

1 – No que respeita à integração no acolhimento, a medida de acolhimento residencial é planeada ou, nas situações de emergência, urgente.

2 – A integração planeada pressupõe a preparação da integração na casa de acolhimento, mediante troca de informação relevante entre a entidade que aplica a medida, a entidade responsável pela gestão das vagas em acolhimento e a instituição responsável pelo acolhimento, tendo em vista a melhor proteção e promoção dos

direitos da criança ou jovem a acolher e incide, designadamente, sobre:

***a)* A avaliação do plano de intervenção executado em meio natural de vida, nos casos aplicáveis;**

***b)* A situação de perigo que determina a aplicação da medida;**

***c)* As necessidades específicas da criança ou jovem a acolher; e**

***d)* Os recursos e características da intervenção que se revelem necessários, a disponibilizar pela instituição de acolhimento.**

3 – A intervenção planeada pressupõe ainda a preparação informada da criança ou jovem e, sempre que possível, da respetiva família.

4 – A integração urgente em casa de acolhimento é determinada pela necessidade de proteção da criança quando ocorra situação de emergência nos termos previstos na alínea *c)* do artigo 5º e prescinde da planificação a que se reporta o número anterior, regendo-se por modelo procedimental especificamente direcionado para a proteção na crise.

5 – Nos casos referidos no número anterior, a integração tem lugar preferencialmente em unidade especializada de acolhimento de emergência, integrada em casa de acolhimento de crianças e jovens, a indicar pela entidade gestora das vagas em acolhimento.

(Alterado pela Lei nº 142/2015, de 8 de Setembro)

SECÇÃO IV – Das instituições de acolhimento

Artigo 52º – Natureza das instituições de acolhimento

As instituições de acolhimento podem ser públicas ou cooperativas, sociais ou privadas com acordo de cooperação com o Estado.

Artigo 53º – Funcionamento das casas de acolhimento

1 – As casas de acolhimento são organizadas em unidades que favoreçam uma relação afetiva do tipo familiar, uma vida diária personalizada e a integração na comunidade.

2 – O regime de funcionamento das casas de acolhimento é definido em diploma próprio.

3 – Os pais, o representante legal ou quem tenha a guarda de facto da criança podem visitar a criança ou o jovem, de acordo com os horários e as regras de funcionamento da casa, salvo decisão judicial em contrário.

4 – Na falta ou ausência de idoneidade das pessoas a que se reporta o número anterior e nas condições ali referidas, o tribunal ou a comissão de proteção podem autorizar outros adultos idóneos, de referência afetiva para a criança, a visitarem-na.

(Alterado pela Lei nº 142/2015, de 8 de Setembro)

ANOTAÇÃO

a) Como muito bem decidiu o Acórdão da Relação do Porto de 20/6/2017 (Pº 313/14.4T8GDM-D.P1):

«I – A interdição de visitas dos pais a menores acolhidos institucionalmente reveste natureza absolutamente excepcional e apenas deve ser aplicada quando se torne evidente que tais visitas prejudicam, não apenas no curto mas também no longo prazo, o interesse do menor.

II – O interesse superior da criança engloba também o cuidado – que deve, se necessário, ser reiterado – de não hipotecar definitivamente a possibilidade, ainda que remota ou não imediata, de se estabelecerem laços de proximidade e afecto entre a criança e qualquer um dos seus progenitores.

III – Neste sentido, tudo deve ser feito pelo Estado para não hipotecar definitivamente as relações pessoais no seio da família, em conformidade com o disposto no artigo 8º da Convenção Europeia dos Direitos do Homem e com as disposições conjugadas dos artigos 36º, 67º e 68º da Constituição da República Portuguesa».

b) Registe-se alguma incongruência neste nº 4 – *«Na falta ou ausência de idoneidade das pessoas a que se reporta o número anterior e nas condições ali referidas, o tribunal ou a comissão de proteção podem autorizar* ***outros adultos idóneos,*** *de referência afetiva para a criança, a visitarem-na»* [o que PARECE inculcar no sentido de só poderem substituir e não acrescer – isto entra em contradição com os princípios 4º a) e g) e manifestamente com o artigo 58º/1 a) – que fala em E e não em OU – cf. também artigo 57º/1 b)].

c) O tribunal pode alterar o regime de visitas a uma criança residencializada, indo contra os horários da casa de acolhimento, podendo ainda proibi-las.

d) Julgamos que deveria a lei expressamente estabelecer a susceptibilidade de funcionamento das casas de acolhimento em regime semiaberto, ainda que a título excepcional.

De modo que preconizamos a manutenção, no segmento considerado, da previsão ínsita na anterior redacção da lei quanto ao regime-regra de funcionamento (aberto), com a previsão de funcionamento em regime semiaberto, sempre que o tribunal entenda que aquele não salvaguarda adequadamente a protecção da criança e o seu superior interesse.

Por outro lado, e como já se acentuou, a previsão do nº 4 do mesmo artigo parece inculcar no sentido de outros adultos idóneos, de referência afectiva para a criança, só poderem substituir os pais, o representante legal ou quem tenha a guarda de facto da criança ou jovem, em caso de inidoneidade destes últimos, não lhes podendo acrescer, o que entra em contradição com os princípios 4º, alíneas a) e g) e manifestamente com o artigo 58º/1 a) – que fala em E e não em OU – cf. também artigo 57º/1 b).

Sugere-se, consequentemente, a seguinte redacção para o artigo 53º:

1 – As casas de acolhimento são organizadas em unidades que favoreçam uma relação afetiva do tipo familiar, uma vida diária personalizada e a integração na comunidade.

2 – As casas de acolhimento funcionam em regime aberto ou semiaberto, de acordo e nos moldes definidos em diploma próprio.

3 – Para efeitos do número anterior, o regime aberto permite a livre entrada ou saída da criança e do jovem da casa de acolhimento, com observância das normas gerais de funcionamento, tendo apenas como limites os resultantes das suas necessidades educativas e da protecção dos seus direitos e interesses.

4 – O regime semiaberto pressupõe a verificação de específicos pressupostos que o aconselhem e determinem, por forma a salvaguardar a efectiva protecção da criança ou jovem, revestindo natureza excecional e consentindo restrições à liberdade pessoal da criança ou jovem.

5 – Os pais, o representante legal ou quem tenha a guarda de facto da criança podem visitar a criança ou o jovem, de acordo com os horários e as regras de funcionamento da casa, salvo decisão judicial em contrário.

Artigo 54º – Recursos humanos

1 – As casas de acolhimento dispõem necessariamente de recursos humanos organizados em equipas articuladas entre si, designadamente:

***a)* A equipa técnica, constituída de modo pluridisciplinar, integra obrigatoriamente colaboradores com formação mínima correspondente a licenciatura nas áreas da psicologia e do trabalho social, sendo designado o diretor técnico de entre estes;**

***b)* A equipa educativa integra preferencialmente colaboradores com formação profissional específica para as funções de acompanhamento socioeducativo das crianças e jovens acolhidos e inerentes à profissão de auxiliar de ação educativa e de cuidados de crianças.**

***c)* A equipa de apoio integra obrigatoriamente colaboradores de serviços gerais.**

2 – Sempre que se justifique, a casa de acolhimento pode recorrer às respostas e serviços existentes na comunidade, designadamente nas áreas da saúde e do direito.

3 – À equipa técnica cabe o diagnóstico da situação da criança ou do jovem acolhidos e a definição e execução do seu projeto de promoção e proteção, de acordo com a decisão do tribunal ou da comissão.

4 – Para efeitos do disposto no número anterior, a equipa técnica da casa de acolhimento é obrigatoriamente ouvida pela entidade decisora, designadamente aquando da revisão da medida de acolhimento aplicada.

(Alterado pela Lei nº 142/2015, de 8 de Setembro)

ANOTAÇÃO

a) Cf. Notas ao artigo 50º, quanto aos artigos 51º a 54º

b) Especial realce merece o nº 3 – À equipa técnica cabe o **diagnóstico da situação da criança ou do jovem acolhidos e a definição e execução do seu projeto de promoção e protecção, *de acordo com a decisão do tribunal ou da comissão.***

c) Cf. a necessária aplicação, no âmbito do perfil desejável do pessoal contratado para estas CA, do comando legislativo do artigo 2º da Lei nº 113/2009, de 17 de Setembro, quanto a medidas de prevenção **de contacto profissional com menores:**

«1 – No recrutamento para profissões, empregos, funções ou atividades, públicas ou privadas, ainda que não remuneradas, cujo exercício envolva contacto regular com menores, a entidade recrutadora está obrigada a pedir ao candidato a apresentação de certificado de registo criminal e a ponderar a informação constante do certificado na aferição da idoneidade do candidato para o exercício das funções.

2 – Após o recrutamento a entidade empregadora ou responsável pelas atividades está obrigada a pedir anualmente a quem exerce a profissão ou as atividades a que se refere o número anterior certificado de registo criminal e a ponderar a informação constante do mesmo na aferição da idoneidade para o exercício das funções.

3 – No requerimento do certificado, o requerente especifica obrigatoriamente o fim a que aquele se destina, indicando a profissão, emprego, função ou atividade a exercer e indicando ainda que o seu exercício envolve contacto regular com menores.

4 – O certificado requerido por particulares para os fins previstos nos nºs 1 e 2 tem a menção de que se destina a situação de exercício de funções que envolvam contacto regular com menores e deve conter, para além da informação prevista nos nºs 5 a 8 do artigo 10º da Lei nº 37/2015, de 5 de maio:

a) As condenações por crime previsto nos artigos 152º, 152º-A ou no capítulo V do título I do livro II do Código Penal;

b) As decisões que apliquem penas acessórias nos termos do nº 1 do artigo 69º-B, do artigo 69º-C e do artigo 152º do Código Penal, ou medidas de segurança que interditem a atividade;

c) As decisões que sejam consequência, complemento ou execução das indicadas nas alíneas anteriores e não tenham como efeito o cancelamento do registo».

SECÇÃO V – Acordo de promoção e proteção e execução das medidas

Artigo 55º – Acordo de promoção e proteção

1 – O acordo de promoção e proteção inclui obrigatoriamente:

a) A identificação do membro da comissão de proteção ou do técnico a quem cabe o acompanhamento do caso;

b) O prazo por que é estabelecido e em que deve ser revisto;

c) As declarações de consentimento ou de não oposição necessárias.

2 – Não podem ser estabelecidas cláusulas que imponham obrigações abusivas ou que introduzam limitações ao funcionamento da vida familiar para além das necessárias a afastar a situação concreta de perigo.

Anotação
Nada foi alterado em 2015.

Artigo 56º – Acordo de promoção e proteção relativo a medidas em meio natural de vida

1 – No acordo de promoção e de proteção em que se estabeleçam medidas a executar no meio natural de vida devem constar nomeadamente as cláusulas seguintes:

a) Os cuidados de alimentação, higiene, saúde e conforto a prestar à criança ou ao jovem pelos pais ou pelas pessoas a quem sejam confiados;

b) A identificação do responsável pela criança ou pelo jovem durante o tempo em que não possa ou não deva estar na companhia ou sob a vigilância dos pais ou das pessoas a quem estejam confiados, por razões laborais ou outras consideradas relevantes;

c) O plano de escolaridade, formação profissional, trabalho e ocupação dos tempos livres;

d) O plano de cuidados de saúde, incluindo consultas médicas e de orientação psicopedagógica, bem como o dever de cumprimento das diretivas e orientações fixadas;

e) O apoio económico a prestar, sua modalidade, duração e entidade responsável pela atribuição, bem como os pressupostos da concessão.

2 – Nos casos previstos na alínea *e)* do nº 2 do artigo 3º, se o perigo resultar de comportamentos adotados em razão de alcoolismo, toxicodependência ou doença psiquiátrica dos pais ou das pessoas a quem a criança ou o jovem esteja confiado, o acordo inclui ainda a menção de que a permanência da criança na companhia destas pessoas é condicionada à sua submissão a tratamento e ao estabelecimento de compromisso nesse sentido.

3 – Quando a intervenção seja determinada pela situação prevista na alínea *f)* do nº 2 do artigo 3º, podem ainda constar do acordo diretivas e obrigações fixadas à criança ou ao jovem relativamente a meios ou locais que não deva frequentar, pessoas que não deva acompanhar, substâncias ou produtos que não deva consumir e condições e horários dos tempos de lazer.

Anotação

a) Nada foi alterado em 2015.

b) Registam-se dois lapsos:

- «2 – Nos casos previstos na *alínea e)* – **leia-se antes f)** – do nº 2 do artigo 3º, se o perigo resultar de comportamentos adotados em razão de alcoolismo, toxicodependência ou doença psiquiátrica dos pais ou das pessoas a quem a criança ou o jovem esteja confiado, o acordo inclui ainda a menção de que a permanência da criança na companhia destas pessoas é condicionada à sua submissão a tratamento e ao estabelecimento de compromisso nesse sentido.
- 3 – Quando a intervenção seja determinada pela situação prevista *na alínea f)* – **leia-se antes g)** – do nº 2 do artigo 3º, podem ainda constar do acordo diretivas e obrigações fixadas à criança ou ao jovem relativamente a meios ou locais que não deva frequentar, pessoas que não deva acompanhar, substâncias ou produtos que não deva consumir e condições e horários dos tempos de lazer»

Artigo 57º – Acordo de promoção e proteção relativo a medidas de colocação

1 – No acordo de promoção e proteção em que se estabeleçam medidas de colocação devem ainda constar, com as devidas adaptações, para além das cláusulas enumeradas nos artigos anteriores:

***a)* A modalidade de integração no acolhimento e a eventual especialização da resposta;**

b) Os direitos e os deveres dos intervenientes, nomeadamente a periodicidade das visitas por parte da família ou das pessoas com quem a criança ou o jovem tenha especial ligação afetiva, os períodos de visita à família, quando isso seja do seu interesse, e o montante da prestação correspondente aos gastos com o sustento, educação e saúde da criança ou do jovem e a identificação dos responsáveis pelo pagamento;

c) A periodicidade e o conteúdo da informação a prestar às entidades administrativas e às autoridades judiciárias, bem como a identificação da pessoa ou da entidade que a deve prestar.

2 – A informação a que se refere a alínea *c)* do número anterior deve conter os elementos necessários para avaliar o desenvolvimento da personalidade, o aproveitamento escolar, a progressão em outras aprendizagens, a adequação da medida aplicada e a possibilidade de regresso da criança ou do jovem à sua família, bem como de outra solução de tipo familiar adequada à promoção dos seus direitos e proteção, ou de autonomia de vida.

(A alínea *a)* do nº 1 e o nº 2 foram alterados pela Lei nº 142/2015, de 8 de Setembro)

Anotação

a) Neste normativo, prevê-se a possibilidade de se colocar no acordo a eventual especialização da resposta residencial.

b) O acordo para acolhimento residencial pode abrir agora portas, não só para o regresso à família de origem, próxima ou alargada, como também para outra solução de tipo familiar adequada à promoção dos direitos e protecção da criança, ou de autonomia de vida.

c) É pouco normal - e até raro - que se fixem prestações pecuniárias correspondentes aos gastos com o sustento, educação e saúde da criança, nos termos da alínea b) do nº 1 deste artigo, nas situações de acolhimento residencial, optando-se por tal apenas fazer nos casos de colocação familiar (note-se que tal normativo abrange ambas as medidas de colocação).

Há quem estabeleça nalgumas situações o pagamento de despesas a favor do jovem adolescente, especialmente destinadas ao denominado "dinheiro de bolso" em situações em que o agregado familiar dispõe de condições ou aceita fazer esse pagamento para que o/a jovem receba esse dinheiro para as suas despesas.

Contudo, não faz sentido que os pais fiquem desonerados das responsabilidades de sustento pois, como sabemos, até nos casos de inibição do exercício das responsabilidades parentais, os progenitores não ficam desonerados dessa obrigação (artigo 1917º CC).

Não ignoramos, contudo, que, na grande maioria dos casos e em particular em situações de acolhimento residencial, os progenitores não dispõem de condições económicas para suportar essa despesa.

Acresce a isto a dificuldade que pode constituir a monitorização do cumprimento dessa obrigação que pode obrigar à abertura de um processo de natureza executiva, mais próprio de um processo tutelar cível.

Atrever-me-ia, assim, a pensar que este nº 1, alínea b) parte final estará mais pensado para situações de acolhimento familiar, podendo, contudo, em casos pontuais, ser aplicado ao acolhimento residencial, devendo atentar-se se o dinheiro entregue é, de facto, dispendido para o sustento daquela concreta criança acolhida.

Artigo 58º – Direitos da criança e do jovem em acolhimento

1 – A criança e o jovem acolhidos em instituição, **ou que beneficiem da medida de promoção de proteção de acolhimento familiar,** têm, em especial, os seguintes direitos:

a) Manter regularmente, e em condições de privacidade, contatos pessoais com a família e com pessoas com quem tenham especial relação afetiva, sem prejuízo das limitações impostas por decisão judicial ou pela comissão de proteção;

b) Receber uma educação que garanta o desenvolvimento integral da sua personalidade e potencialidades, sendo-lhes asseguradas a prestação dos cuidados de saúde, formação escolar e profissional e a participação em atividades culturais, desportivas e recreativas;

c) Usufruir de um espaço de privacidade e de um grau de autonomia na condução da sua vida pessoal adequados à sua idade e situação;

***d)* Ser ouvido e participar ativamente, em função do seu grau de discernimento, em todos os assuntos do seu interesse, que incluem os respeitantes à definição e execução do seu projeto de promoção e proteção e ao funcionamento da instituição e da família de acolhimento;**

e) Receber dinheiro de bolso;

f) A inviolabilidade da correspondência;

***g)* Não ser transferido da casa de acolhimento ou da família de acolhimento, salvo quando essa decisão corresponda ao seu superior interesse;**

h) Contactar, com garantia de confidencialidade, a comissão de proteção, o Ministério Público, o juiz e o seu advogado;

***i)* Ser acolhido, sempre que possível, em casa de acolhimento ou família de acolhimento próxima do seu contexto familiar e social de origem, exceto se o seu superior interesse o desaconselhar;**

***j)* Não ser separado de outros irmãos acolhidos, exceto se o seu superior interesse o desaconselhar.**

***k)* Nas condições referidas no nº 2 do artigo 3º, obter autorização de residência em Portugal e o processo de naturalização, nos termos do nº 3 do artigo 6º da Lei nº 37/81, de 3 de outubro.**

2 – Os direitos referidos no número anterior constam necessariamente do regulamento interno das casas de acolhimento.

[O nº 1 e as suas alíneas d), g), i) e j) foram alteradas pela Lei nº 142/2015, de 8 de Setembro, e a alínea k) desse nº 1 foi aditado pela Lei nº 26/2018, de 5 de Julho]

ANOTAÇÃO

a) Registam-se novos – em 2015 – direitos no acolhimento familiar e residencial:

- **«d) Ser ouvido e participar ativamente, em função do seu grau de discernimento, em todos os assuntos do seu interesse, que incluem os respeitantes à definição e execução do seu projeto de promoção e proteção e ao funcionamento da instituição e da família de acolhimento;**
- **g) Não ser transferido da casa de acolhimento ou da família de acolhimento, salvo quando essa decisão corresponda ao seu superior interesse;**
- **i) Ser acolhido, sempre que possível, em casa de acolhimento ou família de acolhimento próxima do seu contexto familiar e social de origem, exceto se o seu superior interesse o desaconselhar;**

j) Não ser separado de outros irmãos acolhidos, exceto se o seu superior interesse o desaconselhar».

b) Quanto à nova alínea k) do nº 1, aditada em 2018, Cf. anotação e) ao artigo 3º.

Artigo 59º – Acompanhamento da execução das medidas

1 – As comissões de proteção executam as medidas nos termos do acordo de promoção e proteção.

2 – A execução da medida aplicada em processo judicial é dirigida e controlada pelo tribunal que a aplicou.

3 – Para efeitos do disposto no número anterior, o tribunal designa equipas específicas, com a composição e competências previstas na lei, ou entidade que considere mais adequada, não podendo, em qualquer caso, ser designada a comissão de proteção para executar medidas aplicadas pelo tribunal.

4 – (Revogado).

(O nº 3 foi alterado pela Lei nº 142/2015, de 8 de Setembro)

Anotação

a) As decisões das CPCJ são executadas pelas próprias, não podendo estas executar as decisões judiciais.

b) Já os tribunais dirigem e controlam a execução das medidas que aplicam (cf. ainda artigo 125º).

Registe-se aqui um novo nº 3 – «Para efeitos do disposto no número anterior, o tribunal designa equipas específicas *(EQUIPAS TÉCNICAS MULTIDISCIPLINARES DO ARTIGO 7º e seguintes do DL 332-B/2000, de 30/12)*, com a composição e competências previstas na lei, ou entidade que considere mais adequada, ***não podendo, em qualquer caso, ser designada a comissão de proteção para executar medidas aplicadas pelo tribunal»***.

c) Reproduzem-se aqui tais normativos do diploma regulamentador:

Artigo 7º

O acompanhamento dos menores em perigo junto dos tribunais **compete às equipas multidisciplinares do sistema de solidariedade e de segurança social**, a constituir, consistindo designadamente:

a) No apoio técnico às decisões dos tribunais tomadas no âmbito dos processos judiciais de promoção e protecção;

b) No acompanhamento da execução das medidas de promoção dos direitos e de protecção aplicadas;

c) No apoio aos menores que intervenham em processos judiciais de promoção e protecção.

Artigo 8º

O apoio técnico às decisões dos tribunais tomadas no âmbito dos processos judiciais de promoção e protecção consiste, designadamente:

a) Na elaboração de informações ou relatórios sociais sobre a situação da criança ou do jovem, do seu agregado familiar ou das pessoas a quem estejam confiados;

b) Na intervenção em audiência judicial;

c) Na participação nas diligências instrutórias, quando o juiz assim o determine

SECÇÃO VI - Duração, revisão e cessação das medidas

Artigo 60º – Duração das medidas no meio natural de vida

1 – Sem prejuízo do disposto no número seguinte, as medidas previstas nas alíneas *a), b), c)* e *d)* do nº 1 do artigo 35º têm a duração estabelecida no acordo ou na decisão judicial.

2 – Sem prejuízo do disposto no número seguinte, cada uma das medidas referidas no número anterior não pode ter duração superior a um ano, podendo, todavia, ser prorrogadas até 18 meses se o interesse da criança ou do jovem o aconselhar e desde que se mantenham os consentimentos e os acordos legalmente exigidos.

3 – Excecionalmente, quando a defesa do superior interesse da criança ou do jovem o imponha, a medida prevista na alínea *d)* do nº 1 do artigo 35º pode ser prorrogada até que aqueles perfaçam os 25 anos de idade.

(Alterado pela Lei nº 142/2015, de 8 de Setembro, e pela Lei nº 23/2017, de 23 de maio)

Anotação

a) No que concerne à duração das referidas MEDIDAS, há que chegar às seguintes conclusões:

A – <u>*Medidas executadas no meio natural de vida*</u>:

- 1ª – *Apoio junto dos pais* – tem a duração estabelecida no acordo de promoção e protecção ou na decisão judicial (caso aquele não se consiga obter) *mas nunca pode ter uma duração superior a 1 ano*; ressalve-se que este prazo pode ser prorrogado *até aos 18 meses,* caso o interesse da criança assim o exigir. Pode prolongar-se para além dos 18 anos e até aos 21 anos, se iniciada antes desse marco etário.

- 2ª – *Apoio junto de outro familiar* – tem a duração estabelecida no acordo de promoção e protecção ou na decisão judicial (caso aquele não se consiga obter) *mas nunca pode ter uma duração superior a 1 ano*; ressalve-se que este prazo pode ser prorrogado <u>até aos 18 meses</u>, caso o interesse da criança assim o exigir. Pode prolongar-se para além dos 18 anos e até aos 21 anos, se iniciada antes desse marco etário.
- 3ª – *Confiança a pessoa idónea (não familiar)* – tem a duração estabelecida no acordo de promoção e protecção ou na decisão judicial (caso aquele não se consiga obter) *mas nunca pode ter uma duração superior a 1 ano*; ressalve-se que este prazo pode ser prorrogado <u>até aos 18 meses</u>, caso o interesse da criança assim o exigir. Pode prolongar-se para além dos 18 anos e até aos 21 anos, se iniciada antes desse marco etário.
- 4ª – *Apoio para a autonomia de vida (aplicável a maiores de 15 anos ou a mães com idade inferior a esta)* – tem a duração estabelecida no acordo de promoção e protecção ou na decisão judicial (caso aquele não se consiga obter) *mas nunca pode ter uma duração superior a 1 ano*; ressalve-se que este prazo pode ser prorrogado *até aos 18 meses*, caso o interesse do jovem assim o exigir. Pode prolongar-se para além dos 18 anos, e até aos **21 anos** (até à entrada em vigor da lei do Orçamento para 2018) ou até aos **25 anos** (após tal entrada em vigor), se iniciada antes desse marco etário (sem acatarmos os 18 meses de máximo de medida – cf. artigo 62º, nº 3).

B – *Medidas executadas em regime de colocação*

- 1ª – *Acolhimento familiar* – tem a duração estabelecida no acordo de promoção e protecção ou na decisão judicial (caso aquele não se consiga obter).
- 2ª – *Acolhimento residencial* – tem a duração estabelecida no acordo de promoção e protecção ou na decisão judicial (caso aquele não se consiga obter).

b) Na conjugação da norma do nº 3 deste artigo com o artigo 5º, alínea a) da LPCJP, todas as medidas podem ser prorrogadas, a pedido do jovem, para além dos 18 anos, podendo agora a medida de apoio para a autonomia de vida ser excepcionalmente prorrogada até aos 25 anos, aqui também por iniciativa do tribunal e desde que o jovem renove o pedido de manutenção a medida [sendo certo que, a não haver esta norma do nº 3, cessaria tal medida, como as restantes medidas executadas em meio natural de vida, no máximo, aos 19 anos e seis meses do jovem].

c) As medidas de colocação também podem ser prorrogadas até aos 25 anos de idade do jovem (cf. artigo 63º, nº 3).

Pergunto: porquê deixar de fora desta prorrogação até os 25 anos as crianças sujeitas às medidas das alíneas a), b) e c) do artigo 35º?

d) As medidas de apoio junto dos pais, apoio junto de outro familiar, confiança a pessoa idónea e apoio para a autonomia de vida têm a duração máxima de um ano, podendo, no entanto, em determinados casos, se o interesse da criança ou do jovem o aconselhar, ser prorrogadas por mais 18 meses.

Sucede, porém, que na prática judiciária somos frequentemente confrontados com situações em que a medida em meio natural de vida aplicada atinge o prazo máximo permitido por lei, mas em que se continua a justificar a sua manutenção, por se revelar a mais adequada a prosseguir as finalidades da intervenção, que continua a ser necessária, por a situação de perigo ainda não ter cessado.

Que fazer, então?

A hipótese de se declarar cessada a medida e pôr termo aos autos, iniciando de seguida um novo processo judicial, em que se percorrerão as fases para ele previstas, culminando na decisão, já esperada, de aplicação de medida igual à primeiramente decretada, por continuar a justificar-se a intervenção nesses precisos moldes, parece-nos estar fora de qualquer enquadramento legal, para além de poder constituir uma afronta directa ao princípio da subsidiariedade.

A medida deverá cessar, como é óbvio, mas tal não significa que o processo tenha de ser arquivado.

Nos casos em que a medida a cessar tenha sido aplicada por acordo de promoção, o que pode acontecer é marcar-se uma nova conferência a que alude o artigo 112º da LPCJP, aí se delineando e celebrando outro acordo, eventualmente com a aplicação da mesma medida mas com novo figurino e cláusulas.

e) A regra do nº 3 – quanto à idade de 25 anos – aplicou-se a partir da entrada em vigor do Orçamento de Estado para 2018.

Artigo 61º – Duração das medidas de colocação

As medidas previstas nas alíneas *e)* e *f)* do nº 1 do artigo 35º têm a duração estabelecida no acordo ou na decisão judicial.

(Alterado pela Lei nº 142/2015, de 8 de Setembro)

Anotação

a) Cf. anotação ao antecedente artigo.

Compreende-se a alteração (também do nº 1 do artigo anterior) pois faltava no texto anterior a referência ao nº 1 do artigo 35º, dando a entender que o artigo 35º não tinha números mas apenas alíneas.

b) Estas medidas previstas têm a duração estabelecida no acordo ou na decisão judicial mas podem manter-se até aos 25 anos de idade, sempre que existam e enquanto durem processos educativos ou de formação profissional, desde que o jovem renove o pedido de manutenção (artigo 63º, nº 3).

Artigo 62º – Revisão das medidas

1 – Sem prejuízo do disposto no nº 3 do artigo 37º, as medidas aplicadas são obrigatoriamente revistas findo o prazo fixado no acordo ou na decisão judicial, e, em qualquer caso, decorridos períodos nunca superiores a seis meses, inclusive as medidas de acolhimento residencial e enquanto a criança aí permaneça.

2 – A revisão da medida pode ter lugar antes de decorrido o prazo fixado no acordo ou na decisão judicial, oficiosamente ou a pedido das pessoas referidas nos artigos 9º e 10º, desde que ocorram fatos que a justifiquem.

3 – A decisão de revisão determina a verificação das condições de execução da medida e pode determinar, ainda:

a) A cessação da medida;

b) A substituição da medida por outra mais adequada;

c) A continuação ou a prorrogação da execução da medida;

d) (Revogada)

e) (Revogada)

4 – Nos casos previstos no número anterior, a decisão de revisão deve ser fundamentada de facto e de direito, em coerência com o projeto de vida da criança ou jovem.

5 – É decidida a cessação da medida sempre que a sua continuação se mostre desnecessária.

6 – As decisões tomadas na revisão constituem parte integrante dos acordos de promoção e proteção ou da decisão judicial.

(Os nºs 1, 3 e 4 foram alterados pela Lei nº 142/2015, de 8 de Setembro, passando os nºs 4 e 5 a ser os actuais nºs 5 e 6)

Anotação

a) A alínea e) do nº 3 já havia sido revogada na revisão de 2003, não fazendo sentido que aqui – no texto oficial da lei revista em 2015 – seja colocada como revogada como se o tivesse sido em 2015.

b) As medidas em causa, nos termos da Lei, devem ser revistas durante a sua execução:

- Todas as medidas – mesmo as de acolhimento residencial – são obrigatoriamente revistas *dentro do prazo de seis meses*, a não ser que no acordo ou na decisão se tenha determinado outro prazo mais curto;
- Podem ainda ser revistas *antes desse prazo de seis meses* se ocorrerem factos que o justifiquem;
- A revisão pode determinar:
  - o A cessação da medida – quando se torna desnecessária a sua continuação (nº 4)
  - o A substituição da medida por outra mais adequada – mudança de medida
  - o A continuação ou prorrogação da execução da medida – continuação da mesma medida, caso a revisão tenha ocorrido antes do final do seu prazo ou aplicação da mesma medida findo tal prazo.

c) Revogou-se a alínea d) do nº 3 pois o seu conteúdo passou a constar do corpo desse nº 3 (verificação das condições de execução da medida).

d) Passou a exigir-se uma especial fundamentação, de facto e de direito, da decisão de revisão, o que, para mim, apenas exigirá uma sucinta mas esclarecedora argumentação.

e) As medidas cautelares devem ser revistas de 3 em 3 meses (cf. artigo 37º, nº 3).

f) Dispõe o nº 5 do artigo 114º que, para efeitos do disposto no artigo 62º, *não há debate judicial*, excepto se estiver em causa:

- ***A substituição da medida de promoção e protecção aplicada (para uma mais gravosa ou menos gravosa, dizemos nós, o que não se compreende e aceita); ou***
- ***prorrogação da execução de medida de colocação (acolhimento familiar ou acolhimento residencial).***

Se houver acordo na 1ª medida e aquando da revisão, não faz sentido a aplicação da excepção do nº 5 (não há lugar a debate judicial) – cf. artigo 62º, nºs 2 e 6.

Se não houver acordo na 1ª medida mas já existir acordo em sede de revisão, quid iuris? Para quê marcar debate quando há acordo? Não realizando debate, formalizaremos um acordo de promoção e protecção? Diremos que sim, agradecendo-nos a desejável celeridade dos autos, a criança e as nossas agendas de juízes...

Ou seja, e concluindo:

- **Se houver acordo na 1ª medida e aquando da revisão, não faz sentido a aplicação da excepção do nº 5 (não há lugar a debate judicial) – cf. artigo 62º/6.**

*

- Se não houver acordo na 1ª medida mas já existir acordo em sede de revisão, *quid iuris*?
  - o **Entendemos que não há lugar a debate, em nome dos princípios da consensualização e da participação que devem nortear esta intervenção protectiva, satisfazendo-se com a mera formalização de um acordo de promoção e protecção.**

*

- Tal significa que, no actual regime, e na melhor das interpretações, só haverá lugar a debate judicial, em sede de revisão (substituição ou prorrogação), **quando inexiste acordo.**

Já a prorrogação das medidas em meio natural de vida não carecem de ser aplicadas em debate judicial, devendo, contudo, ser sempre fundamentadas, embora sumariamente (nº 4 do artigo 62º).

Artigo 62º-A – Medida de confiança a pessoa selecionada para a adoção, a família de acolhimento ou a instituição com vista a adoção

1 – Salvo o disposto no número seguinte, a medida de confiança a pessoa selecionada para a adoção, a família de acolhimento ou a instituição com vista a adoção, dura até ser decretada a adoção e não está sujeita a revisão.

2 – A título excepcional, a medida é revista, nos casos em que a sua execução se revele manifestamente inviável, designadamente quando a criança atinja a idade limite para a adoção sem que o projeto adotivo tenha sido concretizado.

3 – Na sentença que aplique a medida prevista no nº 1, o tribunal designa curador provisório à criança, o qual exerce funções até ser decretada a adoção ou instituída outra medida tutelar cível.

4 – O curador provisório é a pessoa a quem o menor tiver sido confiado.

5 – Em caso de confiança a instituição ou família de acolhimento, o curador provisório é, de preferência, quem tenha um contato mais direto com a criança, devendo, a requerimento do organismo de segurança social ou da instituição particular autorizada a intervir em matéria de adoção, a curadoria provisória ser transferida para o candidato a adotante, logo que selecionado.

6 – Sem prejuízo do disposto no número seguinte, aplicada a medida prevista no nº 1, não há lugar a visitas por parte da família biológica ou adotante.

7 – Em casos devidamente fundamentados e em função da defesa do superior interesse do adotando, podem ser autorizados contatos entre irmãos.

(Alterado pela Lei nº 142/2015, de 8 de Setembro)

Anotação

a) Todo este artigo foi mexido em 2015, até para se adaptar às mudanças da Lei nº 143/2015, de 8/9, que veio rever todo o Regime Jurídico do Processo de Adopção.

Trata-se de medida da exclusiva competência dos tribunais.

b) Admite-se agora a revisão da medida do artigo 35º, nº 1, alínea g), o que estava vedado face ao texto literal do anterior artigo 62º-A.

Esta mudança há muito que era reclamada, sob pena de se comprometer o futuro de crianças declaradas em estado de adoptabilidade mas que, por terem a cor, a idade ou a saúde «erradas» não eram adoptadas.

Há, de facto, situações em que se justifica essa revisão, previstas que estão no nº 2 deste normativo, a título exemplificativo (será o aplicador da norma que deverá decidir quando é que a excepção se verifica e quando a execução dessa medida do artigo 35º, nº 1, alínea g) se torne manifestamente inviável).

Nestas situações, pode revogar-se a medida de adoptabilidade, aplicando-se outra considerada exequível ou uma outra providência tutelar cível que salvaguarde o seu futuro (tutela, apadrinhamento civil, etc...).

Já a entrega da criança, de novo, aos pais biológicos parece, à primeira vista, estar vedada por ter havido uma inibição legal do exercício das responsabilidades parentais (artigo 1978º-A do Código Civil) – que pode ser levantada, nos termos legais – e uma decisão transitada em julgada que julgou aqueles pais incapazes de criar a criança que geraram (nisso consistindo o decretamento da adoptabilidade desta).

Contudo, a vida é muita rica em surpresas e pode haver situações em que a vida dos pais biológicos tenha sofrido uma reviravolta muito positiva.

Deixa-se aqui a reflexão sobre esta possibilidade, ainda a tempo de encontrar uma família a esta criança...

c) Cf. quanto ao nº 4 o disposto no artigo 51º, nº 1 do RJPA:

Artigo 51º
Suprimento do exercício das responsabilidades parentais

1 – O organismo de segurança social ou a instituição particular autorizada solicita a transferência da curadoria provisória da criança, instituída nos termos do nº 3 do artigo 62º-A da Lei de Proteção de Crianças e Jovens em

Perigo, aprovada pela Lei nº 147/99, de 1 de Setembro, alterada pelas Leis nºs 31/2003, de 22 de agosto, e 142/2015, de 8 de Setembro, para o candidato a adotante logo que este seja identificado.

2 – O adotante que, mediante confiança administrativa, haja tomado a criança a seu cargo com vista a futura adoção deve requerer ao tribunal a sua nomeação como curador provisório até ser decretada a adoção ou instituída outra providência tutelar cível.

3 – A curadoria provisória é requerida pelo Ministério Público se, decorridos 30 dias sobre a decisão de confiança administrativa, o não tiver sido nos termos do número anterior.

4 – Nos casos previstos nos nºs 2 e 3, o incidente de nomeação de curador provisório é apensado ao processo judicial de adoção.

5 – O curador provisório tem os direitos e deveres do tutor.

d) A alusão final do nº 6, refere-se a uma anterior família adoptiva que não tenha tido sucesso (imagine-se uma situação em que a criança adoptada está em perigo na família adoptiva, iniciando-se um processo de promoção e protecção que culmine numa nova medida de adoptabilidade).

e) O nº 7 – há muito reclamado – liga-se ao estatuído – e bem – no artigo 56º, nº 5 da LPCJP (excepcionalmente, a sentença pode estabelecer a manutenção de contactos pessoais entre o adoptado e elementos da família biológica) e no novo nº 3 do artigo 1986º do Código Civil. Pode acabar o laço de parentesco legal mas não têm de mudar os afectos e os contactos frequentes entre os outrora irmãos.

Aqui se **reproduz tal nº 3 do artigo 1986º do CC:**

3 – Excecionalmente, ponderada a idade do adotado, a sua situação familiar ou qualquer outra circunstância atendível, pode ser estabelecida a manutenção de alguma forma de contacto pessoal entre aquele e algum elemento da família biológica ou, sendo caso disso, entre aquele e a respetiva família adotiva e algum elemento da família biológica, favorecendo-se especialmente o relacionamento entre irmãos, desde que, em qualquer caso, os pais adotivos consintam na referida manutenção e tal corresponda ao superior interesse do adotado.

f) Decidiu sabiamente o Acórdão da Relação de Lisboa de 15/12/2016 (Pº 1119/12.0TBSCR.L1-2), o seguinte:

"I. Não cabe ao tribunal que, no âmbito de processo de promoção e proteção de crianças em perigo, aplica a medida de confiança a instituição tendo em vista a sua futura adoção, determinar ou impor os termos em que essa adoção se fará.

II. Assim, não cabe ao tribunal que decreta a medida de confiança de crianças para adoção impor ou determinar que a adoção das crianças se fará em conjunto (in casu, quatro irmãos), ou, pelo contrário, que essa adoção se fará em separado e se garantirá a continuidade dos contactos entre os irmãos.

III. Tal como não pode o tribunal que decreta a confiança de crianças para adoção determinar ou impor que a adoção das crianças (in casu, quatro irmãos) se faça em conjunto e que, se a adoção nacional não for viável, se tente a adoção internacional.

IV. O tribunal não pode fixar medidas de proteção "em cascata", isto é, medida principal e medida subsidiária, no sentido, pretendido pela apelante, de ficar antecipadamente definido e decidido que se a adoção em conjunto dos quatro irmãos abortar, deverá aplicar-se-lhes "a medida de promoção e proteção de acolhimento familiar prevista no artº 35º nº 1 alínea e) da Lei nº 147/99, na mesma família relativamente aos referidos quatro elementos."

V. Proferida, pelo tribunal onde correu o processo de promoção e proteção de crianças em perigo, a "declaração de adotabilidade" que é a decisão de confiança de criança para adoção, será no processo de adoção que, com a intervenção dos serviços de segurança social, equipas técnicas, Ministério Público e tribunal, se procederá à "concretização do projeto adotivo" de cada uma das crianças, aí se decidindo pela viabilidade e conveniência da adoção conjunta, nacional ou internacional e pela manutenção do convívio entre os irmãos, tendo sempre em vista o superior interesse de cada uma das crianças.

VI. Decidida a confiança das crianças para a adoção, tal medida poderá ser revista, a título excecional, nos casos em que a sua execução se revelar manifestamente inviável (artº 62º-A da Lei de Proteção de Crianças e Jovens em Perigo)".

Artigo 63º – Cessação das medidas

1 – As medidas cessam quando:

a) Decorra o respetivo prazo de duração ou eventual prorrogação;

b) A decisão de revisão lhes ponha termo;

c) Seja decretada a adoção, nos casos previstos no artigo 62º-A;

d) O jovem atinja a maioridade ou, nos casos em que tenha solicitado a continuação da medida para além da maioridade, complete 21 anos;

e) Seja proferida decisão em procedimento cível que assegure o afastamento da criança ou do jovem da situação de perigo.

2 – Sem prejuízo do disposto na alínea d) do número anterior, podem manter-se até aos 25 anos de idade as medidas de promoção e proteção de apoio para autonomia de vida ou colocação, sempre que existam, e apenas enquanto durem, processos educativos ou de formação profissional, e desde que o jovem renove o pedido de manutenção.

3 – Aquando da cessação da medida aplicada, a comissão de proteção ou o tribunal efetuam as comunicações eventualmente necessárias junto das entidades referidas no artigo 7º, tendo em vista o acompanhamento da criança, jovem e sua família, pelo período que se julgue adequado.

(O nº 2 foi aditado pela Lei nº 23/2017, de 23 de Maio, e o nº 3, outrora nº 2, tinha sido entretanto alterado pela Lei nº 142/2015, de 8 de Setembro)

Anotação

a) Este artigo apenas mudou a redacção do nº 2 – estipula-se agora que, aquando da cessação da medida aplicada, a CPCJ ou o tribunal efectuam as comunicações eventualmente necessárias junto das entidades referidas no artigo 7º (entidades de primeira linha), tendo em vista o acompanhamento da criança, jovem e sua família, pelo período que se julgue adequado.

Ou seja, após a cessação da medida aplicada na CPCJ, esta não continua a acompanhar a situação da criança, tal como se previa no anterior nº 2, fazendo antes as legais comunicações para o 1º degrau do sistema protectivo. O processo é, pois, arquivado, sem prejuízo do estatuído no artigo 99º (reabertura do processo).

Se a situação se agravar e se as entidades do artigo 7º não conseguirem remover o perigo, far-se-á uma nova comunicação à CPCJ para se reabrir o processo outrora arquivado.

Cf. contudo a regra do artigo 71º, nº 1, aplicável aos casos das comunicações previstas nos artigos 64º a 70º.

Nos tribunais, cessando a medida e não subsistindo a situação de perigo, o processo é arquivado, sem prejuízo da sua reabertura, agora prevista no artigo 111º (para nós, também aplicável a estas situações de qualquer cessação de medida e arquivamento do processo judicial).

b) As medidas em causa têm um fim, estabelecido na lei.

Desta forma, elas cessam – através de despacho judicial ou da CPCJ que o declare – quando:

o o jovem atinge os 18 anos, a não ser que este tenha solicitado *antes dessa data* a continuação da execução da medida para além da maioridade até aos 21/25 anos, situação em que cessa sem mais possibilidades de prorrogação;
o a decisão de revisão lhe ponha termo;
o decorra o respectivo prazo de duração ou eventual prorrogação;
o seja decretada a adopção da criança,
o seja proferida decisão em *procedimento tutelar cível* que assegure, *em definitivo,* o afastamento da criança ou do jovem da situação de perigo.

Cf. situação nova do nº 2 (protecção para além dos 21 anos) – a regra do nº 2 aplica-se desde a entrada em vigor do Orçamento de Estado para 2018.

c) Cf. novo artigo 88º, nº 6 – ***«Os processos das comissões de proteção são destruídos quando a criança ou jovem atinjam a maioridade ou, no caso da alínea d) do nº 1 e do nº 2 do artigo 63º, os 21 ou 25 anos, respectivamente».***

d) Ocupemo-nos, agora, dos ***procedimentos tutelares cíveis*** passíveis de ser usados, em termos processuais e substantivos, neste jaez [para os efeitos do artigo 63º, nº 1, alínea e) da LPCJP].

- ***Regulação do Exercício das Responsabilidades Parentais ou Nova Regulação do Exercício das Responsabilidades Parentais*** [no caso da medida prevista no artigo 35º, nº 1 a), ou seja, quando haja que atribuir o exercício unilateral a um dos pais, quando é o outro que coloca em perigo a criança, estando nós perante uma situação de divórcio, de separação de facto de pais casados, de ruptura de união de facto de pais não casados ou de concepção sem coabitação] – vide artigos 1905º, 1906º, 1909º, 1911º e 1912º do CC e 34º a 40º, 42º e 43º do REGIME GERAL DO PROCESSO TUTELAR CÍVEL, aprovado pela Lei nº 141/2015, de 8/9 – PROCESSO ESPECIAL DE REGULAÇÃO DO EXERCÍCIO DAS RESPONSABILIDADES PARENTAIS OU PROCESSO ESPECIAL DE NOVA – ou ALTERAÇÃO – (da) REGULAÇÃO DO EXERCÍCIO DAS RESPONSABILIDADES PARENTAIS;
- ***Limitação do Exercício das Responsabilidades Parentais*** (no caso das medidas previstas no artigo 35º, nº 1, alíneas a) – *o artigo 1918º fala em decretar as providências adequadas, o que pode passar pela imposição de regras de conduta aos pais quando continuem a negligenciar, em certos aspectos, a vivência*

do filho ou pela atribuição da confiança da criança ou jovem a um dos pais, limitando o exercício do outro titular das responsabilidades parentais –, b), c), e) e f) – vide artigos 1907º, 1918º e 1919º do CC e 67º do RGPTC – ACÇÃO TUTELAR COMUM COM VISTA À LIMITAÇÃO DO EXERCÍCIO DAS RESPONSABILIDADES PARENTAIS (note-se que se pode atribuir o exercício das RP a uma instituição, ou mais propriamente ao director de tal instituição – *vide* artigos 1907º, 1918º e 1919º do CC e 40º, nº 1 do RGPTC);

- ***Inibição do Exercício das Responsabilidades Parentais*** (em casos mais graves de comportamento parental para com os filhos) – *vide* artigos 1913º a 1917º do CC e 52º a 57º e 59º do RGPTC – PROCESSO ESPECIAL DE INIBIÇÃO DO EXERCÍCIO DAS RESPONSABILIDADES PARENTAIS;
- ***Tutela*** – *vide* artigos 1921º [atenção à interpretação a dar à alínea c) que, a nosso ver, exige uma impossibilidade objectiva – *deve exigir-se um não exercício das RP por* ***não se poder*** *exercer e não por* ***não se querer*** *exercer* – de exercício das responsabilidades parentais e não uma situação culposa que pode estar a exigir, previamente, uma acção de limitação ou de inibição do exercício das responsabilidades parentais] a 1962º (tutela atribuída a uma instituição) do CC e 67º do RGPTC (aplicável a todas as medidas) – ACÇÃO TUTELAR COMUM COM VISTA À INSTAURAÇÃO DE TUTELA;
- ***Apadrinhamento Civil – PROCESSO ESPECIAL DE CONSTITUIÇÃO DO APADRINHAMENTO CIVIL*** – À constituição e revogação da relação de apadrinhamento civil aplicam-se as normas processuais constantes do Regime Jurídico do Apadrinhamento Civil, aprovado pela Lei nº 103/2009, de 11 de Setembro, e o disposto no RGPTC, em tudo quanto não contrarie aquele regime especial;
- ***Confiança da criança a pessoa, família de acolhimento ou a instituição com vista a futura adopção*** – vide artºs 1978º do CC e 35º, nº 1, alínea g) da LPCJP – PROCESSO DE PROMOÇÃO E PROTECÇÃO (como fase prévia ao processo de adopção, agora previsto no RJPA).

e) **O regime jurídico da Adopção foi profundamente alterado pela Lei nº 143/2015, de 8 de Setembro.**

A Comissão encarregada de proceder a tal alteração – e superiormente dirigida pela minha colega cejiana, durante 3 anos, e amiga Lucília Gago, actualmente, Procuradora-Geral da República – detectou fragilidades/aspectos carecidos de esclarecimento, aprofundamento e alteração, a saber:

- ***Dispersão em vários diplomas de matéria procedimental relativa à adopção, dificultando a integral percepção do regime vigente***
- ***Insuficiência de mecanismos de dissuasão e controlo de práticas abusivas da intervenção não autorizada em matéria de adopção***
- ***Não consagração expressa do direito ao conhecimento das origens e da disciplina legal habilitante do seu correspondente exercício***
- ***Aferição pelos organismos de segurança social da correspondência entre as necessidades da criança e as capacidades do candidato, com vista à apresentação de proposta concreta de adopção, sem controlo jurisdicional ou esquema de supervisão***
- ***Indistinta intervenção das equipas de adopção em todas as áreas de actividade do processo de adopção, sem especialização e separação da intervenção com adultos e com crianças***
- ***Necessidade de maior densificação e controlo da intervenção das instituições particulares sem fins lucrativos em todo o processo de adopção, estando tal intervenção hoje regulada no Decreto Regulamentar nº 17/98, de 14 de Agosto***
- ***Inexistência de qualquer vantagem na coexistência de duas modalidades de encaminhamento judicial para a adopção – a providência tutelar cível de confiança judicial e a medida de promoção e protecção prevista na alínea g) do nº 1 do art. 35º da LPCJP, sendo antes tal coexistência dificultadora da compreensão da definição da situação de adoptabilidade das crianças***
- ***Estar a adopção restrita desprovida de expressão prática, podendo a mesma, nalgum sentido, considerar-se absorvida, quanto aos seus efeitos, pela criação do instituto do apadrinhamento civil***
- ***Recurso reduzido à confiança administrativa por força da insegurança experimentada pelas equipas de adopção, na ausência de um quadro normativo suficientemente esclarecedor e consistente***
- ***Alguma dificuldade na prestação do consentimento prévio, por demora no agendamento da diligência***
- ***Omissão da necessidade de preparação dos candidatos à adopção para os desafios colocados pela parentalidade adoptiva***
- ***Omissão de um fluxo claro de procedimentos e das etapas sucessivas do processo de adopção***

- ***Audição da criança apenas na fase final do processo de adopção, sem que previamente lhe seja assegurada a preparação necessária para entender o que é a adopção e quais os seus efeitos***
- ***Consideração do certificado de seleção pelos candidatos como um "diploma para a vida", não sujeito a reavaliação***
- ***Inexistência de qualquer referência a critérios ou modelos teóricos a observar nas actividades de matching***
- ***Inexistência de clara definição das actividades a desenvolver no período designado de "vinculação observada" e desnecessidade de fundamentação das decisões tomadas***
- ***Inexistência de previsão substantiva e adjectiva de acompanhamento pós-adopção com consequente agravamento das dificuldades no período de adaptação recíproca entre adotantes e adotados***
- ***Insusceptibilidade de preservação de alguma forma de contacto entre o adoptado e alguns elementos da família biológica, em casos excepcionais devidamente justificados***
- ***Inexistência de legislação que expressamente transponha os princípios e procedimentos da Convenção da Haia relativa à Proteção das Crianças e à Cooperação em matéria de Adopção Internacional, concluída a 29 de Maio de 1993***
- ***Insuficiente promoção e estabelecimento dos indispensáveis mecanismos de cooperação internacional por parte da Autoridade Central para a Adopção Internacional no sentido do desejado reforço dos mecanismos de adopção internacional***
- ***Insuficiente regulação da actividade mediadora em adopção internacional, constante do Decreto Regulamentar nº 17/98, de 14 de Agosto, a qual não garante o seu controlo eficaz***
- ***Regime de reconhecimento de sentenças estrangeiras de adopção assentando numa simples revisão formal e, como tal, revelando-se ineficaz para servir os objetivos da Convenção, designadamente, evitar o rapto, venda e tráfico de crianças.***

Agora, de facto, o *Processo de Adopção* é definido como o conjunto de procedimentos de natureza administrativa e judicial que culmina com a decisão final constitutiva do vínculo, deixando de corresponder **apenas** à intervenção judicial – **artigo 2º, alínea h) do RJPA.**

*

Preocupam-me os dados oriundos do relatório do Conselho Nacional para a Adopção (CNA) relativo a 2017.

O universo de crianças e jovens à espera de uma família adoptiva, já depois de um juiz ter decretado a sua condição de adoptabilidade e corte com os pais biológicos, continua a ser superior ao conjunto das crianças adoptadas.

Em 2017, estavam 318 crianças e jovens a aguardar uma família adoptiva sem perspectiva nenhuma de algum dia regressarem à família biológica.

Para além disso, mais crianças em 2017 viram o seu projecto de adopção *interrompido na fase de pré-adopção* – isso aconteceu em 2017 com 15 crianças (tinha acontecido com cinco em 2016).

Para já não falar dos casos que vamos conhecendo que nos dão conta de crianças já adoptadas que são «devolvidas» à procedência, falhando o projecto adoptivo por razões que, afinal, não foram previstas na avaliação dos adoptantes.

f) Note-se que a situação de confiança da criança a que se refere o nº 3 do artº 1980º do CC é, necessariamente, a mesma confiança devidamente elencada e delimitada no nº 1 do mesmo preceito, não cabendo naquela previsão a confiança de uma criança no âmbito do Instituto da Tutela.

Ou seja, só releva para efeitos do alargamento da idade do adoptado a confiança da criança nos termos previstos no nº 1 do artº 1980º do CC, ou seja, *mediante confiança administrativa ou medida de promoção e protecção, de confiança com vista a futura adopção.*

g) ***Em CONCLUSÃO***, deve o tribunal – mormente o Ministério Público (artigo 72º, nº 3) – estar atento às circunstâncias do caso concreto, não protelando no tempo a aplicação da LPCJP que é apenas um MEIO para retirar a criança ou jovem do perigo imediato em que se encontra, lançando mão das providências tutelares cíveis que salvaguardam, de forma mais definitiva e segura, a sua situação jurídica (o procedimento do perigo é um MEIO e o FIM é a providência tutelar cível).

Só assim se agilizará esta Lei, atribuindo-lhe a ideal função para que foi criada, sempre no supremo interesse daqueles e daquelas que nos fazem correr todos os dias nos tribunais.

Poderá, contudo, acontecer que, em certas situações, a continuação da pendência do processo de promoção e protecção se venha a revelar mais favorável à criança/jovem do que a instauração de uma providência tutelar cível (excluindo o encaminhamento para a adopção, claro), até pelo simples facto de se poder assim continuar o acompanhamento do caso até aos 21 anos do jovem e de poder o jovem continuar a beneficiar de apoio económico, vedado se for entregue a sua confiança ao Director de uma casa de acolhimento ou a um familiar ou pessoa idónea, em sede de regulação ou de limitação do exercício das RP (ficando ao critério do MP e do juiz, à luz dos princípios envolventes da jurisdição voluntária em que nos movemos, tomar essa decisão, não propondo a PTC ou não a recebendo).

Na realidade, estão a acontecer muitos casos de tutelas a centros de acolhimento que cessam aos 18 anos de idade do jovem, por imperativo legal, mas que se transformam em processos de promoção e protecção antes desses 18 anos (invocando-se, legitimamente, que o jovem continua em perigo mesmo que residencializado), para que haja efectivo acompanhamento na sua pós-maioridade.

Cumpre referir que as casas de acolhimento de crianças e jovens têm todas acordos de cooperação com o Estado (artº 52 da LPCJP), recebendo, nesse âmbito, uma comparticipação por cada criança ou jovem acolhido em valor que resultou de uma reestruturação e qualificação do sistema de acolhimento e que está consignado no compromisso de cooperação para o sector social e solidário para o biénio 2015-2016.

Ora, não estão previstos apoios de natureza económica para processos tutelares cíveis para crianças em acolhimento residencial.

A ocorrer a regulação do exercício das responsabilidades parentais com atribuição desse exercício à casa de acolhimento onde uma criança ou jovem se encontre acolhido gera-se a alteração do enquadramento legal da «colocação em instituição» designadamente:

- cessação do acompanhamento da execução da medida de promoção e protecção e consequentemente da permanente avaliação socio-educativa da criança, do seu projecto de vida e da situação da sua família;
- inexistência de enquadramento para a atribuição de comparticipação do Estado a crianças que são confiadas às instituições no âmbito de processos de tutelar cíveis.

No fundo, qual é a situação que melhor defende o interesse da criança acolhida em instituição no âmbito de uma medida de promoção e protecção:

- as sucessivas revisões de medida e a sua prorrogação, se assim for entendido, o que implica uma permanente reavaliação e monitorização da situação da criança e a definição do seu projecto de vida (que até pode passar pela saída da criança para o seu meio biológico regenerado)

OU

- uma definição jurídica tendencialmente definitiva feita em processo tutelar cível (cimentando, quicá, a nefasta ideia de que uma criança pode ter a residencialização como sina para a vida)?

Será a decisão tutelar cível de confiança às casas de acolhimento, normalmente na pessoa do seu director ou director técnico, a que melhor defende o superior interesse da criança?

Para reflexão...

Capítulo IV
Comunicações

Artigo 64º – Comunicação das situações de perigo pelas autoridades policiais e judiciárias

1 – As entidades policiais e as autoridades judiciárias comunicam às comissões de proteção as situações de crianças e jovens em perigo de que tenham conhecimento no exercício das suas funções.

2 – Sem prejuízo do disposto no número anterior, as autoridades judiciárias adotam as providências tutelares cíveis adequadas.

Artigo 65º – Comunicação das situações de perigo conhecidas pelas entidades com competência em matéria de infância e juventude

1 – As entidades com competência em matéria de infância e juventude comunicam às comissões de proteção as situações de perigo de que tenham conhecimento no exercício das suas funções sempre que não possam, no âmbito exclusivo da sua competência, assegurar em tempo a proteção suficiente que as circunstâncias do caso exigem.

2 – Caso a comissão de proteção não esteja instalada ou quando não tenha competência para aplicar a medida adequada, designadamente sempre que os pais da criança ou do jovem expressem a sua vontade quanto ao seu consentimento ou à não oposição para a futura adoção, as entidades devem comunicar a situação de perigo diretamente ao Ministério Público.

3 – As instituições de acolhimento devem comunicar ao Ministério Público todas as situações de crianças e jovens que acolham sem prévia decisão da comissão de proteção ou judicial.

Artigo 66º – Comunicação das situações de perigo por qualquer pessoa

1 – Qualquer pessoa que tenha conhecimento das situações previstas no artigo 3º pode comunicá-las às entidades com competência em matéria de infância ou juventude, às entidades policiais, às comissões de proteção ou às autoridades judiciárias.

2 – A comunicação é obrigatória para qualquer pessoa que tenha conhecimento de situações que ponham em risco a vida, a integridade física ou psíquica ou a liberdade da criança ou do jovem.

3 – Quando as comunicações sejam dirigidas às entidades referidas no nº 1, estas procedem ao estudo sumário da situação e proporcionam a proteção compatível com as suas atribuições, dando conhecimento da situação à comissão de proteção sempre que entendam que a sua intervenção não é adequada ou suficiente.

Artigo 67º – Comunicações das comissões de proteção aos organismos de segurança social

(Revogado).

Artigo 68º – Comunicações das comissões de proteção ao Ministério Público

As comissões de proteção comunicam ao Ministério Público:

***a)* As situações em que não obtenham a disponibilidade dos meios necessários para proceder à avaliação diagnóstica dos casos, nomeadamente por oposição de um serviço ou instituição e, em particular, as situações de recusa de prestação de informação relativa a dados pessoais sensíveis, designadamente informação clínica, solicitada nos termos do nº 1 do artigo 13º-A;**

***b)* (Revogada);**

***c)* (Revogada);**

d) As situações em que não tenha sido proferida decisão decorridos seis meses após o conhecimento da situação da criança ou do jovem em perigo;

e) A aplicação da medida que determine ou mantenha a separação da criança ou do jovem dos seus pais, representante legal ou das pessoas que tenham a sua guarda de facto;

***f)* Os casos em que, por força da aplicação sucessiva ou isolada das medidas de promoção e proteção previstas nas alíneas *a)* a *c)*, *e)* e *f)* do nº 1 do artigo 35º, o somatório de duração das referidas medidas perfaça 18 meses.**

[Revogadas as alíneas *b)* e *c)* e as alíneas *a)* e *f)* foram alteradas pela Lei nº 142/2015, de 8 de Setembro]

Artigo 69º – Comunicações das comissões de proteção ao Ministério Público para efeitos de procedimento cível

As comissões de proteção comunicam ainda ao Ministério Público as situações de facto que justifiquem a regulação ou a alteração do regime de **exercício das responsabilidades parentais**, a inibição do **exercício das responsabilidades parentais**, a instauração da tutela ou a adoção de qualquer outra providência cível, nomeadamente nos casos em que se mostre necessária a fixação ou a alteração ou se verifique o incumprimento das prestações de alimentos.

(Alterado pela Lei nº 142/2015, de 8 de Setembro)

Artigo 70º – Participação dos crimes cometidos contra crianças e jovens

1 – Quando os factos que tenham determinado a situação de perigo constituam crime, as entidades e instituições referidas nos artigos 7º e 8º devem comunicá-los **imediatamente** ao Ministério Público ou às entidades policiais, sem prejuízo das comunicações previstas nos artigos anteriores.

2 – As situações previstas no número anterior devem, em simultâneo, ser comunicadas pela comissão de proteção ao magistrado do Ministério Público que, nos termos do nº 2 do artigo 72º, acompanha a respetiva atividade.

(Alterado pela Lei nº 142/2015, de 8 de Setembro)

Artigo 71º – Consequências das comunicações

1 – As comunicações previstas nos artigos anteriores não determinam a cessação da intervenção das entidades e instituições, salvo quando não tiverem sido prestados ou tiverem sido retirados os consentimentos legalmente exigidos.

2 – As comunicações previstas no presente capítulo devem indicar as providências tomadas para proteção da criança ou do jovem e ser acompanhadas de todos os elementos disponíveis que se mostrem relevantes para apreciação da situação, salvaguardada a intimidade da criança ou do jovem.

Anotação ***conjunta aos artigos 64º a 71º:***

a) Os artigos 64º a 66º mantiveram, em 2015, a sua redacção.
O artigo 67º foi revogado na revisão de 2015.

b) **Regime das comunicações:**

- As entidades policiais e judiciárias **comunicam às CPCJ** as situações de perigo de que tenham conhecimento no exercício das suas funções;
- As entidades com competência em matéria de infância e juventude **comunicam às CPCJ** as situações de perigo de que tenham conhecimento no exercício das suas funções, *sempre que não possam, no âmbito exclusivo da sua competência, assegurar em tempo a proteção suficiente que as circunstâncias do caso exigem;*
- Caso a CPCJ não esteja instalada ou quando não tenha competência para aplicar a medida adequada, designadamente sempre que os pais da criança ou do jovem expressem a sua vontade quanto ao seu consentimento ou à não oposição para a futura adopção, as entidades **devem comunicar a situação de perigo directamente ao Ministério Público;**
- As instituições de acolhimento devem comunicar ao Ministério Público *todas as situações* de crianças e jovens que acolham *sem prévia decisão da CPCJ ou do Tribunal;*
- Qualquer pessoa que tenha conhecimento das situações de perigo **pode** comunicá-las às entidades com competência em matéria de infância ou juventude, às entidades policiais, às CPCJ ou ao Tribunal, **sendo obrigatória essa comunicação** sempre que as situações ponham em risco

a vida, a integridade física ou psíquica ou a liberdade dessa criança ou jovem;

- As CPCJ **comunicam ao Ministério Público** as situações previstas nos artigos 68º e 69º (neste para efeitos de instauração do competente e adequado procedimento tutelar cível);
- Quando os factos que tenham determinado a situação de perigo constituam CRIME, as ECMIJ e as CPCJ **devem comunicá-los ao Ministério Público, às entidades policiais e ao MP interlocutor, quando for a CPCJ.**
- As comunicações referidas não determinam a cessação da intervenção das entidades e instituições, salvo quando não tiverem sido prestados ou tiverem sido retirados os consentimentos legalmente exigíveis (no caso de uma CPCJ em que não tenha sido retirado o consentimento e em que a remessa ao foro é feito por outra causa, aquela deve manter-se viva e actuante enquanto não souber que o tribunal já tomou conta da situação – este artigo está pensado para o lapso de tempo que medeia entre a decisão de remessa pela entidade de 1ª ou 2ª linha para a entidade imediatamente superior na pirâmide, a efectiva remessa e o começo da intervenção da CPCJ ou do tribunal, conforme o caso). De facto, não pode haver dois processos a correr os seus termos, um na CPCJ e outro no Tribunal, a favor da mesma criança!
- Deve haver aqui plena **coordenação de actuações** – chegou-me aos ouvidos o seguinte caso prático: no mesmo dia em que o Ministério Público veio requerer a confirmação judicial de decisão provisória de acolhimento residencial de uma jovem foi alcançado um acordo, no âmbito da Comissão, ao abrigo do qual foi aplicada precisamente essa medida. No dia imediato o Tribunal confirmou a referida decisão (desconhecendo o que se passara na Comissão). O que deve agora acontecer, em nome do princípio da subsidiariedade, é a cessação imediata, por inutilidade superveniente da lide, do processo judicial, retomando os seus termos o processo na CPCJ.

c) Na revisão de 2015, **mantiveram-se em vigor os artigos 64º, 65º, 66º e 71º e alteraram-se os artigos 68º, 69º e 70º:**

- No 68º/1, revogaram-se as alíneas b) e c) – parte da qual passou a a) – e acrescentaram-se as alíneas a) e f);

- No 69º, mudou-se a nomenclatura «poder paternal» para «responsabilidades parentais»
  - Lembrar aqui a competência da CPCJ para a celebração do compromisso do apadrinhamento civil.
- No 70º, além de se obrigar a uma ***imediata*** comunicação, aditou-se o nº 2:
  - *As situações previstas no número anterior devem, em simultâneo, ser comunicadas pela comissão de proteção ao magistrado do Ministério Público que, nos termos do nº 2 do artigo 72º, acompanha a respetiva atividade.*

d) O conteúdo da alínea b) do artigo 68º passou agora para os artigos 11º, nº 1, alínea d), 95º, nº 2 e 98º, nº 4.

e) Cf., quanto ao artigo 69º, o teor do artigo 75º, nº 1.

Capítulo V
Intervenção do Ministério Público

Artigo 72º – Atribuições

1 – O Ministério Público intervém na promoção e defesa dos direitos das crianças e jovens em perigo, nos termos da presente lei, podendo exigir aos pais, ao representante legal ou a quem tenha a sua guarda de facto os esclarecimentos necessários.

2 – O Ministério Público acompanha a atividade das comissões de proteção, tendo em vista apreciar a legalidade e a adequação das decisões, a fiscalização da sua atividade processual e a promoção dos procedimentos judiciais adequados.

3 – Compete, ainda, de modo especial, ao Ministério Público representar as crianças e jovens em perigo, propondo ações, requerendo providências tutelares cíveis e usando de quaisquer meios judiciais necessários à promoção e defesa dos seus direitos e à sua proteção, **incluindo promover os procedimentos de naturalização, nos termos do nº 3 do artigo 6º da Lei nº 37/81, de 3 de outubro.**

[O nº 3 foi alterado pela Lei nº 26/2018, de 5 de Julho)

Anotação

a) Nada mudou em 2015, apenas tendo sido mexidos os artigos 73º e 75º neste Capítulo V.

Contudo, em 2018, foi aditada a parte final do nº 3, em coerência com as alterações feitas no artigo 3º, nº 2, 49º, nº 3 e 58º, nº 1, alínea k) (Cf. anotação e) ao artigo 3º).

b) O Ministério Público, o maior representante dos interesses das crianças:

- intervém na promoção e defesa dos direitos das crianças e jovens em perigo, podendo pedir aos pais, representante legal ou a quem tenha a sua guarda de facto os esclarecimentos necessários;
- acompanha a atividade das CPCJ, tendo em vista apreciar a legalidade e a adequação das decisões, a fiscalização da sua actividade processual e a promoção dos procedimentos judiciais adequados;
- representa as crianças e jovens em perigo, propondo acções, requerendo providências tutelares cíveis e usando de quaisquer meios judiciais necessários à promoção e defesa dos seus direitos e à sua protecção, nomeadamente, agilizando e promovendo os processo de naturalização das crianças estrangeiras aqui acolhidas;
- arquiva liminarmente, através de despacho fundamentado, as comunicações que receba quando seja manifesta a sua falta de fundamento ou a desnecessidade da intervenção;
- requer a abertura do processo judicial de promoção dos direitos e de protecção, nomeadamente:
    - *quando tem conhecimento das situações de crianças e jovens em perigo residentes nas áreas em que não esteja instalada CPCJ, sem prejuízo do disposto no artigo 74º (arquivamento liminar);*
    - *quando, recebidas as comunicações previstas no artigo 68º, considere haver indícios de situação de perigo para a criança ou jovem, susceptíveis de reclamar a aplicação de uma medida judicial de promoção e protecção (podendo requisitar à CPCJ, previamente ao requerimento de abertura do processo judicial, o processo aí pendente)*
    - *quando requeira a apreciação judicial da decisão da CPCJ (artigo 76º)*
- requer o procedimento judicial urgente nos termos do artigo 92º, **imediatamente** após as situações a que se refere o artigo 91º lhe terem sido comunicadas (artigo 91º, nº 4);
- requer ao tribunal as providências tutelares cíveis adequadas;
- requer a apreciação judicial da decisão da CPCJ quando entenda que as medidas aplicadas são ilegais ou inadequadas para promoção dos direitos e protecção da criança ou jovem em perigo: *para tal, indica os fundamentos da necessidade de intervenção judicial, sendo acompanhado pelo processo da CPCJ, previamente requisitado, devendo ser apresentado tal requerimento ao juiz no prazo de 15 dias após o recebimento da comunicação da decisão da CPCJ pelo MP e dele é dado conhecimento à CPCJ, cujo presidente é ouvido sobre o mesmo.*

c) A propósito da referida função de acompanhamento, que reveste especial importância no sistema global de protecção, importa recordar as orientações veiculas pela Procuradoria-Geral da República, através das Circulares nºs 1/2001 e 3/2006, assinalando a primeira que a fiscalização da actividade processual das comissões se pode levar a cabo em qualquer momento, *a posteriori*, e deverá compreender a totalidade do trabalho por elas realizado, e que a apreciação da legalidade e do mérito das decisões não se pode limitar aos processos objecto das comunicações a que se refere o artigo 68º da Lei, antes deverá ser mais abrangente, sem prejuízo de esta acção se ir ajustando, casuisticamente, em função das exigências e dificuldades que se forem observando.

Por seu turno, a Circular nº 3/2006, para além de assinalar a necessidade de articulação entre os magistrados que zelam pela protecção das crianças e jovens e aqueles a quem incumbe a investigação de crimes que estejam na origem das medidas protectoras, consagrando orientações para esse efeito, estabelece critérios mínimos de exigência na acção fiscalizadora do Ministério Público, dos quais se destacam os seguintes:

> «*– A apreciação da legalidade e do mérito das decisões das CPCJ deverá abranger necessariamente os processos no âmbito dos quais sejam apreciadas situações de crianças e jovens vítimas de maus tratos, negligência grave e abusos sexuais, praticados no seio da família ou fora dele.*
>
> *– Esta fiscalização deverá ter periodicidade mínima mensal e incidir sobre todos os processos das espécies acima referidas, que o magistrado interlocutor deverá solicitar ao Presidente da CPCJ, acompanhados de listagem discriminativa que permita documentar o trabalho efectuado em cada Comissão.*
>
> *– A fiscalização compreenderá, além do mais, o controlo também mensal das comunicações obrigatórias ao Ministério Público, da parte das instituições de acolhimento e das CPCJ [artigos 65º, nº 2, e 68º, alínea e), da Lei de Protecção], tendo em vista a adopção das providências tutelares que em cada caso se justifiquem.*»

Artigo 73º – Iniciativa do processo judicial de promoção e proteção

1 – O Ministério Público requer a abertura do processo judicial de promoção dos direitos e de proteção quando:

a) Tenha conhecimento das situações de crianças e jovens em perigo residentes em áreas em que não esteja instalada comissão de proteção, **sem prejuízo do disposto no artigo seguinte;**

b) Recebidas as comunicações a que se refere o artigo 68º, **considere haver indícios de situação de perigo para a criança ou jovem, suscetíveis de reclamar a aplicação de medida judicial de promoção e proteção;**

c) Requeira a apreciação judicial da decisão da comissão de proteção nos termos do artigo 76º.

2 – No caso previsto na alínea *b)* do número anterior, o Ministério Público, antes de requerer a abertura do processo judicial, pode requisitar à comissão o processo relativo ao menor e solicitar-lhe os esclarecimentos que tiver por convenientes.

[As alíneas *a)* e *b)* do nº 1 foram alteradas pela Lei nº 142/2015, de 8 de Setembro]

Anotação

a) Cf. anotação ao artigo 72º

b) Lamenta-se o esquecimento do termo «menor» no nº 2 – leia-se aí «criança ou jovem».

c) Para reflexão:

Será que foi intenção fazer cessar a exigência de requerimento inicial por parte do Ministério Público quando não sejam prestados ou sejam retirados os consentimentos necessários à intervenção da CPCJ, em que haja oposição da criança ou em que os acordos não sejam cumpridos? Foi revogado o artigo 68º, alínea b) para onde – artigo no seu bloco – remetia o 73º, nº 1, alínea b).

Para estas situações, regerá agora o 95º/2 e o 98º/4, podendo ser cogitável a conclusão de ter sido intenção do legislador retirar ao MP o ónus de elaborar uma peça processual inicial, articulada e com alegação dos concretos factos constantes do processo da CPCJ e que justificam o perigo, apesar de se falar em remessa ao MP no artigo 11º/3 e até no 95º/2 (que seria a porta do tribunal).

- **Se for caso de arquivamento, pensamos que o MP o deverá fazer...**
- **O mesmo quanto à apensação de processos – artigo 81º – vindos da CPCJ (independentemente do estado) para o tribunal.**
- **O MP só *estará, de facto, obrigado* a elaborar requerimento inicial e com o elenco dos factos relevantes, nos casos expressos do artigo 73º; nos restantes, bastará a remessa para a Secretaria para averbamento como processo de promoção e protecção, com eventual indicação da base legal fundamentadora dessa remessa.**

Mas a prática dita que o MP tem sempre feito requerimentos – o que parece ser eficaz para o saneamento da informação prolixa que os processos das CPCJ contêm.

Siga-se ou não esta tese (e admite-se perfeitamente que a melhor prática judiciária seja o de fazer ***sempre*** requerimento), a principal mensagem é dirigida aos juízes no sentido de não indeferirem a introdução em juízo da situação enviada pela CPCJ ***só por causa de não haver requerimento formal do MP...***

Artigo 74º – Arquivamento liminar

O Ministério Público arquiva liminarmente, através de despacho fundamentado, as comunicações que receba quando seja manifesta a sua falta de fundamento ou a desnecessidade da intervenção.

Anotação

Cf. anotação ao artigo 72º.

Artigo 75º – Requerimento de providências tutelares cíveis

O Ministério Público requer ao tribunal as providências tutelares cíveis adequadas:

***a)* Quando a comissão de proteção lhe haja remetido o processo de promoção e proteção por falta de competência para aplicação da medida adequada, nos termos previstos no artigo 38º, e concorde com o entendimento da comissão de proteção;**

b) Sempre que considere necessário, nomeadamente nas situações previstas no artigo 69º.

[A alínea *a)* foi alterada pela Lei nº 142/2015, de 8 de Setembro]

Anotação

a) Cf. anotação ao artigo 72º e teor dos artigos 38º e 69º.

b) A alínea a) não deveria estar incluída no artigo 75º pois o ali referido – a futura abertura de um processo de promoção e protecção para aplicação do artigo 35º, nº 1, alínea g) – não reveste a natureza de providência tutelar cível.

Por isso, a previsão do artigo 75º, alínea a), por não se reportar a providência tutelar cível, deveria passar a constar, em alínea autónoma a introduzir, do nº 1 do artigo 73º.

Artigo 76º – Requerimento para apreciação judicial

1 – O Ministério Público requer a apreciação judicial da decisão da comissão de proteção quando entenda que as medidas aplicadas são ilegais ou inadequadas para promoção dos direitos e proteção da criança ou do jovem em perigo.

2 – O requerimento para apreciação judicial da decisão da comissão de proteção indica os fundamentos da necessidade de intervenção judicial e é acompanhado do processo da comissão.

3 – Para efeitos do número anterior, o Ministério Público requisita previamente à comissão de proteção o respetivo processo.

4 – O requerimento para apreciação judicial deve ser apresentado no prazo de 15 dias após o recebimento da comunicação da decisão da comissão pelo Ministério Público e dele é dado conhecimento à comissão de proteção.

5 – O presidente da comissão de proteção é ouvido sobre o requerimento do Ministério Público.

Anotação

a) Cf. anotação ao artigo 72º.

b) Conforme dispõe o artigo 76º, nº 1, da LPCJP, o Ministério Público requer a apreciação judicial da decisão da comissão de protecção quando entenda que as medidas aplicadas são ilegais ou inadequadas para promoção dos direitos e protecção da criança ou do jovem em perigo.

Trata-se de um procedimento de sindicância judicial da decisão tomada pela comissão de protecção e que tende a esgotar-se na realização desta finalidade.

Ou seja, uma vez proferida a decisão judicial no procedimento, que pode confirmar a legalidade e adequação das medidas aplicadas ou, ao invés, concluir que as mesmas são contrárias a essas exigências fundamentais e devem, por isso, ser revogadas, o processo deve prosseguir os seus ulteriores termos na comissão de protecção, no pressuposto de que se mantêm as condições legitimadoras da sua intervenção (consentimentos e não oposição legalmente exigidos para o efeito).

Não existe distinção legal quanto às medidas que podem ser contempladas por esta apreciação judicial, nem tal parece resultar da delimitação consagrada no artigo 68º, alínea *e)*, que impõe às comissões a obrigação de comunicar ao Ministério as medidas que determinem ou mantenham a separação da criança ou do jovem dos seus pais, representante legal ou das pessoas que tenham a sua guarda de facto.

Na verdade, tal como já referimos antes, ao Ministério Público compete acompanhar a actividade das comissões de protecção, tendo em vista apreciar a legalidade e a adequação das decisões, o que pressupõe a tomada de conhecimento destas e das medidas nelas decretadas, sem distinção.

E é precisamente neste sentido que vão as orientações emanadas da Procuradoria-Geral da República, a que atrás já nos referimos, sendo de destacar o que a Circular nº 3/2006 determina quanto à necessidade de a apreciação da legalidade e do mérito das decisões das comissões abranger os processos no âmbito dos quais sejam apreciadas situações de crianças e jovens vítimas de maus tratos, negligência grave e abusos sexuais, praticados no seio da família ou fora dele. Isto independentemente da natureza da medida que tiver sido aplicada.

A tramitação a que deve obedecer este procedimento encontra-se prescrita no artigo 76º, nºs 2 a 5, reconduzindo-se, no essencial, aos seguintes termos: o requerimento do Ministério Público para a apreciação judicial da decisão da comissão de protecção deve indicar os fundamentos da necessidade de intervenção judicial, ou seja, a motivação, de facto e de direito, com base na qual entende que as medidas aplicadas são ilegais ou inadequadas, sendo o mesmo acompanhado do processo da comissão, o qual será previamente requisitado a esta; o requerimento deve ser apresentado no prazo de 15 dias a contar do recebimento, pelo Ministério Público, da comunicação da decisão da comissão (comunicação nos termos do artigo 68º ou, quanto a outras decisões aí não contempladas, pela via acertada entre o magistrado interlocutor e a comissão de protecção, no âmbito do exercício dos poderes de fiscalização daquele); para além de ser dado conhecimento do requerimento à comissão de protecção, o seu presidente é ouvido sobre o mesmo.

Após a realização das diligências consideradas necessárias, de que faz obrigatoriamente parte a audição do presidente da comissão, o tribunal profere a competente decisão de apreciação judicial, a que deve seguir-se a remessa dos autos à comissão de protecção, conforme aludimos *supra*.

Capítulo VI
Disposições processuais gerais

Artigo 77º – Disposições comuns

As disposições do presente capítulo aplicam-se aos processos de promoção dos direitos e de proteção, adiante designados processos de promoção e proteção, instaurados nas comissões de proteção ou nos tribunais.

Artigo 78º – Carácter individual e único do processo

O processo de promoção e proteção é individual, sendo organizado um único processo para cada criança ou jovem.

Artigo 79º – Competência territorial

1 – É competente para a aplicação das medidas de promoção e proteção a comissão de proteção ou o tribunal da área da residência da criança ou do jovem no momento em que é recebida a comunicação da situação ou instaurado o processo judicial.

2 – Se a residência da criança ou do jovem não for conhecida, nem for possível determiná-la, é competente a comissão de proteção ou o tribunal do lugar onde aquele for encontrado.

3 – Sem prejuízo do disposto nos números anteriores, a comissão de proteção ou o tribunal do lugar onde a criança ou o jovem for encontrado realiza as diligências consideradas urgentes e toma as medidas necessárias para a sua proteção imediata.

4 – Se, após a aplicação de medida não cautelar, a criança ou o jovem mudar de residência por período superior a três meses, o processo é remetido à comissão de proteção ou ao tribunal da área da nova residência.

5 – Para efeitos do disposto no número anterior, a execução de medida de promoção e proteção de acolhimento não determina a alteração de residência da criança ou jovem acolhido.

6 – Sem prejuízo do disposto no número anterior, a comissão de proteção com competência territorial na área do município ou freguesia de acolhimento da criança ou jovem, presta à comissão que aplicou a medida de promoção e proteção toda a colaboração necessária ao efetivo acompanhamento da medida aplicada, que para o efeito lhe seja solicitada.

7 – Salvo o disposto no nº 4, são irrelevantes as modificações de facto que ocorrerem posteriormente ao momento da instauração do processo.

(Os nºs 4 a 7 foram alterados pela Lei nº 142/2015, de 8 de Setembro)

Artigo 80º – Apensação de processos

Sem prejuízo das regras de competência territorial, quando a situação de perigo abranger simultaneamente mais de uma criança ou jovem, pode ser instaurado um único processo e, tendo sido instaurado processos distintos, pode proceder-se à apensação de todos eles ao que foi instaurado em primeiro lugar, se as relações familiares ou as situações de perigo em concreto o justificarem.

Artigo 81º – Apensação de processos de natureza diversa

1 – Quando, relativamente à mesma criança ou jovem, forem instaurados, sucessivamente ou em separado, processos de promoção e proteção, inclusive na comissão de proteção, tutelar educativo ou relativos a providências tutelares cíveis, devem os mesmos correr por apenso, independentemente do respetivo estado, sendo competente para deles conhecer o juiz do processo instaurado em primeiro lugar.

2 – (Revogado).

3 – Para efeitos do disposto no nº 1, o juiz solicita à comissão de proteção que o informe sobre qualquer processo de promoção e proteção pendente ou que venha a ser instaurado posteriormente relativamente à mesma criança ou jovem.

4 – A apensação a que se reporta o nº 1 tem lugar independentemente do estado dos processos.

(Alterado pela Lei nº 142/2015, de 8 de Setembro)

Artigo 82º – Jovem arguido em processo penal

1 – Quando relativamente a um mesmo jovem correrem simultaneamente processo de promoção e proteção e processo penal, a comissão de proteção ou a secção de família e menores remete à autoridade judiciária competente para o processo penal cópia da respetiva decisão, podendo acrescentar as informações sobre a inserção familiar e socioprofissional do jovem que considere adequadas.

2 – Os elementos referidos no número anterior são remetidos após a notificação ao jovem do despacho que designa dia para a audiência de julgamento, sendo-lhes correspondentemente aplicável o disposto nos artigos 369º, nº 1, 370º, nº 3, e 371º, nº 2, do Código de Processo Penal.

3 – Quando o jovem seja preso preventivamente, os elementos constantes do nº 1 podem ser remetidos a todo o tempo, a solicitação deste ou do defensor, ou com o seu consentimento.

4 – As autoridades judiciárias participam às entidades competentes em matéria de promoção dos direitos e proteção as situações de jovens arguidos em processo penal que se encontrem em perigo, remetendo-lhes os elementos de que disponham e que se mostrem relevantes para a apreciação da situação, nos termos do nº 2 do artigo 71º

(O nº 1 foi alterado pela Lei nº 142/2015, de 8 de Setembro)

Artigo 82º-A – Gestor de processo

Para cada processo de promoção e proteção a comissão de proteção de crianças e jovens ou o tribunal competentes designam um

técnico gestor de processo, ao qual compete mobilizar os intervenientes e os recursos disponíveis para assegurar de forma global, coordenada e sistémica, todos os apoios, serviços e acompanhamento de que a criança ou jovem e a sua família necessitam, prestando informação sobre o conjunto da intervenção desenvolvida.

(Aditado pela Lei nº 142/2015, de 8 de Setembro)

Artigo 83º – Aproveitamento dos atos anteriores

As comissões de proteção e os tribunais devem abster-se de ordenar a repetição de diligências já efetuadas, nomeadamente relatórios sociais ou exames médicos, salvo quando o interesse superior da criança exija a sua repetição ou esta se torne necessária para assegurar o princípio do contraditório.

Artigo 84º – Audição da criança e do jovem

As crianças e os jovens são ouvidos pela comissão de proteção ou pelo juiz sobre as situações que deram origem à intervenção e relativamente à aplicação, revisão ou cessação de medidas de promoção e proteção, nos termos previstos nos artigos 4º e 5º do Regime Geral do Processo Tutelar Cível, aprovado pela Lei nº 141/2015, de 8 de Setembro.

(Alterado pela Lei nº 142/2015, de 8 de Setembro)

Artigo 85º – Audição dos titulares das responsabilidades parentais

1 – Os pais, o representante legal e as pessoas que tenham a guarda de facto da criança ou do jovem são obrigatoriamente ouvidos sobre a situação que originou a intervenção e relativamente à aplicação, revisão ou cessação de medidas de promoção e proteção.

2 – Ressalvam-se do disposto no número anterior as situações de ausência, mesmo que de facto, por impossibilidade de contacto devida a desconhecimento do paradeiro, ou a outra causa de impossibilidade, e os de inibição do exercício das responsabilidades parentais.

(O nº 1 passou a ser o anterior corpo do artigo sendo aditado o nº 2 pela Lei nº 142/2015, de 8 de Setembro)

Artigo 86º – Informação e assistência

1 – O processo deve decorrer de forma compreensível para a criança ou jovem, considerando a idade e o grau de desenvolvimento intelectual e psicológico.

2 – Na audição da criança ou do jovem e no decurso de outros atos processuais ou diligências que o justifiquem, a comissão de proteção ou o juiz podem determinar a intervenção ou a assistência de médicos, psicólogos ou outros especialistas ou de pessoa da confiança da criança ou do jovem, ou determinar a utilização dos meios técnicos que lhes pareçam adequados.

Artigo 87º – Exames

1 – Os exames médicos que possam ofender o pudor da criança ou do jovem apenas são ordenados quando for julgado indispensável e o seu interesse o exigir e devem ser efetuados na presença de um dos progenitores ou de pessoa da confiança da criança ou do jovem, salvo se o examinado o não desejar ou o seu interesse o exigir.

2 – Os exames médicos referidos no número anterior são realizados por pessoal médico devidamente qualificado, sendo garantido à criança ou ao jovem o necessário apoio psicológico.

3 – Aos exames médicos é correspondentemente aplicável o disposto nos artigos 9º e 10º, salvo nas situações de emergência previstas no artigo 91º.

4 – Os exames têm carácter de urgência e, salvo quando outro prazo for exigido pela sua natureza, os respetivos relatórios são apresentados no prazo máximo de 30 dias.

5 – A comissão de proteção ou o tribunal podem, quando necessário para assegurar a proteção da criança ou do jovem, requerer ao tribunal certidão dos relatórios dos exames efetuados em processos relativos a crimes de que tenham sido vítimas, que possam ser utilizados como meios de prova.

(O nº 3 foi alterado pela Lei nº 142/2015, de 8 de Setembro)

Artigo 88º – Carácter reservado do processo

1 – O processo de promoção e proteção é de carácter reservado.

2 – Os membros da comissão de proteção têm acesso aos processos em que intervenham, sendo aplicável, nos restantes casos, o disposto nos nºs 1 e 5.

3 – Os pais, o representante legal e as pessoas que detenham a guarda de facto podem consultar o processo pessoalmente ou através de advogado.

4 – A criança ou jovem podem consultar o processo através do seu advogado ou pessoalmente se o juiz ou o presidente da comissão o autorizar, atendendo à sua maturidade, capacidade de compreensão e natureza dos fatos.

5 – Pode ainda consultar o processo, diretamente ou através de advogado, quem manifeste interesse legítimo, quando autorizado e nas condições estabelecidas em despacho do presidente da comissão de proteção ou do juiz, conforme o caso.

6 – Os processos das comissões de proteção são destruídos quando a criança ou jovem atinjam a maioridade ou, no caso da alínea *d)* do nº 1 e do nº 2 do artigo 63º, os 21 ou 25 anos, respetivamente.

7 – Sem prejuízo do disposto no número anterior, a informação a que alude o disposto no nº 1 do artigo 13º-A é destruída assim que o processo ao abrigo do qual foi recolhida seja arquivado, pelo facto de a situação de perigo não se comprovar ou já não subsistir.

8 – Em caso de aplicação da medida de promoção e proteção prevista na alínea *g)* do nº 1 do artigo 35º, deve ser respeitado o segredo de identidade relativo aos adotantes e aos pais biológicos do adotado, nos termos previstos no artigo 1985º do Código Civil e nos artigos 4º e 5º do Regime Jurídico do Processo de Adoção, aprovado pela Lei nº 143/2015, de 8 de Setembro e, salvo disposição especial, os pais biológicos não são notificados para os termos do processo posteriores ao trânsito em julgado da decisão que a aplicou.

9 – Quando o processo tenha sido arquivado nos termos da alínea *c)* do nº 2 do artigo 21º, é destruído passados dois anos após o arquivamento.

(Os nºs 4 e 6 a 9 foram alterados pela Lei nº 142/2015, de 8 de Setembro, tendo também o nº 6 sofrido uma alteração, por força da Lei nº 23/2017, de 23 de Maio)

Artigo 89º – Consulta para fins científicos

1 – A comissão de proteção ou o tribunal podem autorizar a consulta dos processos por instituições credenciadas no domínio científico, ficando todos aqueles que lhe tiverem acesso obrigados a dever de segredo relativamente àquilo de que tomarem conhecimento.

2 – A divulgação de quaisquer estudos deve ser feita de modo que torne impossível a identificação das pessoas a quem a informação disser respeito.

3 – Para fins científicos podem, com autorização da comissão restrita de proteção ou do juiz, ser publicadas peças de processos, desde que se impossibilite a identificação da criança ou jovem, seus familiares e restantes pessoas nelas referidas.

Artigo 90º – Comunicação social

1 – Os órgãos de comunicação social, sempre que divulguem situações de crianças ou jovens em perigo, não podem identificar, nem transmitir elementos, sons ou imagens que permitam a sua identificação, sob pena de os seus agentes incorrerem na prática de crime de desobediência.

2 – Sem prejuízo do disposto no número anterior, os órgãos de comunicação social podem relatar o conteúdo dos atos públicos do processo judicial de promoção e proteção.

3 – Sempre que tal seja solicitado e sem prejuízo do disposto no nº 1, o presidente da comissão de proteção ou o juiz do processo informam os órgãos de comunicação social sobre os fatos, decisão e circunstâncias necessárias para a sua correta compreensão.

ANOTAÇÃO *conjunta dos artigos 77º a 90º:*

a) ***O PROCESSO DE PROMOÇÃO DOS DIREITOS E DE PROTECÇÃO DAS CRIANÇAS E JOVENS EM PERIGO (regras comuns aos Tribunais e às Comissões)***

- É individual, sendo organizado um único processo para cada criança ou jovem.
- É competente para a aplicação de promoção e protecção a CPCJ ou o tribunal da área da residência da criança ou do jovem, *no momento em que é recebida a comunicação da situação ou instaurado o processo judicial.*

- A CPCJ ou o tribunal do lugar onde a criança ou jovem for encontrado realiza as diligências necessárias urgentes e toma as medidas necessárias para a sua proteção imediata.
- Se após a aplicação da medida não cautelar, a criança ou jovem *mudar de residência – e não é mudar de residência ser colocada numa casa de acolhimento em cumprimento de medida – por período superior a 3 meses,* o processo é remetido à CPCJ ou ao tribunal da área da nova residência.
- Quando a situação de perigo abranger simultaneamente mais de uma criança ou jovem, tendo sido instaurados processos distintos, pode proceder-se à apensação de todos eles ao que foi instaurado em primeiro lugar, se as relações familiares ou as situações de perigo em concreto o justificarem.
- Quando, relativamente, à mesma criança ou jovem, forem instaurados, sucessivamente ou em separado, processos de promoção e protecção, **mesmo na CPCJ,** tutelar educativo – com a ressalva dos PTE em fase de inquérito – ou relativos a providências tutelares cíveis, devem os mesmos correr por apenso, **independentemente do seu estado,** sendo competente para deles conhecer o juiz do processo instaurado em primeiro lugar.
- Quando relativamente a um mesmo jovem correrem simultaneamente processo de promoção e protecção e processo penal, a CPCJ ou a Secção de Família e Menores remete à autoridade policial competente para o processo penal, após a notificação ao jovem do despacho que designe dia para a audiência de julgamento, cópia da respectiva decisão, podendo acrescentar as informações sobre a inserção familiar e sócio-profissional do jovem que considere adequados.
- Quando o jovem for preso preventivamente, os elementos atrás referidos podem ser remetidos a todo o tempo, a solicitação deste ou do defensor, ou com o seu consentimento.
- As CPCJ e os tribunais devem abster-se a repetição de diligências já efectuadas, nomeadamente relatórios sociais ou exames médicos, salvo quando o interesse superior da criança exija a sua repetição ou esta se torne necessária para assegurar o princípio do contraditório.
- As crianças ou jovens são ouvidos (individualmente ou acompanhados pelos pais, representante legal, advogado da sua escolha ou oficioso ou por pessoa da sua confiança) pela CPCJ ou pelo juiz sobre as situações que deram origem à intervenção e relativamente à aplicação, revisão ou

cessação de medidas de promoção e protecção (audição de acordo com os artigos 4º e 5º do RGPTC, aprovado pela Lei nº 141/2015, de 8/9).

- Os pais, representante legal ou as pessoas que tenham a guarda de facto da criança ou jovem são obrigatoriamente ouvidos sobre a situação que originou a intervenção e relativamente à aplicação, revisão ou cessação de medidas de promoção e protecção, com as excepções previstas no nº 2 do artigo 85º (situações de ausência, mesmo que de facto, por impossibilidade de contacto devida a desconhecimento do paradeiro, ou a outra causa de impossibilidade, e os de inibição do exercício das responsabilidades parentais).
- O processo deve ser conduzido de forma compreensível para a criança ou jovem, considerando a idade e o grau de desenvolvimento intelectual e psicológico.
- Na audição da criança ou jovem e no decurso de outros actos processuais ou diligências que o justifiquem, a CPCJ ou o juiz podem determinar a intervenção ou a assistência de médicos, psicólogos ou outros especialistas ou de pessoa da confiança ou do jovem, ou determinar a utilização dos meios técnicos que lhes pareçam adequados.
- O processo é reservado, podendo os pais, representante legal ou pessoa que detenha a guarda de facto consultar o processo, pessoalmente ou através de advogado.
- A criança ou jovem também pode consultar tal processo, pessoalmente ou através do seu advogado, se o juiz ou o presidente da CPCJ o autorizar, atendendo à sua maturidade, capacidade e compreensão e natureza dos factos.
- Pode ainda consultar o processo, directamente ou através de advogado, quem manifeste interesse legítimo, quando autorizado e nas condições estabelecidas em despacho pelo juiz ou pelo presidente da CPCJ.
- O processo pode ser consultado para fins científicos (artigo 89º).
- A nova regra do nº 6 – quanto à idade de 25 anos – só se aplicou após a entrada em vigor do orçamento de Estado para 2018.
- Regra quanto aos exames médicos (artigo 87º) – aos exames médicos é correspondentemente aplicável o disposto nos artigos ***9º e 10º (consentimentos e não oposições exigidas por lei)***, salvo nas situações de emergência previstas no artigo 91º (os exames às crianças dependem apenas a decisão do tribunal).

- Figura inovadora do GESTOR DE PROCESSO (artigo 82º-A) – o «pivot» da execução das medidas (que nas CPCJ será tendencialmente sempre um seu comissário).
- Cominação de crime do artigo 90º (divulgação de imagens ou sons sobre crianças em perigo pelos órgãos de comunicação social) – infelizmente, nunca vi este artigo ser accionado!
- Os artigos 38º do RJPA e 53º do RGPTC incutem que os procedimentos relativos à investigação/impugnação da paternidade não constituem obstáculo ao prosseguimento do processo de promoção e protecção, não constituindo causa prejudicial.
- Quanto à audição da criança vejam-se dois manuais digitais, a seguir:
  - o *http://www.seg-social.pt/documents/10152/15142851/Manual%20AC_V_revista%207%20mar%C3%A7o.pdf/e242ec39-1a7c-469f-9a9f-4fc815864016*
  - o *https://crlisboa.org/2017/imagens/Audicao-Crianca-Guia-Boas-Praticas.pdf*

b) Reproduzem-se aqui o teor dos artigos 4º e 5º da RGPTC, aludidos no artigo 84º:

Artigo 4º
Princípios orientadores

1 – Os processos tutelares cíveis regulados no RGPTC regem-se pelos princípios orientadores de intervenção estabelecidos na lei de proteção de crianças e jovens em perigo e ainda pelos seguintes:

a) Simplificação instrutória e oralidade – a instrução do processo recorre preferencialmente a formas e a atos processuais simplificados, nomeadamente, no que concerne à audição da criança que deve decorrer de forma compreensível, ao depoimento dos pais, familiares ou outras pessoas de especial referência afetiva para a criança, e às declarações da assessoria técnica, prestados oralmente e documentados em auto;

b) Consensualização – os conflitos familiares são preferencialmente dirimidos por via do consenso, com recurso a audição técnica especializada e ou à mediação, e, excecionalmente, relatados por escrito;

c) Audição e participação da criança – a criança, com capacidade de compreensão dos assuntos em discussão, tendo em atenção a sua idade e maturidade, é sempre ouvida sobre as decisões que lhe digam respeito, preferencialmente com o apoio da assessoria técnica ao tribunal, sendo garantido, salvo recusa fundamentada do juiz, o acompanhamento por adulto da sua escolha sempre que nisso manifeste interesse.

2 - Para efeitos do disposto na alínea c) do número anterior, o juiz afere, casuisticamente e por despacho, a capacidade de compreensão dos assuntos em discussão pela criança, podendo para o efeito recorrer ao apoio da assessoria técnica.

Artigo 5º
Audição da criança

1 - A criança tem direito a ser ouvida, sendo a sua opinião tida em consideração pelas autoridades judiciárias na determinação do seu superior interesse.

2 - Para efeitos do disposto no número anterior, o juiz promove a audição da criança, a qual pode ter lugar em diligência judicial especialmente agendada para o efeito.

3 - A audição da criança é precedida da prestação de informação clara sobre o significado e alcance da mesma.

4 - A audição da criança respeita a sua específica condição, garantindo-se, em qualquer caso, a existência de condições adequadas para o efeito, designadamente:

a) A não sujeição da criança a espaço ou ambiente intimidatório, hostil ou inadequado à sua idade, maturidade e características pessoais;

b) A intervenção de operadores judiciários com formação adequada.

5 - Tendo em vista o cumprimento do disposto no número anterior, privilegia-se a não utilização de traje profissional aquando da audição da criança.

6 - Sempre que o interesse da criança o justificar, o tribunal, a requerimento ou oficiosamente, pode proceder à audição da criança, em qualquer fase do processo, a fim de que o seu depoimento possa ser considerado como meio probatório nos atos processuais posteriores, incluindo o julgamento.

7 - A tomada de declarações obedece às seguintes regras:

a) A tomada de declarações é realizada em ambiente informal e reservado, com vista a garantir, nomeadamente, a espontaneidade e a sinceridade das respostas, devendo a criança ser assistida no decurso do ato processual por um técnico especialmente habilitado para o seu acompanhamento, previamente designado para o efeito;

b) A inquirição é feita pelo juiz, podendo o Ministério Público e os advogados formular perguntas adicionais;

c) As declarações da criança são gravadas mediante registo áudio ou audiovisual, só podendo ser utilizados outros meios técnicos idóneos a assegurar a reprodução integral daquelas quando aqueles meios não estiverem disponíveis e dando-se preferência, em qualquer caso, à gravação audiovisual sempre que a natureza do assunto a decidir ou o interesse da criança assim o exigirem;

d) Quando em processo-crime a criança tenha prestado declarações para memória futura, podem estas ser consideradas como meio probatório no processo tutelar cível;

e) Quando em processo de natureza cível a criança tenha prestado declarações perante o juiz ou Ministério Público, com observância do princípio do contraditório, podem estas ser consideradas como meio probatório no processo tutelar cível;

f) A tomada de declarações nos termos das alíneas anteriores não prejudica a prestação de depoimento em audiência de julgamento, sempre que ela deva ser possível e não puser em causa a saúde física e psíquica e o desenvolvimento integral da criança;

g) Em tudo o que não contrarie este preceito, aplica-se, com as necessárias adaptações, o regime processual civil previsto para a prova antecipada.

c) **Sobre a competência territorial** – a regra é a de que é competente a CPCJ ou o Tribunal da área da residência da criança.

Qual a residência de uma criança? Nunca uma casa de acolhimento.

Residência é o centro de vida da criança, onde ela tem o seu círculo de afectos e corresponde normalmente ao local das pessoas com quem vive e que sempre cuidaram dela, devendo a ligação com esse local ter um carácter de estabilidade.

Quando é que ocorre uma mudança de residência?

Sabemos que nem toda a alteração da residência implica a alteração da competência territorial, pois só em determinado momento da vida de um processo, é que tal poderá ser relevante.

Em que circunstância é que a alteração da residência implica a alteração da competência territorial? O nº 4 do artº 79º da LPCJP responde.

- Voltemos à REGRA: é competente a CPCJ ou o tribunal da área da residência.
- Qual o MOMENTO EM QUE SE TEM DE AFERIR A COMPETÊNCIA? No momento da abertura do processo.

- Se ocorrer alteração da residência, mesmo que tenha decorrido pouco tempo, tal é irrelevante (cf. artigo 79º/7).
- QUANDO É QUE A ALTERAÇÃO DA RESIDÊNCIA PODE PROVOCAR ALTERAÇÃO DA COMPETÊNCIA TERRITORIAL? Até à aplicação de uma medida de protecção, nunca! Após a aplicação da medida não cautelar (se for uma medida cautelar, não há mudança), se tiverem decorridos três meses da mudança da residência, a competência territorial altera-se. Ou seja, se a medida já tiver sido aplicada e, entretanto, a criança mudar de residência, há que esperar três meses para estarem preenchidos os requisitos relativos à alteração da competência territorial.

d) Sobre o artigo 88º, decidiu o Acórdão da Relação de Lisboa de 2/5/2017 (Pº 14091/09.5T2SNE-A.L1-7):

«I – O processo de promoção e proteção de menores tem, de hoje em dia, caráter reservado, a significar que apenas as pessoas enunciadas na lei o podem consultar, entre elas figurando os pais do menor.

II – Pode, assim, afirmar-se o princípio segundo o qual as restrições de acesso e consulta do processo não abrangem os pais do menor que, à partida, o podem consultar sem restrições.

III – Esse acesso livre sofre, como única limitação, o segredo que a lei manda preservar, no âmbito de aplicação da medida de confiança a pessoa selecionada para adoção ou a instituição com vista a futura adoção, quanto à identidade dos adotantes e dos pais biológicos do adotado.

IV – Podem existir casos em que a integridade física da criança possa ficar em causa se o progenitor souber que a mesmo verbalizou, no âmbito do processo, o seu medo de conviver com ele, de sorte a que o superior interesse da criança aponte para a necessidade de limitar o acesso do progenitor a esse desabafo.

V – Não existindo elementos que permitam reconduzir o caso em análise à hipótese figurada, a confidencialidade não se justifica, tanto mais que o progenitor tomou já conhecimento da alegada verbalização desse medo através de outra peça processual».

e) **Sobre a apensação de processos:**

e.1.

- A apensação a que se reporta o nº 1 tem lugar independentemente do estado dos processos (deve ser remetido para apensação a uma Providência Tutelar Cível em tribunal, primeiramente instaurada, um processo da CPCJ no seu início);

- Se já tiver medida aplicada na CPCJ prossegue no foro com a medida aplicada, e não se abre instrução, apenas se revendo a medida no prazo respectivo;
- Esta norma abrange também, a nosso ver, os processos arquivados nos tribunais, podendo levantar-se a dúvida sobre se os arquivados nas CPCJ devem também ser apensados aos processos forenses (tendemos a responder afirmativamente pois a lei repete em dois números, a mesma ideia – os processos são apensos, ***independentemente do seu estado***, **ou seja, estado pendente ou arquivado) – de facto, o estado de um processo é pendente ou findo, não se querendo, a meu ver, referir à fase processual (cf. referência diferente no artigo 34º da LTE em que já se fala em «fase de processo»);**
- Se se tratar de processos pendentes de promoção e protecção das CPCJ, o tribunal pode ainda vir a solicitar à Comissão a informação sobre processos a que alude o nº 2 do artigo 81º;
- Como tal, as CPCJ têm plena legitimidade para remeterem processos para o tribunal em cumprimento desta norma (não necessitando, a nosso ver, de aval do MP interlocutor) – compreende-se, neste particular, as preocupações do MP em evitar um grande fluxo migratório de processos das CPCJ para os tribunais mas o bom senso imperará, tenho a certeza....

e.2.

Discorramos mais sobre a apensação.

Na prática, há muitas interpretações diversas nos vários foros.

Mais uma vez o legislador foi equívoco, deixando à doutrina e jurisprudência o mister de destruir as incertezas.

Assim, e seguindo de perto o opinado por Marta San Bento, uma jurista já comissária em Coimbra, impõe-se referir que, de acordo com a redacção das normas do artigo 11º do RGPTC e do artigo 81º da LPCJP – tal como lhes foi dada pela *Comissão de Revisão do Regime Jurídico da Proteção de Crianças* e que é a que consta das propostas de lei com os números 338/XII/4ª e 339/XII/4ª –, «não se visava nem nos parece que delas resultasse a inclusão dos processos findos no âmbito da conexão pretendida».

E, aliás, foi também esta a interpretação feita quer pelo Conselho Superior da Magistratura, quer pelo Conselho Superior do Ministério Público nos pareceres que emitiram relativamente àquelas propostas de lei, quando para o efeito foram solicitados pela competente Comissão da Assembleia da República no âmbito do respetivo processo legislativo.

Opção esta, face à qual manifestaram o seu desacordo.

Assim, atentemos no artigo 81º da LPCJP, tal como constava da Proposta de lei nº 339/XII/4ª (sendo que as conclusões que daqui extrairmos valerão *mutatis mutandis* para a norma do nº 1 do artigo 11º do RGPTC):

Esta norma previa:

> *"1 – Quando relativamente à mesma criança ou jovem, forem instaurados sucessivamente processos de promoção e proteção, inclusive na comissão de proteção, tutelar educativo ou relativos a providências tutelares cíveis, devem os mesmos correr por apenso, independentemente do respetivo estado, sendo competente para deles conhecer o juiz do processo instaurado em primeiro lugar.*
>
> *2 – Revogado.*
>
> *3 – Para efeitos do disposto no nº 1, o juiz solicita à comissão de proteção que o informe sobre qualquer processo de promoção e proteção pendente ou que venha a ser instaurado posteriormente relativamente à mesma criança ou jovem"* (Nossos sublinhados).

E portanto, pretendia-se com as alterações introduzidas ao nº 1 da norma:

- por um lado, passar a incluir no âmbito de conexão obrigatória também os processos de promoção e protecção que corressem termos nas CPCJ;
- por outro lado, esclarecer que a conexão dos processos pendentes se operaria, independentemente da fase em que se encontrassem esses processos (fase conciliatória, de julgamento, de instrução, de debate judicial, de execução de medida, etc...).

A expressão "*estado do processo*" foi então empregue no sentido de "fase do processo", tal como a podemos encontrar no **nº 1 do artigo 267º do Código de Processo Civil,** a propósito da apensação de acções intentadas em separado mas relativamente às quais se verificam os pressupostos de admissibilidade, designadamente, do litisconsórcio ou da coligação. Aí se dispõe que é ordenada a apensação dessas acções (a requerimento das partes com interesse atendível na junção) "*a não ser que o estado do processo ou outra razão especial torne inconveniente a apensação*".

E é esta razão, ainda, que explica o recurso à fórmula "correr por apenso", já que se pode entender que um processo findo não "corre termos", apenas o processo pendente o fazendo.

Sucede, porém, que o Conselho Superior da Magistratura, no parecer que emitiu, defendeu a substituição do vocábulo "sucessivamente" pelo vocábulo "separadamente", para que se eliminassem as dúvidas sobre se a apensação ocorria relativamente a processos já findos (e defendendo claramente esta abrangência).

E o que constatamos, tendo por referência a redacção final da norma, é que, **nas alterações introduzidas pelo legislador à redacção da norma,** contam-se:

- **por um lado, a adopção da fórmula "sucessivamente ou em separado" ao invés de apenas "sucessivamente" ou da substituição do vocábulo "sucessivamente" pelo vocábulo "separadamente" e, por outro lado, o aditamento de uma nova norma – o nº 4 – que utiliza redundantemente a fórmula que já constava do nº 1 – "independentemente do estado dos processos".**

Face ao exposto, temos que admitir como muito provável que o sentido da alteração introduzida pelo legislador tenha sido o de ir ao encontro da proposta apresentada pelo Conselho Superior da Magistratura (e também defendida pelo Conselho Superior do Ministério Público no respectivo e prolixo parecer), percepcionando na expressão "estado do processo" a circunstância de se encontrar "findo ou pendente", o que de resto também sabemos que tem perfeito acolhimento na jurisprudência (Cf., a título ilustrativo, o Acórdão do Tribunal da Relação de Guimarães, proferido em 13/1/2011, no âmbito do processo nº **3357/10.1TBVCT – A.G1, consultável em http://www.dgsi.pt/jtrg.nsf/86c25a698e4e7cb7802579ec004d3832/922154c1f8645bcd8025783e00422174?OpenDocument).**

A favor da apensação (também) de processos findos, está desde logo, a ideia de possibilitar que o decisor tenha uma visão global do histórico ou "percurso processual" da criança, de todas as intervenções, medidas e providências de que já beneficiou ou a que foi sujeito, evitando-se assim intervenções e medidas com pouca ou nenhuma possibilidade de sucesso ou mesmo contraproducentes – o que é de todo desejável. Mas também, ainda, a ideia de responsabilização do magistrado decisor relativamente a tudo o que for o "itinerário processual" de uma concreta criança.

Do lado da tese que exclui os findos defende-se que a regra da apensação (unicamente) de processos pendentes serve essencialmente o propósito de evitar decisões e medidas contraditórias ou incompatíveis entre si, mas também (e esta é uma preocupação muito característica da revisão legislativa que ocorreu) a de favorecer a concentração da assessoria técnica prestada ao tribunal a cada criança e respectiva família num único técnico: o gestor de processo a que se refere o nº 5 do artigo 20º do RGPTC ou o artigo 82º-A da LPCJP. E parece-me que aqui podemos identificar também um argumento sistemático a favor da não inclusão dos processos findos no âmbito da conexão em causa.

Optamos – ainda, mesmo sabendo que o fazemos contra a corrente – pela tese da apensação também dos findos.

Embora vislumbremos dificuldades.

De facto, ao ponderar algumas das implicações práticas de se extrair das normas em referência a imposição de apensação obrigatória também de processos findos, pode parecer que contrariam em absoluto o espírito do legislador vertido em regra transversal ao sistema, no sentido de deferir a competência para a decisão ao tribunal mais próximo da residência da criança [e que me parece particularmente relevante no caso dos processos de promoção e protecção, em que se impõe uma resposta pronta – conforme resulta, de resto, dos princípios da intervenção precoce e da actualidade, com consagração expressa nas alíneas c) e e) do artigo 4º da LPCJP].

É o caso de a criança em perigo residir em Lisboa, mas ter visto o exercício das suas responsabilidades parentais regulado há muitos anos em Coimbra, onde anteriormente residia com os pais, e sendo que essa cidade deixou de ter qualquer conexão quer com a criança, quer com os progenitores. Estender a regra da apensação obrigatória aos processos findos implicaria que o tribunal competente para o processo de promoção e protecção hoje fosse o de Coimbra e isto não nos parece que possa beneficiar de modo algum uma decisão que promova o superior interesse da criança.

***Reconhece-se, numa perspectiva de aperfeiçoamento da lei,* que a solução mais favorável à defesa do superior interesse da criança será a de determinar a apensação de todos os processos, pendentes e findos, mas atribuindo-se a competência para deles conhecer ao juiz do processo *pendente* instaurado em primeiro lugar.**

Não temos isso na lei expressamente mas o intérprete pode ousar fazer uma interpretação correctiva conforme ao interesse maior da criança.

Para acabar com as dúvidas, que bom seria que o legislador viesse agora dizer no nº 4 do artigo 81º:

> **«4 – A apensação a que se reporta o nº 1 tem lugar independentemente do estado dos processos, dela se exceptuando apenas os processos tutelares educativos em fase de inquérito, pendentes ou arquivados».**

*

Mais achas para esta fogueira:

Demos voz à Exmª Procuradora-Geral Distrital do Porto que recomendou de forma vinculativa para os Magistrados do Ministério Público colocados no Distrito Judicial do Porto – na sequência do III Encontro de Magistrados do Ministério Público da Jurisdição de Família e Menores da área dos Tribunais da Relação do Porto e de Guimarães, realizado a 3 de Junho de 2016 em Anadia – que:

«1. A mais relevante das alterações em matéria de apensação de processo introduzida com a reforma de 2015 relaciona-se com os processos que correm termos nas Comissões de Proteção, os quais, por regra, devem agora ser apensados ao processo judicial relativo à mesma criança, independentemente da sua natureza (tutelar cível, tutelar educativa, de promoção e proteção), como decorre da nova redação do artº 81º da LPCJP;

2. No mesmo sentido, tal como anteriormente decorria do disposto no artº 154º da OTM, o Regime Geral do Processo Tutelar Cível estabelece a obrigatoriedade de apensação de processos, incluindo agora os processos pendentes na CPCJ – cf. seu artº 11º;

3. Quer a regra do processo único, quer a da apensação de todos os processos que respeitem à mesma criança ou jovem, visam concentrar num só processo a apreciação conjunta e global de todas as situações que justificaram a sua instauração, e permitir uma decisão harmonizada e adequada ao momento e às necessidades atuais da criança;

4. Daqui resulta que quando um processo estiver findo, a apensação não deve ocorrer, ainda que eventualmente deva ser consultado, porquanto, constituindo a competência por conexão um desvio à regra da competência territorial (cf. o disposto no artº 11º, nº 5, do RGPTC), poderia frequentemente suceder que um tribunal, que não o da atual área de residência da criança fosse chamado a conhecer da sua situação, solução que o legislador quis afastar, como decorre do atual regime para os incidentes de incumprimento (artº 41º do RGPTC, oposto ao que decorria do artº 181º da OTM).

5. Nos termos do disposto no artº 11º, nº 3, da LPCJP, quando o processo de promoção e proteção que corre termos na CPCJ dever ser apensado a processo judicial, a CPCJ remete o processo ao Ministério Público, solução que se adequa à arquitetura do sistema de proteção, em que a iniciativa processual cabe ao Ministério Público (cf. o artº105º da LPCJP), pelo que está vedada às CPCJ a iniciativa de remeter diretamente processo ao tribunal;

6. Quando no âmbito de processo judicial se constatar que pende na CPCJ processo relativo à mesma criança ou jovem, porque o Juiz teve a iniciativa prevista no artº 81º, nº 3, da LPCJP, ou porque a CPCJ informou o tribunal ou o magistrado do MP interlocutor, o processo deve ser enviado ao MP».

*

Para quem entenda que o âmbito da norma do artigo 81º da LPCJP abrange também os processos findos, parece-nos forçoso concluir pela necessidade de apensação dos processos da CPCJ, mesmo que estejam findos.

e.3.

Outra questão – se é certo que a letra da lei não permite estabelecer qualquer distinção entre as decisões de mérito e as de forma, atentas **as razões que subjazem à consagração das regras de apensação, parece-nos que a apensação não se justificará nos casos de inutilidade ou impossibilidade superveniente da lide,** uma vez que em tais casos o processo não conterá qualquer informação útil relativamente ao histórico ou intervenção processual sobre a criança.

O mesmo já não entendemos quando esteja em causa o **indeferimento liminar do processo judicial de promoção e protecção ou em qualquer caso de arquivamento sem aplicação de medida de promoção e protecção** (parecendo-nos que neste último caso estaremos a falar das situações em que, **realizada a instrução, foi decidido o arquivamento do processo** nos termos do artigo 111º da LPCJP).

Em qualquer destes casos – quer se trate de **indeferimento liminar do requerimento inicial** (do Ministério Público, ou dos pais, representante legal, detentores da guarda de facto ou criança com idade superior a 12 anos nos casos previstos na alínea g) do artigo 11º da LPCJP), quer se trate de **arquivamento após o encerramento da fase de instrução**, as razões que podem fundamentar o arquivamento **pressupõem já um juízo fundamentado sobre a situação da criança e designadamente sobre a eventual existência de situação de perigo, bem como sobre a eventual necessidade de beneficiar da aplicação de medida de promoção e protecção**, pelo que nos parece fazer todo o sentido que, na apreciação de um outro processo, se tenham em consideração mesmo estas decisões anteriormente tomadas, especialmente se se tratar de um novo processo de promoção e protecção.

e.4.

A CPCJ tem legitimidade própria para provocar ou suscitar a apensação em causa. De resto, a revogação da norma do nº 2 do artigo 81º da LPCJP, onde se determinava que a apensação apenas teria lugar quando o juiz do processo entendesse que existia ou podia existir risco de incompatibilidade entre medidas ou decisões nos diversos processos, é bem sinal disso.

«É que o paradigma mudou: com a entrada em vigor da recente alteração à LPCJP e do RGPTC, o legislador instituiu uma regra clara que apenas conhece as excepções previstas no RGPTC (designadamente na norma do número 2 do artigo 11º deste diploma e que respeitam aos processos de averiguação oficiosa da paternidade e da maternidade, bem como às providências tutelares cíveis que sejam da competência das Conservatórias do Registo Civil).

Assim, quis o legislador designadamente que a apensação do processo de promoção e protecção aos processos tutelares cíveis em curso relativamente à mesma criança operasse invariavelmente, isto independentemente de existir em concreto risco de incompatibilidade entre medidas ou decisões ou porque entendeu (e esta é a nossa interpretação) que tal risco existe sempre.

Não nos parece assim que tenha sido deixada qualquer margem de decisão ao juiz titular do processo tutelar cível no sentido de aferir da conveniência em concreto de a apensação ter ou não lugar.

Admitimos, contudo, que ao se ter mantido quase intocada a norma do nº 3 do artigo 81º da LPCJP se dê azo às dúvidas que agora se levantam, mas que, na nossa opinião, não devem ter outra resposta que não aquela que aqui defendemos:

- quando se diz que para "*efeitos do disposto no nº 1*", isto é, para efeitos neste caso, da apensação do processo de promoção e protecção a correr termos na CPCJ a processo tutelar cível "*o juiz solicita à comissão de protecção que o informe sobre qualquer processo de promoção e proteção pendente ou que venha a ser instaurado posteriormente relativamente à mesma criança ou jovem*", está-se não a atribuir ao juiz a faculdade de decidir sobre a conveniência ou adequação de ser ordenada a apensação no caso concreto, mas antes dessa forma a evitar que a apensação ordenada pelo legislador fique na exclusiva dependência de iniciativa "oficiosa" da CPCJ, ou seja, a garantir-se que o juiz será, sempre, atempadamente informado da pendência de processo de promoção e protecção na CPCJ para que, caso esta entidade não tenha suscitado a apensação como lhe compete, o juiz a possa atempadamente ordenar» (palavras ouvidas da boca de Marta San Bento, numa acção de formação CEJ/2016).

e.5.

***Outra QUESTÃO* – Há jurisprudência que entende que «correndo dois processos de promoção e protecção, um pela comissão de protecção e**

outro judicial, tendo na sua base exatamente os mesmos factos relevantes, dada a vontade do legislador expressa através do princípio da subsidiariedade de a intervenção do tribunal ser reservada para situações de facto subsidiárias, deverá prevalecer e prosseguir o processo que corre termos pela comissão de protecção, arquivando-se o processo judicial» (Acórdão da Relação de Lisboa de 9/6/2011, Processo nº 298/11.9 TMLSB.L1-2). Lida assim de forma linear pode conduzir a soluções desaconselháveis, designadamente quando há efectivamente razões bastantes para a instância judicial prosseguir, em detrimento da intervenção da comissão de protecção.

O que fazer nestes casos?

A IDEIA fundamental a reter é que não podem coexistir simultaneamente, quanto à mesma criança, um processo de promoção e protecção na Comissão e outro no tribunal, em nome do princípio da subsidiariedade ou da sucessividade.

Correndo dois processos de promoção e protecção, um pela comissão de protecção e outro judicial, *tendo na sua base exactamente os mesmos factos relevantes*, dada a vontade do legislador expressa através do princípio da subsidiariedade de a intervenção do tribunal ser reservada para situações subsidiárias, deverá prevalecer e prosseguir o processo que corre termos pela comissão de protecção, arquivando-se o processo judicial.

Mas pode haver excepções a esta regra – a especificidade de cada caso pode exigir que prevaleça o processo judicial – com factos novos e mais graves – sobre o da CPCJ:

- **Factos novos *(o que não existia no caso do Acórdão da Relação de Lisboa)*, a não requerer procedimento judicial urgente, mas a induzir a falta de eficácia da intervenção da CP;**
- **Imaginemos que há necessidade de fazer intervir o artigo 91º da LPCJP – neste caso, é legal que prevaleça o procedimento judicial e cesse o da CP;**
- **Dois irmãos, com situações vivenciais diversas (o processo de cada um pode correr em sede própria e distinta).**

Importa aqui, em conclusão, que haja uma oportuna e activa intercomunicação entre os dois pilares, através da intervenção do Magistrado do MP interlocutor junto da CPCJ, dando pistas quando é de privilegiar a intervenção jurisdicional, em detrimento da administrativa.

e.6.

Embora nem sempre concordantes com elas, ficam aqui as Conclusões das questões discutidas no âmbito do "I Encontro CPCJs/MP" da Procuradoria-Geral Distrital do Porto, realizado no dia 1 de Março de 2017, no Auditório Claret, do Colégio Internato dos Carvalhos, no que tange à conexão de processos:

- **Pode a CPCJ remeter oficiosamente um processo para ser apensado a um processo judicial (exemplo, tutelar educativo, tutelar cível) relativo à mesma criança ou jovem?**

  Não. A CPCJ não deve remeter directa e oficiosamente um processo para apensação a processo judicial, devendo antes comunicar ao magistrado interlocutor a existência do processo e solicitar que seja ponderada a eventual apensação, nos termos do artº 81º, nº 1, da LPCJP.

- **Se o tribunal solicitar à CPCJ a remessa de um processo de promoção e protecção, que procedimento deve ser adoptado?**

  Quando o processo que corre termos na CPCJ tenha que ser apensado a processo judicial, a Comissão de Protecção deve remeter o processo ao magistrado interlocutor, nos termos do artº 11º, nº 3, da LPCJP, solução que se harmoniza com a arquitectura do sistema de protecção em que a iniciativa processual cabe ao Ministério Público, por força do artº 105º, nº 1, daquela mesma lei.

- **Articulação entre o Ministério Público e as Comissões de Protecção nas situações enquadráveis no artº 11º, nº 2, da LPCJP.**

  A eventual intervenção judicial prevista para as situações contempladas no artº 11º, nº 2, da LPCJP deve ocorrer por iniciativa do magistrado interlocutor após prévia comunicação e concertação – por qualquer meio – com a respectiva CPCJ.

f) Sobre a audição da criança, diremos ainda que:

1º ACTO

1.1. Está assente, no nosso subconsciente supranormativo, que, tendencialmente, toda a criança deve ser ouvida nos processos em que se discutem questões relacionadas com a sua existência.

Tal princípio da audição da criança traduz-se, como exemplarmente nos ensina Rui Alves Pereira:

(1) na concretização do direito à palavra e à expressão da sua vontade;
(2) no direito à participação activa nos processos que lhe digam respeito e de ver essa opinião tomada em consideração;
(3) numa cultura da Criança enquanto sujeito de direitos.

Há que começar por apelar aos princípios supranacionais que nos fazem mover nesta matéria da audição das crianças em meio administrativo e judicial, a saber:

- o artigo 12º da Convenção[6] sobre os Direitos da Criança;
- os artigos 3º e 6º da Convenção Europeia[7] Sobre o Exercício dos Direitos da Criança de 1996;

[6] *«1 – Os Estados Partes garantem à criança com capacidade de discernimento o direito de exprimir livremente a sua opinião sobre as questões que lhe respeitem, sendo devidamente tomadas em consideração as opiniões da criança, de acordo com a sua idade e maturidade.*
2 – Para este fim, é assegurada à criança a oportunidade de ser ouvida nos processos judiciais e administrativos que lhe respeitem, seja directamente, seja através de representante ou de organismo adequado, segundo as modalidades previstas pelas regras de processo da legislação nacional».

[7] Logo no artigo 1º, nº 2 se assegura que as crianças "*estão autorizadas a participar em processos perante autoridades judiciais que lhes digam respeito*".
O artigo 2º define um conceito de 'informação relevante' de extrema importância e de difícil aplicação nos Processos de Promoção e Proteção, como "*a informação adequada à idade e à capacidade de discernimento da criança, e que lhe será dada de forma a permitir-lhe exercer plenamente os seus direitos, a menos que a prestação dessa informação seja prejudicial ao seu bem-estar*".
O artigo 3º define o direito da criança a ser informada e de exprimir as suas opiniões no âmbito dos processos, como medida processual aplicada nas autoridades judiciais e a obrigatoriedade de "*obter todas as informações relevantes; ser consultada e exprimir a sua opinião e ser informada sobre as possíveis consequências de se agir em conformidade com a sua opinião, bem como sobre as possíveis consequências de qualquer decisão*".
O artigo 4º acrescenta que pode "*solicitar, pessoalmente ou através de outras pessoas ou entidades, a designação de um representante especial, quando nos termos do direito interno, os titulares de responsabilidades parentais estejam impedidos de representar a criança devido a um conflito de interesses entre eles e ela*", assumindo aqui o conceito de "representante *especial*", garantindo ainda o seu artigo 9º que a autoridade judicial nomeia um, quando os titulares das responsabilidades parentais estão impedidos de o fazer.
Finalmente, o completo artigo 6º (o processo de tomada de decisão)
«Nos processos que digam respeito a uma criança, a autoridade judicial antes de tomar uma decisão deverá:

- o artigo 24º da Carta[8] dos Direitos Fundamentais da União Europeia (aprovada em protocolo anexo ao Tratado sobre o Funcionamento da União Europeia, tal como resultou do Tratado de Lisboa);
- as Directrizes[9] do Conselho da Europa sobre uma Justiça adaptada às crianças, oriunda do seu Comité de Ministros – 17/11/2010 (*nomeadamente, as nºs 23 e 33 para o «antes da decisão judicial*[10]*», as nºs 37 a 47 para o «aquando da decisão judicial*[11]*» e as nºs 75 a 83 para o «após a decisão judicial*[12]*»*);

a) Verificar se dispõe de informação suficiente para tomar uma decisão no superior interesse da criança e, se necessário, obter mais informações, nomeadamente junto dos titulares de responsabilidades parentais;
b) Caso à luz do direito interno se considere que a criança tem discernimento suficiente:
– Assegurar que a criança recebeu toda a informação relevante;
– Consultar pessoalmente a criança nos casos apropriados, se necessário em privado, diretamente ou através de outras pessoas ou entidades, numa forma adequada à capacidade de discernimento da criança, a menos que tal seja manifestamente contrário ao interesse superior da criança;
– Permitir que a criança exprima a sua opinião;
c) Ter devidamente em conta as opiniões expressas pela criança»

[8] As crianças «podem exprimir livremente a sua opinião, que será tomada em consideração nos assuntos que lhes digam respeito, em função da sua idade e maturidade».

[9] Falamos da garantia dos Direitos da Criança envolvida em *procedimentos administrativos de protecção*, das Estratégias e mecanismos de garantia dos Direitos da Criança envolvida em *procedimentos judiciários, cíveis e penais e* da garantia dos Direitos da Criança *na execução das decisões judiciárias.*

[10] Em resumo:

- Deve ser reforçado o princípio da participação, havendo uma assunção de que, nem sempre, crianças, jovens e famílias, dispõem de meios adequados de acesso à justiça, não sendo devidamente consultadas e ouvidas. Esta consulta e audição tem de levar em conta a idade e maturidade das pessoas implicadas, sabendo-se que uma linguagem inacessível compromete a compreensão e integração dos direitos.
- É importante transmitir à criança que o ónus da decisão não é dela.
- Deve ser consciencializado de que, ao dispor de todos quantos trabalham nesta área, existem novos estudos científicos apelando-se à sua consulta, nomeadamente no âmbito das melhores técnicas de entrevistar crianças, e de que a criança/jovem deve ser ouvida individualmente, dando-se especial atenção ao espaço envolvente e apelando-se à aplicação destes procedimentos na nossa prática pré-judicial.

[11] Em resumo:

- Apelo à boa prática de adopção da audição da criança com ajuda de técnicos especializados, quer em acto judicial designado para o efeito, quer aproveitando a audição que eventualmente tenha sido realizada mediante perícia ou Audição Técnica Especializada.
- Apelo à prática da prestação de declarações/audição com ajuda e presença de um psicólogo, para que sejam criadas condições emocionais adequadas para que a criança se sinta

- Recomendação do Conselho da Europa nº 1864 (2009) da Assembleia Parlamentar;
- Recomendação CM/Rec. (2012) do Comité de Ministros do Conselho da Europa, adoptada em 28/3/2012;
- Convenção de Lanzarote - em 2007 -, no âmbito do Protecção das Crianças contra a Exploração Sexual e os Abusos Sexuais, que adianta no seu artigo 35º as indicações para a Audição da Criança;
- e os artigos 23º, alínea b), 41º e 42º do Regulamento Bruxelas II *bis*[13] (nº 2201/2003), que excepcionam do reconhecimento e executorieda-de as decisões relativas a processos em que tal audição não tenha sido assegurada.

Particularmente, a Magna Carta da infância - a Convenção sobre os Direitos da Criança da ONU - propugna o cabal respeito pelas opiniões da

bem, com a mais-valia de poder ainda constituir um esclarecedor sujeito dos envolvidos pois pode vir a ser chamada à audiência ou conferência.

[12] Em resumo:

- Necessidade de perspectivar a interacção efectiva de criança no seu processo ao nível do seu direito de recurso, com representação adequada e legal, independentemente do recurso dos outros intervenientes processuais.
- Apelo à necessidade de se dar uma explicação à criança sobre o teor e alcance da decisão tomada a seu favor, explicação dada, não necessariamente pelos seus pais, mas antes pelo Ministério Público, pelo advogado que a representa ao nível do patrocínio judiciário ou do mandato judiciário, ou por um assessor judiciário, enumerando os passos possíveis a dar após a prolação da decisão e explicitando os seus direitos ao nível da execução das decisões.
- Toda a criança deve ter o direito a falar em confidencial com o juiz e com o Ministério Público, devendo estes visitar e contactar com as crianças acolhidas em casas de acolhimento ou internadas em Centros Educativos, sem que esperem convite.
- Falar de acesso ao Direito é falar de **representação adequada da criança em juízo**, uma das suas condições mais relevantes;
- Ora, não tendo a criança capacidade jurídica nem legitimidade processual activa para defender os seus direitos, é indispensável que lhes seja assegurada uma adequada **representação cívica** que actue em seu nome e com respeito pelos seus interesses e necessidades.

[13] *«Tão importante se revela a audição da criança que o aludido Regulamento Europeu - destacado entre todos os diplomas do espaço comum de justiça por ter suprimido pela primeira vez na História o «exequatur» - só permitiu a aludida dispensa precursora do processo intermédio de revisão e confirmação de sentença estrangeira que contenha decisão sobre direito de visita ou relativa ao retorno da criança em casos de rapto parental, quando se tenha garantido a audição do menor - cf. art.s 41, nº 2, al. c) e 42º, nº 2, al. a)»* - Cfr. Acórdão da Relação de Coimbra de 20/6/2012 (Pº 450/11.7TBTNV-A.C1).

criança e o seu direito a ser ouvida (artigo 12º, n.os 1 e 2), participando nas decisões que lhe dizem respeito (processos judiciais ou administrativos), de acordo com a sua idade e maturidade.

Já entrando na lei interna portuguesa, não vislumbramos na lei constitucional portuguesa qualquer norma que directa e especificamente tutele esse direito – contudo, como explana Mónica Moreira na sua tese de Mestrado apresentada na Escola de Direito do Minho em 2017 e intitulada «O direito de participação das Crianças nas Ações de Regulação das Responsabilidades Parentais»:

> *«Não obstante, somos de considerar que este mesmo direito surge, de forma implícita, da combinação dos preceitos contidos nos artigos 12º, 13º, 25º, 26º, 27º, 37º, 48º, 69º e 70º, todos da CRP. De facto, atendendo aos objetivos prosseguidos pelo direito de participação, julgamos que da previsão de todos os princípios e direitos previstos naqueles preceitos – a saber, os princípios da universalidade, da igualdade e não discriminação; os direitos à dignidade social, à integridade moral e física, ao desenvolvimento integral, à capacidade civil, à cidadania, à palavra, à liberdade, a exprimir e divulgar livremente o seu pensamento pela palavra, pela imagem ou por qualquer outro meio, bem como o direito de se informar e de ser informado; a tomar parte na vida política e a ser esclarecido objetivamente sobre atos do Estado e demais entidades públicas; a ser informado pelo Governo e outras autoridades acerca da gestão dos assuntos públicos; à proteção da sociedade e do Estado, com vista ao seu desenvolvimento integral; e à sua integração na vida ativa – emerge o direito que aqui analisamos, embora, evidentemente, não resulte com a mesma força que adviria de uma norma que diretamente o prevêsse».*

Mais à frente, veremos directas manifestações desse direito na lei positiva portuguesa.

1.2. Mas estamos a falar de Crianças.

Não de candidatos à adultez, mas de cidadãos de pleno direito, em termos de gozo de direitos.

Completos em direitos.

Ora, sabemos que a sua linguagem roça a infantilidade, como não podia deixar de ser.

Mas é cheia de imagens e metáforas, não intelectualmente trabalhadas mas naturalmente ditadas, na medida em que a realidade nua e crua ainda não é facil e completamente percepcionada pelos seus pueris sentidos.

Mas fazem-se entender como ninguém.

Mesmo que digam que a *«paciência é uma coisa que mãe perde sempre»*, que o *«relâmpago é um barulho rabiscando o céu»*, que o *«palhaço é um homem todo pintado de piadas»*, que o *«sono é saudade de dormir»*, que o *«Arco-íris é uma ponte de vento»*, que o *«deserto é uma floresta sem árvores»*, que a *«felicidade é uma palavra que tem música»*, que a *«rede é uma porção de buracos amarrados com fio»*, que o *«vento é ar com muita pressa»*, que a *«cobra é um bicho que só tem rabo»*, que o *«Helicóptero é um carro com ventilador em cima»*, que a *«esperança é um pedaço da gente que sabe que vai dar certo»*, que a *«alegria é um palhacinho no coração da gente»* ou que a *«avestruz é a girafa dos passarinhos»!*

É premente olhar-se nos seus olhos, sentir o seu sentir, auscultar a sua opinião, mesmo que não a tenhamos de seguir.

Porque acreditamos que se o superior – MELHOR – interesse da criança se apresenta como o princípio norteador de todas as decisões que lhe digam respeito, então o princípio da participação e audição da criança ***constitui-se como um dos melhores meios para o concretizar.***

1.3. Aqui chegados, conhecemos bem demais os direitos processuais de uma criança:

a. de ser informada;
b. de exprimir as suas opiniões no âmbito dos processos;
c. de ser informada sobre as possíveis consequências de se agir em conformidade com a sua opinião, bem como as consequências de qualquer decisão;
d. de solicitar a designação de um representante especial, quando os progenitores estejam em conflito de interesses com ela;
e. de pedir para ser assistida por uma pessoa adequada, da sua escolha, que a ajude a exprimir a sua opinião, eventualmente, um advogado;
f. de nomear o seu próprio representante;
g. de exercer, no todo ou em parte, os direitos das partes.

Sabemos também qual o papel das instâncias judiciais.

Antes de decidir, uma autoridade judicial deve verificar se dispõe de informação suficiente para tomar essa decisão e, se necessário, obter mais informações, nomeadamente junto dos titulares das responsabilidades parentais.

Se a criança tiver discernimento suficiente, essa autoridade deve assegurar que ela recebeu toda a informação relevante, deve consultar directamente a criança e deve permitir que ela exprima a sua opinião, levando devidamente em conta a mesma, mesmo que acabe por não a seguir.

O Estado tem, pois, o dever de agir de forma expedita, sem atrasos significativos, podendo, em casos urgentes, tomar decisões que sejam imediatamente exequíveis, tendo ainda o dever oficioso de agir no interesse da criança – por iniciativa própria (se o bem-estar da criança estiver seriamente comprometido).

O papel dos representantes da criança com discernimento passa por lhe dar todas as informações relevantes sobre o processo, por lhe explicar as possíveis consequências de se agir em conformidade com a sua opinião, bem com as possíveis consequências de qualquer acção por parte do próprio representante.

Os Estados deverão ainda estender o disposto na Convenção aos processos perante outros órgãos que digam respeito a crianças (v.g. Comissões de Protecção de Crianças e Jovens em Perigo, Serviços de Mediação Familiar, Conservatórias do Registo Civil).

É, pois, este ser que quer ser ouvido por quem vai decidir sobre matérias da sua vida.

2º ACTO

2.1. Apenas dois vectores[14] de legitimação devem estar em causa aquando da tomada da decisão de ouvir uma criança – ***a sua idade e a sua maturidade para ser ouvido.***

Contudo, estes requisitos reconduzem-se a um só, em essência – o da sua maturidade para ser ouvido.

De facto, a idade não é senão um indício de obtenção pela criança dessa mesma maturidade para ser ouvida, não funcionando de, *per si*, como factor eliminatório para essa decisão de ouvir uma criança, a não ser nos casos fla-

[14] Como bem deixa escrito Graça Amaral, no Acórdão da Relação de Lisboa de 17/11/2015 (Pº761/15.2.T8CSC.L1-7), *«se é certo que seria desejável que, normativamente, fossem adoptados critérios uniformes relativamente aos pressupostos e metodologia necessários ao exercício do direito de audição da criança (capacidade, definição de um patamar etário mínimo, circunstâncias que devem determinar o tribunal a recusar a audição do menor, entidade responsável pela audição, lugar e método de audição, possibilidade da criança se fazer acompanhar por pessoa da sua confiança, forma de registo das declarações da criança, entre outros), tais procedimentos são levados a cabo casuisticamente»*.

grantes de tenríssima idade, como parece óbvio (e note-se que a decisão de audição de uma criança é que se deve ajustar à sua idade e maturidade e não a consideração da sua opinião).

Contudo, pode ser conveniente e útil ouvir uma criança de tenra idade – *«ela pode revelar a sua vontade por meio de gestos, atitudes, comportamentos, muitas vezes pelo próprio revelador silêncio tranquilo na presença de uma dos progenitores, contrastando com a agitação nervosa quando na presença do outro progenitor»* (Salazar Casanova, em "O regulamento (CE) nº 2201/2003 do Conselho e o princípio da audição da criança" – *Scientia Juridica*, Tomo LV, nº 306 – Abril/Junho 2016, p. 230).

Estas crianças podem, de facto, querer dizer de sua justiça – e querem falar, tantas vezes através de hesitações, esgares, silêncios comprometidos e constrangedores, no fundo, sinais, não produzindo sempre palavras.

2.2. Contudo, prévio a esta decisão é saber se é ***conveniente*** ouvir uma criança face ao assunto específico a abordar.

De facto, na nossa opinião, pode e deve o tribunal deixar de ouvir uma criança quando o assunto não contende directa e relevantemente com o seu querer e é lateral relativamente aos seus anseios (exemplo: está só em causa o montante de alimentos), sob pena de poder vir a sofrer mais danos do que ganhos com esta diligência.

Contudo, se assim decidir, o foro deverá explicitar em despacho fundamento a razão dessa não audição.

A este propósito, leia-se a avisada anotação feita por Jorge Dias Duarte a uma aresto do Tribunal da Relação de Guimarães de 20/11/2014, in RMP 141, Janeiro-Março de 2015, p.199-211, na qual o autor opina que a lei não obriga *sempre* o tribunal a ouvir uma criança, antes fazendo depender tal audição de uma prévia, serena e muito rigorosa avaliação da efectiva capacidade da criança prestar declarações, de forma livre, não contaminada emocionalmente, tendo-se em atenção a concreta criança dos autos e a natureza do também concreto processo para se aferir se, de facto, se deve colher o respectivo depoimento, o que sucederá sempre que se conclua que aquela específica criança tem capacidade para trazer informação útil aos autos e a respectiva inquirição não é ou não será prejudicial para ela.

Como tal, esta audição da criança «não será nunca uma mera formalidade, nem corresponderá ao mero cumprimento de algum tipo de *rito judiciário*», sendo um acto verdadeiramente substancial.

Recorde-se que esta decisão jurisprudencial de Guimarães (Pº 43/ 13.4TMBRG.G1) determinou singelamente que:

«No caso em apreço não se procedeu a essa audição que reveste carácter obrigatório [alínea i) do artº 4º da LPCJP ex vi do art º 147º-A OTM].

*A inobservância desta **formalidade** que tem reflexo na decisão da causa, determina a **nulidade da decisão**, pelo que se impõe a sua anulação para que se proceda à audição da menor e após deve ser proferida nova decisão, onde deverá ser tido em conta o resultado da diligência ora ordenada, ficando prejudicado o conhecimento das demais questões suscitadas».*

Esta decisão entendeu que estávamos perante uma mera formalidade obrigatória que gerava nulidade processual.

O artigo 411º do CPC, ao instituir o princípio do inquisitório, determina que «incumbe ao juiz realizar ou ordenar, mesmo oficiosamente, todas as diligências necessárias ao apuramento da verdade e à justa composição dos litígios, quanto aos factos de que lhe é lícito conhecer».

Se é verdade que naquele caso concreto se impunha ouvir a criança, não poderemos acompanhar a tese do aresto quando entende que tal audição é sempre obrigatória, como já se explanou.

Já aqui se deixou escrito que haverá situações que não exigem a audição de uma criança – e aí o critério judiciário deverá ser o da ***conveniência da sua audição,*** face ao assunto específico a abordar.

Recorde-se: pode e deve o tribunal deixar de ouvir uma criança quando o assunto não contende directa e relevantemente com o seu querer e é lateral relativamente aos seus anseios.

Se até aqui concordamos com Jorge Dias Duarte, já não iremos tão longe como ele ao considerar que se deve fazer depender a audição de uma criança de uma prévia, serena e muito rigorosa avaliação da efectiva capacidade de a criança prestar declarações de forma livre, ou seja, não contaminada emocionalmente.

O critério da conveniência não pode ir até aí, a nosso ver – uma criança que se supõe não ir depor de forma livre deve ser ouvida em matérias cruciais a fim de que o tribunal ouça de viva voz o seu depoimento e daí retire as legais consequências quanto à sua relevância opinativa.

Deixar de a ouvir por temer que ela não vá depor em total liberdade, é fazer escapar da ribalta do «julgamento» relevantes considerações que podem ajudar, e muito, à obtenção da boa decisão da causa.

Existirão situações que, apesar de a criança compreender perfeitamente o litígio e ter uma opinião sobre ele, o juiz poderá chegar à conclusão de que não será conveniente que ela venha a ser ouvida dada a natureza extremamente agressiva e conflitual do dito litígio – mas também aqui haverá que ter cautelas: ao decidir muitas vezes que a criança tem falta de discernimento objectivo, poderá estar o tribunal a dar às partes em conflito, ou a alguma delas, um excelente pretexto para o «*exercício de inqualificáveis pressões sobre a criança, recompensadas com a atitude abstencionista do tribunal*) (cfr. Salazar Casanova no artigo acima citado, p. 232).

Após decidir que é conveniente ouvir uma criança, nunca poderá o tribunal entender que esta audição é inútil ou supérflua.

Enquanto acto de audição estamos perante um meio de prova sujeito à livre apreciação do tribunal, a conjugar criticamente com outros, sujeito a uma avaliação probatória casuística, ponderando as circunstâncias de cada caso, em que pesa, além do mais, a idade e o grau de maturidade e discernimento da criança.

A vontade declarada pela criança na perícia psicológica ou em Juízo, obtida através da sua audição, não é algo que vincule a entidade decisória mas é algo que tem de ser levado em linha de conta aquando dessa decisão, enquanto manifestação do seu inalienável direito à palavra e à influência activa na escolha do seu destino pessoal.

2.3. *Sobre a idade para ser ouvida*

2.3.1. A este nível, vejamos o que dispõe o nosso[15] ordenamento jurídico nacional, não deixando de lembrar o que muito bem acentua Maria Clara Oliveira, em tese de Doutoramento, datada de 2016, e intitulada «*A criança em perigo e os adultos que decidem por ela – fatores de influência na morosidade*

[15] Em termos de Direito Comparado europeu, este critério da idade difere de país para país. Ruth Farruggia, em "Achievements in taking children's rights further in civil justice", in *Compilation of texts related to child friendly justice*, Maio 2009, esclarece que, em 2009, era obrigatório na Finlândia ouvir crianças a partir dos 15 anos, em Malta a partir dos 14 anos, enquanto na Bélgica e Países Baixos tínhamos os 12 anos. Já na Roménia tínhamos os 10 anos. Na Noruega tinham mudado recentemente de 12 para 7 anos. Na Alemanha não havia nenhuma idade mínima, havendo registos de casos de audição com 4 anos. Por seu lado, o "English Children Act" possuía também o requisito de capacidade de discernimento suficiente, e não da idade, o que também acontece em França.

processual de crianças e jovens em ambiente extra familiar temporário», a p. 83: *«é impossível ignorar as dificuldades de definição e subsequente ação: um adolescente de catorze anos não tem a mesma capacidade, entendimento ou vontade de participar do que uma criança de dois anos ou um jovem de dezassete anos, etc.. Os projetos delineados para cada uma destas idades também serão necessariamente diferentes. É, por isso, imprescindível manter presentes as diferenças entre bebé, criança, jovem, adolescente, etc., e o que cada uma das idades de que se fala é capaz de fazer, entender, desejar, etc., mesmo que estas fronteiras não estejam delineadas a régua e esquadro, sob pena de se cair no inverso, um agrupamento etário fixo sem atenção às características individuais e contextuais de cada criança ou jovem»*.

Sabemos que a idade acaba por ser, aqui e ali, o critério usado pelos Juízes para tomar a decisão de ouvir ou não uma criança.

A barreira dos 12 anos funcionou sempre como marco etário.

Há quem opine que se devem sempre ouvir crianças a partir dos 8 anos, por força no prescrito no artigo 488º/2[16] do Código Civil, doravante CC (que presume falta de imputabilidade aos menores de 7 anos de idade), não se deixando de notar que não deverá ser considerado análoga a presumível inimputabilidade em termos de responsabilidade civil e a presumível imaturidade de crianças com idade inferior a tal idade.

O mundo mudou também em Portugal a este nível.

Vejamos como.

A. *PARA AS PROVIDÊNCIAS TUTELARES CÍVEIS (PTC)*

A.1. *TODAS AS PTC EM GERAL (REGULAÇÕES, ALTERAÇÕES DA REGULAÇÃO, LIMITAÇÕES – QUANTO À PESSOA E AOS BENS DO FILHO – E INIBIÇÕES DO EXERCÍCIO DAS RESPONSABILIDADES PARENTAIS, SUSPENSÃO DO EXERCÍCIO DAS RP, INCUMPRIMENTOS EM SEDE DE RP, ENTREGAS JUDICIAIS DE CRIANÇAS, ALIMENTOS DEVIDOS A CRIANÇA, FALTA DE ACORDO DOS PAIS EM QUESTÕES DE PARTICULAR IMPORTÂNCIA E EM ACÇÕES TUTELARES COMUNS):*

[16] Dispõe tal normativo: *«1 – Não responde pelas consequências do facto danoso quem, no momento em que o facto ocorreu, estava, por qualquer causa, incapacitado de entender ou querer, salvo se o agente se colocou culposamente nesse estado, sendo este transitório; 2 – Presume-se falta de imputabilidade nos menores de sete anos»*.

- Artigo 1878º/2 do CC – audição pelos pais (princípio extra-processual)
- Artigo 1901º/3 CC – audição pelo juiz em tribunal[17]
- Artigo 4º/1 c) do Regime Geral do Processo Tutelar Cível, doravante, RGPTC – princípio orientador de audição e participação da criança (sem limite de idade)
- Artigo 5º do RGPTC – Audição da criança pelas autoridades judiciárias em todas as PTC (sem limite de idade)
- Artigo 35º/3 e 42º/5) do RGPTC – Audição da criança pelo juiz em RERP e AERP (com 12 ou mais anos, podendo ser ouvida com idade inferior desde que tenha maturidade – ***capacidade para compreender os assuntos em discussão*** – para este acto)

Note-se que a lei portuguesa actual, seguindo os diversos instrumentos internacionais, alterou a forma de determinar a obrigatoriedade da audição da criança, tendo passado a prever – *onde antes se estabelecia que era obrigatória a audição de criança com mais de 12 anos ou com idade inferior quando a sua capacidade para compreender o sentido da intervenção o aconselhe* – que a criança **deve ser ouvida quando tiver "capacidade de compreensão dos assuntos em discussão, tendo em conta a sua idade e maturidade"**.

Caberá ao juiz aferir, casuisticamente ***e por despacho***, a capacidade de compreensão dos assuntos em discussão pela criança, podendo para o efeito recorrer ao apoio da assessoria técnica – cfr. nº 2 do artigo 4º.

*

A.2. *Nas RERP e ARERP (de forma especial)*[18]:

- *Obrigatória a audição da criança com 12 ou mais anos;*

[17] A nova redacção do artigo 1901º, resultante da Lei nº 61/2008, de 31 de Outubro, vigente a partir de 30 de Novembro de 2008, corresponde a uma evolução da anterior, já que se prescindiu da idade de referência quatorze anos, o que significa que apenas a falta de capacidade de discernimento da criança ou outras dificuldades cognitivas ou emocionais de aferição casuística poderão obstar à sua audição.

[18] No campo do Direito Internacional da Família, a audição da criança é um dos princípios fundamentais do Regulamento (CE) nº 2201/2003 do Conselho, de 27/11/2003, relativo à competência, reconhecimento e execução de decisões em matéria matrimonial e em matéria de responsabilidade parental (*"Regulamento Bruxelas II bis"*): segundo o comando do artigo 23º, al. b), **uma sentença de um tribunal português que tenha sido proferida, sem que a criança tenha tido a oportunidade de ser ouvida (ou inexistência de um despacho que fundamente a não audição da Criança) levará a que esta mesma sentença *não seja reconhecida* em outro Estado-Membro, por consubstanciar um fundamento de não reconhecimento.**

- Quanto ***às crianças com menos de 12 anos***, *"impõe-se que o decisor ajuíze, casuisticamente o estádio de desenvolvimento natural da criança em relação àquele assunto concreto – se o habilita ou não a compreender o assunto em discussão e se, naquelas circunstâncias, o interesse da criança desaconselha a audição da criança" – cfr. Alcina Costa Ribeiro, "O Direito de Participação e audição da Criança nos processos de promoção e protecção e nos processos tutelares cíveis", revista do CEJ, nº 2, 2015.*
- A audição e a participação da criança são direitos que devem ser observados por todas as autoridades envolvidas quando haja que resolver questões que lhe digam respeito, em especial questões relativas ao exercício das responsabilidades parentais, **independentemente de**

Também o artigo 11º/2 estipula que se deve providenciar no sentido de que a criança tenha a oportunidade de ser ouvida durante o processo, excepto se tal for considerado inadequado em função da sua idade ou grau de maturidade (cfr. também artigo 42º/2 a).
A este propósito, é paradigmático o teor do Acórdão do Tribunal da Relação de Évora de 25 de Maio de 2017 (Pº 687/16.2T8TMR.E1) disponível in *www.dgsi.pt*, o qual defende que se deve aceitar a oposição da criança ao seu regresso desde que *"a vontade manifestada seja suficiente para que o tribunal retire eficácia à decisão cujo cumprimento se pretende"*, sendo necessário *«que a oposição do menor ao seu regresso seja uma oposição consciente, crescida, ponderada – mas de acordo com a vontade normal própria* ***da*** *sua idade".*
Partilho agora a resolução legislativa do Parlamento Europeu relativa à revisão do Regulamento (CE) nº 2201/2003 relativo à competência, ao reconhecimento e à execução de decisões em matéria matrimonial e em matéria de responsabilidade parental – **sublinho nesta revisão em curso a proposta de aditamento do artigo 20º – Audição da Criança (alteração 44) –:**

- *"A audição de uma criança com vista ao exercício por esta do direito à expressão da sua opinião deve ser realizada por um juiz ou por um perito com formação adequada, em conformidade com as disposições nacionais, sem qualquer pressão, em particular parental, num espaço próprio adaptado à idade da criança, tanto em termos de linguagem, como de conteúdo, e deve oferecer todas as garantias que permitam preservar a sua integridade emocional e o seu superior interesse.*
- *A audição da criança não deve ser realizada na presença das partes no processo, nem dos respectivos representantes legais, mas deve ser gravada e acrescentada à documentação para que as partes e os seus representantes legais possam ter a oportunidade de ver o registo da audição."*

Diz-se ainda que as referidas autoridades devem ter devidamente em conta as opiniões da criança, *em função da sua idade e maturidade*, tendo em conta o superior interesse da criança, *devendo documentar na decisão as considerações tecidas*.
(CONSULTÁVEL EM:
https://www.europarl.europa.eu/sides/getDoc.do?pubRef=--%2F%2FEP%2F%2FTEXT+TA+P8-TA-2018-0017+0+DOC+XML+V0%2F%2FPT&fbclid=IwAR1MKPrG47h29noWE7kOtaetbJY4luGOR-3cRP-tzSOev5M-uDC_QYzx3A0)

esses direitos deverem ser assegurados no âmbito de um processo judicial ou de um processo desjudicializado (ou seja, perante uma Conservatória do Registo Civil ou perante o Ministério Público).

- O legislador pretendeu atribuir ao **Ministério Público** – e não aos Conservadores do Registo Civil – a competência para a audição das crianças nos processos desprovidos de litígio que correm termos nas Conservatórias do Registo Civil.
- A concretização deste direito à participação activa da criança tinha já expressão em diversas normas do direito interno, tendo a Lei nº 5/2017, de 2/3, alargado a sua aplicação às situações desprovidas de conflito, designadamente aos acordos de Regulação do Exercício das Responsabilidades Parentais homologadas pelo Conservador do Registo Civil.
- Concretamente, diz-se no nº 4 do artº 274º-B do Código do Registo Civil que o Ministério Público" ***promove** a audição do menor para recolha de elementos que assegurem a salvaguarda do superior interesse da criança, aplicando-se, com as necessárias adaptações, o disposto nos artºs 4º e 5º do RGPTC".*

A.3. *ADOPÇÃO*

- Artigo 1981º/1 a) do CC – ***consentimento*** presencial e pessoal do adoptando com 12 ou mais anos
- Artigo 1984º CC – audição dos filhos do adoptante com 12 ou mais anos
- Artigo 54º/1 c) do RJPA – ***audição*** do adoptando, ***independentemente da idade***

A.4. *APADRINHAMENTO CIVIL*

- Artigo 14º da Lei nº 103/2009, de 11/9 – consentimento do apadrinhado com 12 ou mais anos
- Artigo 66º do RGPTC – aplicável por expressa remissão ao Apadrinhamento Civil (audição da criança)

B. *PARA OS PROCESSOS DE PROMOÇÃO E PROTECÇÃO, doravante PPP (previsão na LPCJP[19])*

[19] Já o sabemos – aprovada pela Lei nº 147/99, de 1 de Setembro, com as alterações introduzidas pela Lei nº 31/2003, de 22 de Agosto, pela Lei nº 142/2015, de 8 de Setembro, pela Lei nº 23/2017, de 23 de Maio e pela Lei nº 26/2018, de 5 de Julho.

- Artigo 4º, j) – princípio orientador – audição obrigatória e participação da criança (sem limite etário[20])
- Artigo 10º – possível oposição (vinculativa) da criança com 12 ou mais idade à intervenção protectiva das CPCJ, *ab initio* ou posteriormente [art. 11º/1,e)], podendo ser relevante a oposição de criança com idade abaixo dos 12 anos
- Artigo 58º/1, d) e h) – audição da criança acolhida em casa de acolhimento ou em família de acolhimento ou contacto confidencial com a CPCJ, Juiz, Magistrado do Ministério Público ou advogado
- Artigo 84º – audição da criança pela CPCJ e pelo Juiz (sem limite etário) nos termos dos artigos 4º e 5º do RGPTC (sobre a situação que motivou a abertura do PPP e em caso de aplicação, revisão ou cessação de medida de promoção e protecção) – cfr. ainda artigo 86º (processo que deve decorrer de forma compreensível para a criança, podendo esta audição ter a **intervenção** ou a assistência de médicos, psicólogos, outros especialistas ou pessoa da confiança da criança) – em lado nenhum se exclui a possibilidade de esta audição ser só levada a efeito por psicólogo, desde que o juiz esteja a assistir.
- Artigo 94º/1 – audição da criança na CPCJ
- Artigo 107º/1, a) – audição obrigatória da criança pelo Juiz em tribunal[21] (sem limite etário)

[20] Cfr. Acórdão da Relação de Coimbra de 27/4/2017 (Pº nº 316/12.3 TBFND-B.C1), a propósito da aplicação da medida de colocação de confiança com vista a futura adopção, prevista no artigo 35º, nº 1, alínea g) da LPCJP:
«1. (...)
2. Encontrando-se em causa a aplicação da medida de confiança com vista a futura adoção, tendo o menor seis anos de idade e demonstrando um desapego relativamente à família de origem, tal audição afigura-se-nos como dispensável, por se entender que da mesma dificilmente se retiraria algum elemento útil à decisão em apreço.
(...)
Declarada aberta a instrução, o juiz designa data para audição obrigatória da criança ou do jovem (cfr. art. 107º, nº 1, al. a) da L.P.C.J.P.), nos termos do qual, a criança com capacidade de compreensão dos assuntos em discussão, é sempre ouvida, também aqui não há qualquer limite de idade, e o critério é a capacidade de compreensão, pelo que o juiz deverá fazer alguma diligência prévia, ou recorrer ao apoio da sua assessoria técnica.
Pelo que, quando a criança não é ouvida, ***terá sempre de existir um despacho a reflectir a necessidade ou não da audição da criança, devidamente fundamentado, excepto nos casos flagrantes»****.*
[21] É paradigmático o Acórdão do STJ de 5/4/2018 (Pº **17/14.8T8FAR.E1.S2), a propósito de um recurso de decisão que aplica a medida do artigo 35º, nº 1, alínea g) da LPCJP, no**

• Artigo 114º/1 – direito de alegar para debate judicial

qual se decide mandar ouvir uma criança que tinha sido declarada em estado de adoptabilidade.

«Muito tempo é passado desde o início das intervenções que os factos provados atestam e hoje a criança tem 11 anos, idade em que é natural possuir já, não só um considerável grau de discernimento, mas ainda uma vontade própria que necessariamente terão de ser considerados e sopesados, a par dos demais fatores, na aferição do que será o "seu superior interesse".

A consideração e tutela deste discernimento e vontade dita que para a adoção se exija o consentimento do adotando, quando este tenha mais de 12 anos de idade – art. 1981º, nº 1, alínea a) do C. Civil.

É certo que AA foi oficiosamente ouvido em sede de debate judicial, mas a este respeito nada se consignou na matéria de facto apurada, apenas constando na fundamentação da decisão proferida sobre os factos, lavrada no acórdão de 1ª instância, o seguinte: "(...) de um forma espontânea e sincera respondeu às questões do Tribunal colocadas pelo Juiz social (psicólogo) corroborando o teor dos relatos trazidos ao processo pela técnica da associação das verdades escondidas, da comissão, da segurança social e da instituição refúgio BB."

***Fica-se, assim, sem saber o que será o "seu querer", "o seu sentir" em relação à vida no futuro, ao corte de relações com a única família que conheceu e à sua disponibilidade interior para aceitar e se deixar acolher no seio de uma nova família** que, não obstante poder vir a dar-lhe as condições de vida, segurança e proteção que naquela outra, por incapacidade dos progenitores, lhe foram negadas, para ele representa o desconhecido, com a insegurança e carga negativa que este encerra, bem mais acentuada quando se tem 11 anos de idade.*

E a dúvida avoluma-se perante o que consta no facto nº 156, segundo o qual, "a criança refere gostar mais de estar no espaço Refugio em comparação com a casa onde habitava com os pais, embora refira pretender regressar para a família (declarações da técnica EE)."

*Ou, ainda, em face do descrito sob o nº 155, onde se diz que "a criança oscila entre a angústia de reviver o passado e de trair a aliança com os pais, embora tenha sido orientado para em Tribunal dizer só a verdade (declarações da técnica EE)", a revelar uma **ambivalência** que necessariamente lhe traz grande sofrimento e que gera inquietude quanto às repercussões que poderá ter, na sua idade, o corte com a família biológica, na qual se integra a irmã DD, com quem, sabidamente, mantém vínculo afetivo – facto nº 167 –, tanto mais que, como a experiência dita, essa mesma idade funciona já como fator de acrescida dificuldade no projeto da sua adoção; impõe-se então ponderar também a pior das hipóteses em que a criança verá cortados os únicos laços familiares que conhece, sem que, atingida a idade máxima para a adoção, esse projeto se tenha concretizado.*

*De tudo isto resulta que, **com vista à indispensável aferição de qual será o "superior interesse" de AA, necessário se torna conhecer a sua vontade quanto ao projeto de vida que implicará a medida de confiança com vista à sua futura adoção** e, bem assim, as consequências que para uma criança com o seu passado e já com **11 anos de idade** poderão advir da total rotura com os elementos que compõem a sua família biológica.*

Factualidade que poderá ser colhida, em termos práticos, através da audição da criança e com a realização de perícia psicológica à sua pessoa».

Como tal, o veredicto do STJ foi o de ordenar a descida dos autos ao tribunal recorrido, a fim de providenciar pela ampliação da matéria de facto nos termos sobreditos e **novo julga-**

C. PARA OS PROCESSOS TUTELARES EDUCATIVOS (previsão na Lei Tutelar Educativa[22])

- Artigo 6º/1 – critério de escolha das Medidas Tutelares Educativas (prevalência às que obtiverem maior adesão do jovem) – e para isso tem de ser ouvido
- Artigos 45º/2, a) e 47º – direito a ser ouvido pela autoridade judiciária (pelo magistrado do Ministério Público, pessoalmente – e não por um órgão de polícia criminal ou um funcionário judicial – ou pelo Juiz)
- Artigo 77º – audição do jovem pelo MP em sede de inquérito tutelar educativo
- Artigo 82º- audição em sede de sessão conjunta de prova
- Artigos 104º/2, a) e 107º/1 – interrogatório do jovem em sede de audiência prévia (pelo Juiz ou, com autorização do Juiz, pelo MP e defensor) ou em sede de audiência final (por expressa remissão do artigo 120º)
- Artigo 136º/7 – audição do jovem em caso de revisão de medidas tutelares educativas
- Artigo 157º – pedidos ou reclamações do jovem internado em Centro Educativo (dirigidos à DGRSP)
- Artigo 171º/3, m) – direito do jovem internado a ser ouvido antes da imposição de uma qualquer medida disciplinar

2.3.2. Em suma:

- ***RERP ou ARERP*** – é tendencialmente obrigatório ouvir a criança com 12 ou mais anos, podendo ouvir-se com menos idade se tiver maturidade para o efeito (eu diria que esta norma é desnecessária[23] e quase letra morta pois todo o sistema jurídico supranacional e nacional ditam a necessidade de se ouvir a criança, sem estabelecimento legal de balizas etárias, *bastando que se conclua que ela vai compreender os assuntos em discussão*);

mento em conformidade (teve um voto de vencido que confirmaria a decisão, *«pois assim o exige o tempo útil para a criança»*).

[22] Aprovada pela Lei nº 166/99 de 14/9, revista pela Lei nº 4/2015, de 15/1.

[23] Há quem opine que a razão de ser deste normativo é obrigar a ouvir crianças com 12 ou mais anos, mesmo que *não tenham* capacidade para compreender os assuntos em discussão – discordo em absoluto pois nunca jamais se deverá ouvir uma criança relativamente à qual se tenha um juízo conclusivo no sentido da sua imaturidade para depor.

- ***Nas outras PTC*** – é tendencialmente obrigatório ouvir a criança, a não ser que ela não tenha discernimento para o efeito, sendo obrigatório justificar a razão pela qual não se ouve a criança;
- ***PPP*** – É tendencialmente obrigatório ouvir a criança, a não ser que ela não tenha discernimento para o efeito, sendo obrigatório justificar a razão pela qual não se ouve a criança;
- ***PTE*** – É obrigatório ouvir o jovem.

2.4. *Sobre a maturidade para ser ouvida*

Já quanto falamos de ***maturidade***, quereremos discutir o real discernimento de uma criança para ser ouvida ou para depor.

Mas o que é isso de *discernimento?*

Os dicionários ensinam-nos que estamos a falar de uma *«fase da vida após a juventude, em que o ser humano atinge a plenitude das suas capacidades físicas e intelectuais. Semelhante a idade adulta. Sensatez, circunspecção, segurança, que se adquirem especialmente com a idade e a experiência. Estado do que alcançou a plenitude ou a perfeição»*.

É, pois, a utilização da inteligência e do poder discriminatório do que é certo ou errado para tomar uma posição perante uma circunstância ou facto, de acordo com a nossa consciência.

O discernimento é um processo constante de refinamento do intelecto para atingir maior poder de percepção e conclusão a respeito de factos, coisas e pessoas, distinguindo um estágio de um objectivo.

A nossa capacidade de discernimento cresce na medida em que exploramos as regiões mais subtis da mente e ampliamos o poder de captação e percepção da verdade, reconhecendo o ser interno como guia.

É a conexão entre a lógica e o sentimento.

Para identificar a ***capacidade de compreensão e discernimento de uma criança***, os juristas precisarão buscar a solução noutras disciplinas, sendo imprescindível recorrer à transdisciplinaridade, não mais se restringindo ao isolamento jurídico que ainda grassa.

Ora, o Comité das Nações Unidas para os Direitos da Criança sugere que os Estados partes não olhem para a capacidade de discernimento, *«como uma limitação, mas um dever das autoridades avaliarem, da forma mais completa possível, a capacidade da criança.* ***Em vez de partir do princípio demasiado simplista de que a criança é incapaz de exprimir uma opinião, os Estados devem presumir***

que uma criança tem, de facto, essa capacidade, não lhe cabendo provar que tem essa capacidade».

Aqui chegados, há que dizer que, em rigor, *a maturidade é mais um factor que regula o grau de relevância opinativa de alguém que depõe, não contendendo com o direito que a criança tem em ser ouvida.*

A este propósito, opina relevantemente Ricardo Mota Gonçalves, em Tese de Mestrado intitulada «*Princípio da Audição da Criança*», 2017:

«*Ao abordar o termo, no contexto da criança, não se deverá atender à literalidade estrita do mesmo, que faz alusão à plenitude das capacidades físicas e intelectuais, à idade adulta ou à qualidade de se ser maduro. Deve antes atender-se a uma lógica de atribuição de relevância opinativa que cada criança deverá ter, mediante os seus graus de desenvolvimento, autonomia e entendimento dos factos que a rodeiam. Quanto maior a perceção, entendimento e compreensão dos assuntos, isto é, quanto maior a maturidade, maior relevância deverão ter as opiniões e vontades da Criança, quer no contexto social, quer no contexto judiciário. Em suma, a maturidade – mediante a interpretação acima descrita do termo – é o critério de aferição da medida da relevância da opinião da Criança, e não critério do direito à opinião ou a poder expressar-se. Este conceito será de novo abordado, conjuntamente com outros conceitos que elencam critérios relevantes da medida da relevância da opinião da Criança, nomeadamente no contexto judicial da sua audição, no âmbito de capítulo superveniente próprio.*

Também as Diretrizes do Comité de Ministros do Conselho da Europa parecem apontar no sentido de que a maturidade é um fator que regula o grau de relevância opinativa, e não tanto o direito que a Criança tem em ser ouvida. Repare-se: "Deve ser respeitado o direito de todas as crianças a serem ( ) ouvidas nos processos que lhes digam respeito ou que as afetem. ***Tal inclui dar o devido valor aos pontos de vista da criança, tendo em atenção a sua maturidade*** *e eventuais dificuldades de comunicação, a fim de que a sua participação seja relevante".*

Embora a idade da Criança não seja o critério que aqui nos importa – mas sim maturidade –, nem se possa traçar paralelismos exatos entra os dois conceitos (idade e maturidade), por a idade ser uma medida certa, pode ser um importante indicador da maturidade. Visivelmente, uma Criança de cinco anos de idade terá opiniões muito básicas e pouco esclarecidas. Já um Jovem de dezasseis anos terá faculdades e experiências que lhe permitam ter opiniões próprias mais elaboradas e com maior consciência dos assuntos e do complexo que o rodeia.

Embora a idade seja um indicador importante, o relevante aqui é a maturidade, sendo esse o fator de atribuição da relevância da opinião. Nitidamente um Jovem de dezasseis anos terá uma maior maturidade que uma Criança de cinco. Contudo pode haver situações em que os números sejam mais próximos e a Criança ou Jovem com a idade mais reduzida tenha maior maturidade do que aquela cuja idade é superior. Tendencialmente será ao contrário.

Mas frise-se que aqui a questão não se prende na atribuição de relevância opinativa, nem tão pouco na capacidade de formar opinião: a criança de cinco anos terá sempre maturidade para formar opinião própria, ainda que esta possa ser pouco relevante. O objeto de discussão em que a maturidade importa é a medida de relevância que a opinião de cada criança deverá ter. É essa medida ou essa amplitude da relevância opinativa que a maturidade – nos termos já enunciados – deve regular, e não o direito à opinião – este existirá sempre – nem a capacidade de formar opinião, já que esta só não se verifica em absoluto em idades muito reduzidas (abaixo dos três, quatro anos).

Posto isto, e conforme o crescimento da Criança – não só aquele que se revela no número de anos que constar no cartão de cidadão, mas sobretudo aquele que resultar do seu desenvolvimento mental e compreensão dos assuntos –, será categórico que as suas opiniões e vontades, por um lado, assumam a devida expressividade nos assuntos familiares importantes e nos demais quadros sociais onde a Criança esteja integrada; e por outro, que estas fiquem bem plasmadas no teor das suas declarações e que se transponham e integrem a génese da decisão judicial ou administrativa que lhe diga ou possa dizer respeito».

3º ACTO

3.1. A audição da criança num processo que lhe diz respeito não pode ser encarada apenas como um meio de prova, com o qual se pretende fazer prova de um facto relevante no processo.

É muito mais ampla a finalidade desta audição.

Trata-se antes de mais de um direito da criança a que o seu ponto de vista seja considerado no processo de formação da decisão que a afecta.

Os artigos 4º e 5º, do RGPTC, regulam o direito de participação e audição da criança – que possuam capacidade de compreensão dos assuntos em discussão, tendo em atenção a sua idade e maturidade – nos processos tutelares cíveis e de promoção e protecção, aplicando-se tais normativos na promoção e protecção por força do artigo 84º da LPCJP.

3.2. Prevêem estes preceitos *duas modalidades de encontro com a criança*, conforme a finalidade a que se destinam:

- a)- uma para a deixar exprimir a sua opinião (diligência que não carece de ser gravada, podendo-o ser para uso exclusivo do juiz) – artigo 5º, nºs 1 a 5 – (chamemo-la) ***AUDIÇÃO DA CRIANÇA;***

- b)- outra para a tomada das suas declarações como meio de prova – normalmente, esta diligência é gravada – artigo 5º, nº 6 e 7 (não é o meio adequado para que a criança possa livremente exprimir a sua opinião) – (chamemo-la) ***TOMADA DE DECLARAÇÕES À CRIANÇA.***

Como tal, a audição da criança para ser ouvida com vista a emitir a sua opinião (art. 5º, nºs 1 e 2) *não se confunde* com a audição para tomada de declarações para efeitos probatórios (art. 5º, nº 6 e 7), podendo fazer-se duas diligências seguidas, caso se queira ouvir uma criança e tomar o seu depoimento para efeitos probatórios.

Do exposto, flui que as declarações a que respeitam os nºs 6 e 7, do preceito em análise, *constituem um meio de prova* legalmente admitido, a produzir, quando o superior interesse da criança o exija, devendo ser atendido, nos termos do art. 413º do Código de Processo Civil (*ex vi* art. 33º), não sendo o *meio adequado para que a criança possa livremente exprimir a sua opinião.*

Recorde-se, que um dos elementos do direito de participação, é o da «liberdade» de exprimir uma opinião, expressão que, muito embora não conste na letra da lei, não pode, de todo, ser olvidada, seja, por resultar da natureza pessoal do direito de exprimir uma opinião, seja, por ter consagração em instrumentos internacionais e constitucionais.

Ora, como se disse, liberdade significa, também, que a criança tem o direito de escolher entre falar ou não falar sobre o assunto em questão.

Além de que não podemos, ainda, olvidar, que a criança tem o direito de contactar, com garantia de confidencialidade, a CPCJ, o Ministério Público, o Juiz e o seu advogado, nos termos do art. 58º, nº 1, al. g) da LPCJP, direito que, embora, especialmente, previsto para a criança em acolhimento, deve, em nosso entender, ser estendido a todas as crianças sujeitas à intervenção, nos termos dos artigos 4º, nº 1 e 33º, do RGPTC.

Este direito não se coaduna, realmente, com as regras dos nºs 6 e 7 do art. 5º, pensadas para a obtenção de um depoimento probatório.

Vale isto para dizer que a audição da criança para livremente exprimir a sua opinião (nº 1, do art. 5º), não está sujeita às regras enunciadas no nº 6 e 7, do mesmo art. 5º, do RGPTC, designadamente, a uma inquirição – pelo Juiz, com perguntas adicionais pelo Ministério Público e advogados – gravada mediante registo áudio ou áudio visual (podendo sê-lo mas apenas para uso pessoal do julgador).

Assim, e nos termos do art. 5º, nºs 2, 3, 4 e 5 do RGPTC, cabe ao juiz promover «a audição da criança» que poderá «ter lugar em diligência judicial especialmente agendada para o efeito», sendo «precedida da prestação de informação clara sobre o significado e alcance da mesma».

Esta audição respeitará «a sua específica condição, garantindo-se, em qualquer caso, a existência de condições adequadas para o efeito, designadamente a não sujeição da criança a espaço ou ambiente intimidatório, hostil ou inadequado à sua idade, maturidade e características pessoais, a intervenção de operadores judiciários com formação adequada, e a não utilização de traje profissional».

Poderá ainda o Tribunal, sempre «que o interesse da criança o justificar, (...) a requerimento ou oficiosamente, (...) proceder à audição da criança, em qualquer fase do processo, a fim de que o seu depoimento possa ser considerado como meio probatório nos atos processuais posteriores, incluindo o julgamento» (nº 6 do art. 5º citado).

Também então a tomada de declarações deverá ser «realizada em ambiente informal e reservado, com vista a garantir, nomeadamente, a espontaneidade e a sinceridade das respostas, devendo a criança ser assistida no decurso do ato processual por um técnico especialmente habilitado para o seu acompanhamento, previamente designado para o efeito».

«A inquirição é feita pelo juiz, podendo o Ministério Público e os advogados formular perguntas adicionais».

«As declarações da criança são gravadas mediante registo áudio ou audiovisual, só podendo ser utilizados outros meios técnicos idóneos a assegurar a reprodução integral daquelas quando aqueles meios não estiverem disponíveis e dando-se preferência, em qualquer caso, à gravação audiovisual sempre que a natureza do assunto a decidir ou o interesse da criança assim o exigirem».

Quando «em processo de natureza cível a criança tenha prestado declarações perante o juiz ou Ministério Público, com observância do princípio do contraditório, podem estas ser consideradas como meio probatório no processo tutelar cível», e esta «tomada de declarações (...) não prejudica a prestação de depoimento em audiência de julgamento, sempre que ela deva ser possível e não puser em causa a saúde física e psíquica e o desenvolvimento integral da criança» (tudo conforme o nº 7 do citado artigo 5º).

O advogado – pelo menos o que não é da criança – não tem que obrigatoriamente estar presente no momento da audição da criança para efeitos do artigo 5º, nº 1 e 2, por força dos princípios ínsitos no artigo 4º, alínea c) e j) da LPCJP, do disposto no artigo 5º da Convenção Europeia sobre o Exercício dos Direitos das Crianças e do teor das Directrizes do Comité de Ministros do Conselho da Europa sobre a Justiça Adaptada às Crianças que gritam bem alto que *"as crianças devem ser consultadas quanto à forma como desejam ser ouvidas"*, tendo elas o direito a serem ouvidas em separado ou na companhia dos pais ou de pessoa por si escolhida.

Aqui chegados, são estas as eloquentes CONCLUSÕES de um PARECER formulado pelo Insigne Advogado Dr. Rui Alves Pereira sobre o papel do advogado nestas audições/inquirições, parecer este que, em boa hora, foi aprovado pela Ordem respectiva:

a. *«O princípio da audição da criança traduz-se: (i) na concretização do seu direito à palavra e à expressão da sua vontade, (ii) no direito à participação activa nos processos que lhe digam respeito perante quaisquer autoridades (iii) no direito de ver a sua opinião tomada em consideração;*

b. *A audição da criança é um direito da criança e não um dever, pelo que deve ser respeitada a sua específica condição, assegurando-se à criança um espaço próprio e reservado, bem como um ambiente adequado para exercer este direito.*

c. *A audição da criança traduz-se simplesmente na sua opinião ou na manifestação da sua vontade, pelo que entendemos que não está sujeita ao princípio do contraditório, sem prejuízo da apreciação dessa vontade na perspectiva de apurar se a mesma foi espontânea ou instrumentalizada.*

d. *Quando estamos perante as declarações ou o depoimento da criança, como meio probatório, entendemos que há lugar, sem qualquer dúvida, ao exercício do princípio do contraditório.*

e. *Entendemos que a audição da criança não deverá ser realizada com a presença das partes, nem dos respectivos mandatários. A presença dos advogados durante a diligência destinada à sua audição pode configurar uma verdadeira derrogação do ambiente informal e reservado, a que as crianças têm direito, porquanto as mesmas representam nos advogados a figura dos pais.*

f. *O eventual desconforto da criança quanto à presença dos advogados dos progenitores (o que será expectável) poderá ser previamente averiguado pelo juiz de forma a assegurar a liberdade para o exercício do seu direito a ser ouvida e participar nos processos que lhe dizem respeito.*

g. *Somos assim da opinião que, em função do manifesto superior interesse da criança, a audição prevista no artigo 5º, nºs 1 e 2 deverá ser levada a cabo sem a presença dos Advogados dos Progenitores, sem que tal configure um impedimento ilegítimo à prática de actos processuais, com vista a garantir, nomeadamente, a espontaneidade e a sinceridade da opinião da criança.*

h. *À luz do actual regime legal em vigor, a diligência relativa à audição ou tomada de declarações da criança está obrigatoriamente sujeita a gravação, mediante registo áudio e audiovisual (dando preferência a este último, na falta de sala adequada às crianças com vidro unidireccional), não podendo, assim, ser dispensada, devendo aliás ser acrescentada à documentação dos autos para que as partes e os seus representantes possam ter oportunidade de ver o registo da audição.*

i. *Assim, consideramos que, mesmo na ausência dos advogados das partes, será possível garantir o cabal esclarecimento das partes pela oportunidade de ver o registo da audição, sem prejuízo do nosso entendimento muito próprio sobre a confidencialidade da audição, se esta for requerida pela criança e nas condições explanadas no nosso Parecer.*

j. *Entendemos que a diligência destinada à audição da criança deverá ser conduzida pelo juiz, preferencialmente com o apoio da assessoria ao tribunal, podendo estar presente na diligência o ministério público e o advogado da criança, caso lhe tenha sido nomeado ou requerido por aquela.*

k. *Existindo sempre, como é sabido, o risco de uma criança ser objecto de manipulação ou sugestionada, quando é ouvida e exprime a sua vontade (por exemplo, por um progenitor contra o outro), há que reunir esforços para impedir que se ponha em causa este direito fundamental da criança.*

l. *Para protecção e no interesse da criança consideramos que, como prática adequada a consolidar, o juiz deverá usar da prorrogativa que lhe é concedida, nomeando ou requisitando o apoio de um perito com formação adequada (assessoria técnica externa pública ou particular).*

m. *Caso uma criança, por acordo de ambos dos progenitores, se encontre já a ser acompanhada por um profissional (por exemplo, um psicólogo), entendemos que este profissional poderá ser útil, acompanhando a criança na diligência relativa à sua audição por ser uma pessoa da sua confiança.*

n. ***Assim, consideramos que os advogados dos progenitores não devem estar presentes na audição da criança, a realizar nos termos e para os efeitos do disposto no artigo 5º, nºs 1 a 5 (Audição da Criança).***

o. ***Por sua vez, consideramos que devem estar presentes os advogados dos progenitores na tomada de declarações ou depoimento da criança, como meio probatório nos atos processuais, a realizar nos termos e para os efeitos do disposto no artigo 5º, nºs 6 e 7 (Audição para tomada de declarações).***

p. ***Tratando-se de advogado nomeado para a criança ou requerido por esta (possibilidade que se encontra legalmente prevista no artigo 18º do***

RGPTC e nos artigos 4º e 9º, da Convenção Europeia sobre o Exercício dos Direitos das Crianças), é nosso entendimento que o advogado da criança deverá estar presente na sua audição (na audição do seu representado de pleno direito)».

3.3. Enunciemos o que decidiram, a este propósito, dois arestos jurisprudenciais do Tribunal da Relação de Lisboa.

O primeiro foi proferido em 25 de Setembro de 2018 (Pº 26748/15.7T8SNT--B.L1-7) e assim sentenciou:

1) Em processo judicial de promoção e protecção, o carácter reservado do processo não impede a presença dos progenitores ou seus mandatários em diligências de audição de técnicos, progenitores, familiares ou menores.

2) Vedar tal presença bule com os princípios vigentes no processo civil, diploma a que cabe lançar mão por via da natureza de tal processo, que é de jurisdição voluntária, cuja disciplina se mostra prevista no Código de Processo Civil.

3) Não se afasta que a presença de advogados na audição da criança seja passível de <u>ponderação casuística</u>, em nome do princípio geral do interesse superior da criança consagrado no art. 4º, nº 1, al. a) da LPCJP ex vi do art. 4º, nº 1 do RGPTC, quando tal for susceptível de afectar as declarações a tomar, que se pretendem o mais espontâneas e livres de qualquer pressão externa, sem prejuízo de ser facultado, de seguida, o contraditório.

4) A não sujeição a critérios de legalidade estrita subjacente aos processos de jurisdição voluntária não comporta a possibilidade de disciplinar o processo sem obediência aos elementares princípios do processo civil, a menos que outros devam prevalecer – como o superior interesse da criança – e, então, caberá densificar tal «superior interesse» que faça claudicar tais princípios pela supremacia de outros».

O segundo data de 1 de Junho de 2017 e foi proferido no Pº 653/14.2TBPTM-J.L1:

«1) Nas declarações de menor, em processo de regulação do exercício das responsabilidades parentais, poderá estar presente um adulto da sua confiança, desde que aquela nisso manifeste interesse.

2) Na ausência de tal manifestação perante o Juiz, carece pois o advogado constituído por um dos progenitores, em aberto conflito quanto às visitas à menor, de legitimidade para requerer a presença no acto de um adulto de sua confiança bem como da avó paterna.

3) Indeferindo o Tribunal a presença dos Advogados no acto das declarações da criança, por razões de salvaguarda desta, no plano emocional, mas tendo sido gravadas tais decla-

rações e desde logo garantida pelo Sr. Juiz a subsequente audição das mesmas pelos Advogados constituídos, para que pudessem formular de seguida as perguntas adicionais que julgassem adequadas, mostra-se assegurado o contraditório».

3.4. A audição da criança deveria *apenas* ser efectuada por quem tem específicos conhecimentos científicos e técnicos[24] para o efeito: o psicólogo, o pedopsiquiatra ou um técnico habilitado para o efeito.

[24] Aprendemos, nós juristas, com quem sabe.
Quanto à audição da criança vejam-se dois manuais digitais, a seguir:
- o *http://www.seg-social.pt/documents/10152/15142851/Manual%20AC_V_revista%207%20mar%C3%A7o.pdf/e242ec39-1a7c-469f-9a9f-4fc815864016 (elaborado pelo ISS)*
- o *https://crlisboa.org/2017/imagens/Audicao-Crianca-Guia-Boas-Praticas.pdf* (elaborado por Rute Agulhas e Joana Alexandre).

Vejamos o **modo como *não se deve* entrevistar uma criança**:
Fazer questões sugestivas (ex: *"Foi o teu pai que te tocou no pipi, não foi?"* (Ridley, Gabbert & La Rooy, 2013) e outras (*"Mas ele não te bateu, pois não?"; "Onde mais é que ele te bateu?"; "Ele é uma pessoa má, que fez coisas más. Também as fez a ti? O que te fez a ti?"; "Ele bateu na senhora ou só lhe gritou?"; "As meninas bonitas dizem aos adultos quando alguém lhes fez coisas más. Ele bateu-te?"*)
- Questionar de forma intimidatória e agressiva (Lyon, 1999)
- Utilizar questões complexas e confusas (ex: *"quando é que o arguido te tocou no pipi e se isso foi antes ou depois de ele te ter dito que não devias contar à tua mãe?"* (Poole & Lamb, 1998)
- Fornecer previamente informação à criança (ex: *"olha agora vamos falar da coisa má que o teu tio te fez"*) (Brainerd & Reyna, 2005)
- Solicitar a imaginação (ex: através de materiais lúdicos ou desenhos) (Brown, 2011)
- Adiar a entrevista formal da criança (La Rooy et al., 2007)
- Repetição da entrevista em vários momentos, sendo esta realizada por diferentes pessoas e utilizando diferentes técnicas de entrevista (La Rooy, Lamb & Pipe, 2009)

Num estudo de 2011 **(MACHADO, CARIDADE & ANTUNES, 2011)**, lançam-se as **GUIDELINES PARA O QUESTIONAMENTO:**
- Reforçar a necessidade de dizer a verdade e de contar tudo (mas apenas) o que se lembra
- Progredir de um formato mais genérico/aberto para perguntas mais focalizadas e alternar entre as duas
- Ajustar as questões/linguagem ao nível desenvolvimental da criança
- Dar autorização para dizer *"não sei"*/ *"não me lembro"*/*"não percebi a pergunta"*
- Dar autorização para corrigir o entrevistador
- Dar instruções motivacionais
- Evitar repetir perguntas
- Evitar o uso do "porquê"
- Evitar questões de escolha múltipla

Nessa inquirição deverá ainda ocorrer o seguinte:
- Explicar/tornar claro os DEVERES, mas também os DIREITOS

Continuo a opinar que os operadores judiciários apenas devem propor perguntas sobre factos mas não sobre a rigorosa forma de as fazer.

Esta inquirição, desta forma, seria levada a cabo por quem sabe perguntar, com prévia indicação do objecto por Juiz, MP e advogados e eventual esclarecimento posterior, mas sempre fundamentado.

De facto, não é a maior ou menor intuição do juiz ou o seu maior ou menor empenho na leitura de alguns textos sobre a problemática que deve bastar para ser levada a cabo uma optimizante inquirição de uma criança.

E nem sequer precisamos de mudar a lei para assim se agir.

4º ACTO

4.1. A REGRA é, pois, ouvir a criança, se for considerado conveniente tal audição.

A não audição da criança apenas se justificará em três situações, devendo sempre ser sempre motivada e fundamentada:

1ª – se ela livremente manifestar interesse em não ser ouvida;

2ª – se for considerado inconveniente ouvir a criança face ao assunto em discussão;

3ª – se for reconhecido que ela não dispõe de capacidade de discernimento ou de maturidade para o efeito.

4.2. Quais as consequências processuais da não audição de uma criança?

4.2.1. Começaremos por considerar que a falta de audição, quando a audição é devida, ou a falta de justificação para a não audição das crianças **afectam a subsistência da decisão que não a admitiu.**

Mas qual o vício processual a invocar?

- Reduzir ao máximo o tempo entre o evento e a colheita da informação
- Aprofundar o questionamento sobre detalhes já na 1ª inquirição
- Auxiliar a criança a focar-se num facto de cada vez
- Estimular a criança a fornecer relatos descritivos, não avaliativos ou julgadores e compreender o grau opressivo de determinadas experiências e ***criar um clima seguro e tranquilizante.***

4.2.2. Vários arestos das nossas Relações e do Supremo se têm pronunciado sobre esta matéria, muito embora em termos algo enunciativos, sem desenvolver muito a questão do vício processual atendível[25].

Nos que caracterizam o vício, encontramos quem conceba o direito de audição como um mero direito processual e os que configuram o direito de audição como um princípio geral com relevância substantiva.

Aludo, em primeiro lugar, ao acórdão do STJ, proferido no Pº 17/14.8T8FAR.E1.S2, datado de 5/4/2018, cuja relatora foi a Juíza Conselheira Rosa Ribeiro Coelho, relativamente a um acórdão de 1ª instância – confirmado pela Relação – que aplicou a uma criança a medida da adoptabilidade prevista no artigo 35º, nº 1, alínea g) da LPCJP.

Durante a fundamentação, escreve-se o seguinte:

- *«Muito tempo é passado desde o início das intervenções que os factos provados atestam e hoje a criança tem 11 anos, idade em que é natural possuir já, não só um considerável grau de discernimento, mas ainda uma vontade própria que necessariamente terão de ser considerados e sopesados, a par dos demais fatores, na aferição do que será o "seu superior interesse".*
- *A consideração e tutela deste discernimento e vontade dita que para a adoção se exija o consentimento do adotando, quando este tenha mais de 12 anos de idade – art. 1981º, nº 1, alínea a) do C. Civil.*
- *É certo que AA foi oficiosamente ouvido em sede de debate judicial, mas a este respeito nada se consignou na matéria de facto apurada, apenas constando na fundamentação da decisão proferida sobre os factos, lavrada no acórdão de 1ª instância, o seguinte: "(...) de um forma espontânea e sincera respondeu às questões do Tribunal colocadas pelo Juiz social (psicólogo) corroborando o teor dos relatos trazidos ao processo pela técnica da associação das verdades escondidas, da comissão, da segurança social e da instituição refúgio BB."*
- ***Fica-se, assim, sem saber o que será o "seu querer", "o seu sentir" em relação à vida no futuro, ao corte de relações com a única família que conheceu e à sua disponibilidade interior para aceitar e se deixar acolher no seio de uma nova família*** *que, não obstante poder vir a dar-lhe as*

[25] Cfr. Acórdão do Tribunal da Relação de Lisboa de 04/10/2007 (Pº 5221/2007-8); Acórdão do Tribunal da Relação de Lisboa de 02/05/2017 (Pº 897/12.1T2AMD-F.L1-1); Acórdão da Relação de Lisboa de 11/9/2014 (Pº 1869/11.9TMLSB.L1-2), Acórdão do Tribunal da Relação de Évora de 25/05/2017 (Pº 805/12.0TMFAR-B.E1); Acórdão da Relação de Lisboa de 05/07/2000 (CJ,2000-IV-79).

condições de vida, segurança e proteção que naquela outra, por incapacidade dos progenitores, lhe foram negadas, para ele representa o desconhecido, com a insegurança e carga negativa que este encerra, bem mais acentuada quando se tem 11 anos de idade.

- *E a dúvida avoluma-se perante o que consta no facto nº 156, segundo o qual, "a criança refere gostar mais de estar no espaço Refugio em comparação com a casa onde habitava com os pais, embora refira pretender regressar para a família (declarações da técnica EE)."*
- *Ou, ainda, em face do descrito sob o nº 155, onde se diz que "a criança oscila entre a angústia de reviver o passado e de trair a aliança com os pais, embora tenha sido orientado para em Tribunal dizer só a verdade (declarações da técnica EE)", a revelar uma **ambivalência** que necessariamente lhe traz grande sofrimento e que gera inquietude quanto às repercussões que poderá ter, na sua idade, o corte com a família biológica, na qual se integra a irmã DD, com quem, sabidamente, mantém vínculo afetivo – facto nº 167 –, tanto mais que, como a experiência dita, essa mesma idade funciona já como fator de acrescida dificuldade no projeto da sua adoção; impõe-se então ponderar também a pior das hipóteses em que a criança verá cortados os únicos laços familiares que conhece, sem que, atingida a idade máxima para a adoção, esse projeto se tenha concretizado.*
- *De tudo isto resulta que, **com vista à indispensável aferição de qual será o "superior interesse" de AA, necessário se torna conhecer a sua vontade quanto ao projeto de vida que implicará a medida de confiança com vista à sua futura adoção** e, bem assim, as consequências que para uma criança com o seu passado e já com **11 anos de idade** poderão advir da total rotura com os elementos que compõem a sua família biológica.*
- *Factualidade que poderá ser colhida, em termos práticos, através da audição da criança e com a realização de perícia psicológica à sua pessoa».*

Perante isto, ordenou-se a descida dos autos ao tribunal recorrido, a fim de providenciar pela ampliação da matéria de facto nos termos sobreditos e ***novo julgamento*** em conformidade.

Como se atesta, nunca se fala aqui em nulidade ou outro vício processual – contudo, entendeu-se que deveria ser ampliada a matéria factual após a necessária audição de uma criança.

Outros existem que dispensam a audição da criança.

Veja-se, por exemplo, o Acórdão da Relação de Coimbra datado de 27/4/2017 (Pº 316/12.3 TBFND-B.C1), no qual se decidiu:

- ***«2. Encontrando-se em causa a aplicação da medida de confiança com vista a futura adoção, tendo o menor seis anos de idade e demonstrando um desapego relativamente à família de origem, tal audição afigura-se-nos como dispensável, por se entender que da mesma dificilmente se retiraria algum elemento útil à decisão em apreço».***

Tal decide, não obstante, de pois de opinar que, declarada aberta a instrução, o juiz designa data para audição obrigatória da criança ou do jovem (cfr. art.107º, nº 1, al. a) da LPCJP), nos termos do qual a criança, com capacidade de compreensão dos assuntos em discussão, é sempre ouvida, também aqui não havendo qualquer limite de idade, sendo o critério a capacidade de compreensão – pata tal aferir, **o juiz deverá fazer alguma diligência prévia, ou recorrer ao apoio da sua assessoria técnica.**

Termina dizendo que quando a criança não é ouvida, **terá sempre de existir um despacho a reflectir a necessidade ou não da audição da criança, devidamente fundamentado.**

No caso em análise, a Relação acaba por decidir não ser determinante ouvir a criança sujeito do processo, mas não deixa de colocar o acento tónico na necessidade de a ouvir ou de justificar a razão pela qual não vai aquela concreta criança ser ouvida em juízo.

Também no Acórdão da Relação de Lisboa (Pº 3473/05.1TBSXL-D.L1-8), datado de 17/11/2011, se entendeu que:

> *«I – O direito de audição traduz uma das manifestações do interesse superior da criança, factor primordial na definição do seu estatuto.*
>
> *II – Nas acções de alteração de regulação do poder paternal, cujas questões e decisões, afectam substancialmente a vida da criança/menor, este deve ser ouvido.*
>
> *III – Devem ser tomadas em consideração pelo Tribunal as opiniões da criança/menor, atenta a sua idade e maturidade, nas questões que afectam substancialmente a sua vida».*

O veredicto final foi:

> *«anula-se a sentença recorrida, determinando-se, sem prejuízo das provas carreadas e já valoradas pelo Tribunal, que se proceda à audição do menor C…, audição essa efectuada pelo Tribunal ou por outra entidade de cariz social que o Tribunal repute de idónea, no que concerne à questão da guarda, após o que se proferirá sentença que deverá tomar em consideração a opinião do mesmo».*

Mais uma vez se anula uma sentença sem se aludir ao específico vício processual de que ela padece.

Já o Acórdão da Relação de Lisboa, datado de 14/9/2010 (Pº 1169/08.1TBCSC-A.L1-1) entendeu que «*a opinião dos menores torna-se relevante em diversas matérias que lhes dizem respeito inclusive no que toca à sua recusa em manterem inalterado o regime de visitas ao progenitor que não tem a sua guarda*» (mais uma vez, estava em causa o incumprimento da regulação do exercício das responsabilidades parentais).

No dito caso, estava em apreciação a situação de duas crianças que se recusavam a ver o pai, decidindo a 1ª instância que não tinha havido incumprimento maternal na alta de convívios dos filhos com o pai pois imperava a vontade destes, devidamente ouvida em juízo.

Foi escrito que:

> «*Assim, dos factos provados não podemos concluir por tal, não se vislumbrando que a mãe tenha criado intencionalmente qualquer situação para evitar as visitas dos menores ao pai, isto é, não há da parte daquela qualquer incumprimento reiterado e grave, culposo, que permita assacar-lhe um efectivo juízo de censura.*
>
> *Qual a forma de contornar o supra referido "bloqueio"?*
>
> *(...)*
>
> *De qualquer modo, sempre diremos que não se pode colocar como opção a imposição de visitas, naturalmente propiciadora de forte perturbação emocional dos menores, susceptível de graves consequências, para além de inevitavelmente desencadeadora de reactividade contrária ao objectivo prosseguido com as visitas.*
>
> *(...)*
>
> *Estabelece a supracitada Convenção Sobre os Direitos da Criança, no seu artº 12º nº 1, o dever de os Estados Partes garantirem à "criança com capacidade de discernimento o direito de exprimir livremente a sua opinião sobre as questões que lhe respeitem, sendo devidamente tomadas em consideração as opiniões da criança, de acordo com a sua idade e maturidade".*
>
> *Ora, os menores "in casu" já não são propriamente crianças, encontrando-se em fase de pré-adolescência, sendo a sua opinião relevante em diversas matérias que lhes dizem respeito, e no caso concreto, também no que toca ao regime de visitas.*
>
> *Teve lugar a sua audição e a sua opinião e vontade foi veiculada perante o MP e o Juiz do processo.*
>
> *Ora, esta situação, apesar de gerada ao arrepio, e em contrário do verdadeiro interesse dos menores, é de momento incontornável e outro caminho não se nos afigura exequível que não seja o da alteração do regime de visitas a fixar em sede processual própria.*

Este distanciamento entre filhos e pai é, certamente, susceptível de ser ultrapassado a curto prazo, ainda que sem a imposição imediata de reatar o regime anteriormente acordado».

Lugar paralelo no Acórdão da Relação do Porto de 22/11/2016 (Pº 292/12.2TMMTS-A.P1):

«Assim, da conjugação destas disposições legais, a criança tem o direito de ser ouvida e a participar sobre as decisões que lhe digam respeito, sendo esta audição eventualmente acompanhada por assessoria técnica, não de modo obrigatório – até porque bem sabemos que na prática essa possibilidade surge, muitas vezes, de muito difícil, senão impossível, materialização.

(...)

No caso concreto, a argumentação do progenitor para justificar a recusa da presença da criança junto da mãe no período de férias de Natal entroncou, em muito, na recusa desta em viajar; essa vontade de não estar com a mãe, alegadamente porque os contactos telefónicos seriam escassos – apenas quinzenais – e por força de uma ansiedade do D... ao quebrar rotinas e hábitos diários, surgindo crises de angústia (citando o Relatório Médico da Dra. E... já referenciado), mais aconselhariam a audição do menor de modo a apurar dessas alegações e ouvir, de viva voz, da expressão da vontade deste.

Sublinhe-se que o menor foi, efectivamente, ouvido na Conferência de 15/05/2015, e foi, por força da sua manifestação de vontade em passar férias com a mãe designadamente em Inglaterra que assim se veio a determinar; donde, como bem refere o Ministério Público, essa circunstância imporia que se procedesse à sua audição na Conferência de 19/02/2016 (cerca de 9 meses depois) para apurar se essa vontade se mantinha ou, em caso contrário, como afirmava o progenitor e o relatório médico indiciava, quais as razões dessa mudança.

A decisão do Tribunal de não proceder a tal audição, sequer em sede da aferição das razoes para um alegado incumprimento, explica a não prova dos factos acima relatados; ***mas, por assentar na preterição de uma diligência que seria exigível quer à luz do caso concreto quer à luz do que são os ditames mais recentes da lei e da doutrina, teremos que atribuir a essa omissão consequências relevantes em sede de aferição do incumprimento pelo ora recorrente.***

(...)

O Apelante não aceita a imputação de incumprimento do regime provisoriamente fixado relativo às responsabilidades parentais ***pois o seu comportamento norteou-se pelo respeito da vontade do menor, que contava já, à data, com 13 anos de idade*** *agindo de modo a evitar o agravamento do seu quadro clínico, sustentado no relatório* *médico subscrito pela Drª E... e nas declarações que a mesma prestou na Conferência de Pais de 19.02.2016.*

Admitimos, como resulta da fundamentação exposta, que a inexistência de uma diligência tida como relevante – a audição da criança – não permite concluir por uma conduta incumpridora do recorrente relativamente ao que se lhe impunha em termos da regulação das responsabilidades parentais.

Assim sendo, impõe-se decidir nos moldes constantes do que é peticionado no final das alegações do recurso quanto ao pagamento pelo apelante da multa e indemnização arbitradas.

Em síntese conclusiva, decidir-se-á pela revogação da sentença apelada, substituída por outra que julga improcedente o incidente de incumprimento e, por via disso, determina a absolvição do apelante da sua condenação em multa e indemnização a favor da progenitora».

A falta de uma diligência tida por relevante acarretou uma consequência substantiva de peso, como se viu.

Mas mais uma vez sem se etiquetar o vício.

4.2.3. Mas há quem fala em **nulidade processual**.

Não sendo uma nulidade tipicamente prevista na lei, resta a nulidades secundária que terá de ser relevante para ser atendível.

Nulidade de processo é a invalidade resultante da omissão de um acto de processo prescrito na lei ou a prática de um acto de processo contrário ao por ela estabelecido ou de uma irregularidade cometida no processo que possa influir no exame ou na decisão da causa (artº 195º, nº 1 do CPC).

Manuel de Andrade (Noções elementares de Processo Civil, 2ª edição, p. 164) define-a como o desvio do formalismo processual seguido, em relação ao que é prescrito na lei.

Já Antunes Varela (Manuel de Processo Civil, 1ª edição, p. 373) entende que ela consiste num vício de natureza formal traduzido num de três tipos:

a) prática de um acto proibido;
b) omissão de um acto prescrito na lei;
c) realização de um acto imposto ou permitido por lei, mas sem as formalidades requeridas, consistindo sempre num desvio entre o formalismo prescrito na lei e o formalismo efectivamente seguido nos autos.

Já a nulidade da sentença é um vício intrínseco dela como tal tipificado na lei [artº 615º, nº 1, als. a) a e) do CPC].

O Acórdão da Relação de Lisboa de 14/4/2005 (Pº 1634/2005-6), em processo tutelar cível, entendeu que os dois filhos mais velhos deveriam ter sido ouvidos, o que não aconteceu, razão pela qual opinou que existia a omissão de uma formalidade prevista na lei (audição dos filhos, nos termos do artigo 1901º, nº 2 CC).

Porém, e como tal omissão só constituiria nulidade se, em concreto, fosse susceptível de influir no exame e decisão da causa, foi entendido que, *in casu*, tal omissão não influía.

Já aqui se deu conta do acórdão do Tribunal da Relação de Guimarães de 20/11/2014 – Pº 43/13.4TMBRG.G1 – que determinou singelamente que:

> *«No caso em apreço não se procedeu a essa audição que reveste carácter obrigatório [alínea i) do artº 4º da LPCJP ex vi do art º 147º-A OTM].*
>
> *A inobservância desta __**formalidade**__ que tem reflexo na decisão da causa, determina a __**nulidade da decisão**__, pelo que se impõe a sua anulação para que se proceda à audição da menor e após deve ser proferida nova decisão, onde deverá ser tido em conta o resultado da diligência ora ordenada, ficando prejudicado o conhecimento das demais questões suscitadas».*

Esta decisão entendeu que estávamos perante uma mera formalidade obrigatória que gerava nulidade processual.

O artigo 411º do CPC, ao instituir o princípio do inquisitório, determina que «incumbe ao juiz realizar ou ordenar, mesmo oficiosamente, todas as diligências necessárias ao apuramento da verdade e à justa composição dos litígios, quanto aos factos de que lhe é lícito conhecer».

No fundo, entendeu-se que se estava perante uma omissão na violação de uma diligência probatória imposta imperativamente por lei.

Aluda-se ainda ao Acórdão da Relação de Coimbra de 28/10/2018 (Pº 537/08.3TBFND-G.C1) que determinou que não se deve rejeitar a audição de uma criança com mais de 12 anos de idade, mesmo quando se possa antecipadamente intuir, segundo os elementos disponíveis, a sua posição, desde logo porque a sua opinião não é vinculativa.

Na realidade, o tribunal não pode, nem deve, estar vinculado à opinião e vontade da criança, pois o superior interesse deste colide, variadas vezes, com a sua vontade e desejo extravasados, não devendo ser o juiz, como sentenciou um recente acórdão da Relação de Lisboa, *«um mero receptáculo daquela vontade, desejo ou opinião, limitando-se a recolhê-la, a observá-la e a cumpri-la acriticamente, antes devendo decisivamente sindicá-la, sujeitando-a ao crivo do real, concreto e casuístico interesse da criança e jovem, pois só assim logrará cumprir a sua função».*

Tratava-se de uma providência tutelar cível e o tribunal de recurso acabou por anular a sentença recorrida, determinando que se proceda à audição da criança, colando-se ao vício da nulidade processual invocada explicitamente no já mencionado Acórdão da Relação de Guimarães de 20/11/2014.

Muito recentemente, o aresto da Relação de Coimbra, datado de 8/5/2019, e exarado no Pº 148/19.8T8CNT-A.C1, determinou, em processo tutelar cível, que *«é de anular a decisão tomada (ainda que provisoriamente) pelo tribunal a quo na qual, ao regular do exercício dessas responsabilidades, fixou a residência dos menores, por períodos temporais alternados, em casa de cada um dos seus pais separados, sem que previamente tenha ouvido, a tal propósito, esses menores (com idade da qual transparece disporem capacidade/maturidade mínima suficiente para compreender o alcance dessa medida tutelar), e sem que, ao menos, se revele nessa decisão a ponderação das razões dessa não audição».*

4.2.4. Finalmente, nasce no horizonte jurisprudencial o Acórdão do STJ, datado de 14/12/2016, e proferido no Pº 268/12.0TBMGL.C1.S1 (já chamado de «marco para o Direito das Crianças»), que determinou o seguinte:

> *«I – A audição da criança num processo que lhe diz respeito – no caso, de promoção e protecção – não pode ser encarada apenas como um meio de prova, tratando-se antes de um direito da criança a que o seu ponto de vista seja considerado no processo de formação da decisão que a afecta.*
>
> *II – O exercício do direito de audição, enquanto meio privilegiado de prossecução do superior interesse da criança, está, naturalmente, dependente da maturidade desta.*
>
> *III – A lei portuguesa actual, seguindo os diversos instrumentos internacionais, alterou a forma de determinar a obrigatoriedade dessa audição, tendo passado a prever – onde antes se estabelecia que era obrigatória a audição de criança com mais de 12 anos "ou com idade inferior quando a sua capacidade para compreender o sentido da intervenção o aconselhe" – que a criança deve ser ouvida quando tiver "capacidade de compreensão dos assuntos em discussão, tendo em conta a sua idade e maturidade" (art. 4º, al. c), do Regime Geral do Processo Tutelar Cível, aprovado pela Lei nº 141/2015, de 08-09).*
>
> *IV – A ponderação acerca da maturidade da criança terá de se revelar na decisão, só estando dispensada a justificação para a sua eventual não audição quando for notório que a sua baixa idade não a permite ou aconselha.*
>
> ***V – A falta de audição da criança afecta a validade das decisões finais dos correspondentes processos por corresponder a um princípio geral com relevância substantiva, não sendo adequado aplicar-lhe o regime das nulidades processuais».***

Esta decisão termina assim:

«Assim sendo, anula-se o acórdão recorrido e determina-se que o processo baixe a fim de, ou serem ouvidos os menores, se a sua capacidade de compreensão assim o determinar, ou ser justificada a sua não audição».

Ou seja, entende-se que essa falta de «audição» afecta a validade das decisões finais dos correspondentes processos, por corresponder a um princípio geral com relevância substantiva e, por isso mesmo, processual.

De forma exemplarmente análoga, já opinava Salazar Casanova, em "O regulamento (CE) nº 2201/2003 do Conselho e o princípio da audição da criança" (*Scientia Juridica*, Tomo LV, nº 306 – Abril/Junho 2016, p. 236).

Refere este reputado magistrado que as razões que permitem a audição de uma criança em juízo, após o ano de 2003, são de "***ordem substantiva***" e que se devem ao superior interesse da criança, e "*assim, onde determinada diligência processual colida com tal interesse, há-de prevalecer este*", pois "*sujeitar por exemplo, em audiência de julgamento a criança a um confronto, a interrogatórios e contra-interrogatórios, a um desfiar de questões atinentes às mais íntimas questões de convívio familiar, constitui uma prática totalmente desaconselhável e de uma crueldade judicial que não pode ser admitida*".

Esta não audição da criança, não justificada, configura, assim, uma falta processual mas também a clara violação de regras de direito material, tal como exaustivamente já aqui se deixou escrito, não devendo um tribunal limitar-se a ver esta omissão numa restrita visão processual, reconduzindo, antes, a falta a uma violação inegável da sua intrínseca validade substancial, ao dito *«princípio geral com relevância substantiva, e, por isso mesmo, processual»*.

A criança não tem capacidade em regra para exercer os seus direitos em tribunal.

Mas, nesta sede, por gozar do direito de ser ouvido em tribunal, tem de se fazer ouvir, quando tal for considerado conveniente e tiver maturidade para o efeito.

Deixar de ouvir uma criança neste jaez é «matar» um seu direito substancial, colado à sua pele como a própria «essência das coisas».

Em *metafísica*, a **essência** (do termo *latino essentia*) de uma *coisa* é constituída pelas *propriedades* imutáveis da mesma, que caracterizam a sua própria natureza.

O oposto da essência são os *acidentes* da coisa, isto é, aquelas propriedades mutáveis da coisa.

Ouvir uma criança em tribunal não é um acidente de percurso – é um direito inalienável de toda a criança, para o exercício do qual, nesta sede, não tem de ser representado por terceira pessoa.

Isso faz parte da essência dos seus direitos.

Volto à Magna Carta da Infância.

Quanto ao conteúdo normativo da Convenção da ONU de 1989, pode-se dizer que o mesmo se reconduz a quatro princípios fundamentais:

- *Princípio da não discriminação,* consagrado no artigo 2º, segundo o qual os Estados Partes se comprometem a respeitar e a garantir os direitos firmados na Convenção «a todas as crianças que se encontrem na sua jurisdição, sem discriminação alguma, independentemente de qualquer consideração de raça, cor, sexo, língua, religião, opinião pública ou outra da criança, de seus pais ou representantes legais, ou da sua origem nacional, étnica ou social, fortuna, incapacidade, nascimento ou de qualquer outra situação»;
- *Princípio do interesse superior da criança,* plasmado no artigo 3º, o qual deverá constituir a consideração primacial a ter em conta em «todas as decisões relativas a crianças, adoptadas por instituições públicas ou privadas de protecção social, por tribunais, autoridades administrativas ou órgãos legislativos»;
- *Princípio de que a criança tem direito à vida, à sobrevivência e ao desenvolvimento,* estabelecido pelo artigo 6º, que protege não só o direito à vida, como também à sobrevivência e ao desenvolvimento, devendo estes últimos ser assegurados na «máxima medida possível» (e aqui a noção de «desenvolvimento» deve ser interpretada num sentido amplo e abarcando uma dimensão qualitativa que contemple, para além da saúde física da criança, o seu desenvolvimento mental, emocional, cognitivo, social e cultural);
- *Princípio do respeito pelas opiniões da criança,* reconhecido pelo artigo 12º, o qual se reconduz ao direito de que a criança é titular de exprimir livremente a sua opinião sobre as questões que a ela respeitem e de as suas opiniões serem devidamente tomadas em consideração, de acordo com a sua idade e maturidade – para tanto, «deve ser assegurada à criança a oportunidade de ser ouvida nos processos judiciais e administrativos que lhe respeitem».

Atento este último princípio, fácil é de concluir que o regime das nulidades processuais[26] não é, de facto, o mais adequado à catalogação do vício da falta de audição de uma criança em sede judiciária.

E daí a relevância deste aresto de 2016 que vem lançar novos desafios ao próprio direito processual[27] da criança.

Na realidade, e para finalizar, se é verdade que a criança não tem, em regra, capacidade de exercer sozinha os seus legais direitos, também o é que haverá certos direitos ligados à substância e ao «ser» da criança que só podem gozados por ela própria, de viva voz, sem interferência de terceiros.

E aí basta-lhe a sua capacidade regra de gozo de direitos.

E bastará ao tribunal afirmar essa essência e substância para declarar que a omissão da audição de uma criança com maturidade para o efeito, quando conveniente, **afecta a subsistência da decisão que não a admitiu, não por força da constatação de uma nulidade processual civil de natureza secundária, mas por aplicação directa do princípio básico (de essência) da existência de uma criança - ter direito a ser ouvida por quem vai decidir relevantes aspectos da sua vida.**

[26] Só há nulidade processual quando o vício respeita ao acto como trâmite, não ao acto como expressão de uma decisão do tribunal ou de uma posição da parte, não sendo correcto reconduzir qualquer vício relativo ao conteúdo de um acto processual do tribunal ou da parte ao disposto no art. 195º, nº 1 do CPC.

[27] A personalidade jurídica é uma qualidade imprescindível para ser sujeito de direito, mas ela não é suficiente para qualificar as posições ocupadas pelas pessoas na vida jurídica. Há que verificar quais os direitos e deveres que a cada pessoa podem caber. Ao contrário da personalidade jurídica, a capacidade jurídica envolve uma noção de tipo quantitativo, sendo a medida de direitos e obrigações de que uma pessoa é susceptível. A capacidade jurídica pode ser considerada segundo duas perspectivas: a de simples imputação de direitos e obrigações e a de atuação jurídica que estes envolvem para que tenham sentido. No primeiro caso, fala-se de capacidade de gozo e no segundo de capacidade de exercício. A capacidade de gozo é então a medida de direitos e obrigações de que uma pessoa pode ser titular e a que pode estar adstrita. O conceito de capacidade de gozo é igualmente aplicável às pessoas singulares e coletivas. O Código Civil (CC) consagra especialmente a noção de capacidade de gozo, ainda que a ela se refira simplesmente como capacidade jurídica (cfr. artigos 67º e 160º do CC, relativos respetivamente às pessoas singulares e às pessoas coletivas). Refira-se, ainda, que a capacidade de gozo não constitui uma modalidade no âmbito da categoria comum da capacidade jurídica. Trata-se de um instituto que se coloca no plano abstracto da titularidade de situações jurídicas, isto é, que direitos e obrigações certa pessoa é susceptível de ter e não de que direitos e obrigações é efectivamente titular (vide https://dre.pt/web/guest/lexionario/-/dj/115073675/view).

*

A FINALIZAR

A visão regra da criança como sujeito do processo e de direitos, incapaz do exercício dos mesmos, só excepcionalmente capaz para a prática de certos actos (v.g. artigos 123º e 127º CC), tenderá a ser substituída por entendimento diverso, em sede tutelar cível e de promoção e protecção.

É verdade que a criança, por ser menor de idade, goza de uma capacidade regra de **gozo** de direitos mas de uma concomitante incapacidade regra de **exercício** desses direitos – contudo, nesta sede, até por inerência do próprio direito comunitário, à criança com discernimento e maturidade deve ser reconhecido o direito de exprimir em juízo as suas opiniões e defender os seus interesses de forma veemente e efectiva – ou seja, de gozar de um direito sem que seja representado por terceiro (**aqui não exerce um direito mas goza-o, afinal de contas!**).

Como diz tão expressivamente Salazar Casanova, no artigo já aqui amplamente citado, *«a ficção jurídica segundo a qual num momento, o do décimo oitavo aniversário, termina o incapaz de ontem e nasce o homem adulto de amanhã é desmentida pela simples observação das coisas da vida»*.

Curioso o repto lançado por Mónica Moreira na sua tese de Mestrado já aqui mencionada:

> *«A este propósito, e tendo em mente a inconsistência com que este direito tem sido entendido, julgamos de primacial importância que se lance o repto de, em todas as sentenças e acórdãos, se dedicar um espaço unicamente à identificação da idade da criança e à justificação do porquê de se ter procedido à sua audição ou preterido a mesma, indicando a data em que a mesma ocorreu e a data em que se procedeu à avaliação da sua capacidade de discernimento.*
>
> *Este aspeto seria, na nossa humilde opinião, muito vantajoso para eventuais estudos e investigações que se pretendessem levar a cabo nesta área, mostrando-se essencial para a cabal compreensão dos motivos que têm conduzido ao não exercício deste direito e à avaliação do dever de fundamentação de todas as decisões judiciais»*.

Aguardemos, assim, que a audição da criança entre na prática judiciária de forma **bastante mais frequente, a tempo de mudar por completo o paradigma passado que esquecia a voz da criança (a audição da criança é apenas uma manifestação do direito de participação da criança nos seus processos).**

Capítulo VII
Procedimentos de urgência

Artigo 91º – Procedimentos urgentes na ausência do consentimento

1 – Quando exista perigo atual ou iminente para a vida ou de grave comprometimento da integridade física ou psíquica da criança ou jovem, e na ausência de consentimento dos detentores das responsabilidades parentais ou de quem tenha a guarda de facto, qualquer das entidades referidas no artigo 7º ou as comissões de proteção tomam as medidas adequadas para a sua proteção imediata e solicitam a intervenção do tribunal ou das entidades policiais.

2 – A entidade que intervém nos termos do número anterior dá conhecimento imediato das situações a que aí se alude ao Ministério Público ou, quando tal não seja possível, logo que cesse a causa da impossibilidade.

3 – Enquanto não for possível a intervenção do tribunal, as autoridades policiais retiram a criança ou o jovem do perigo em que se encontra e asseguram a sua proteção de emergência em casa de acolhimento, nas instalações das entidades referidas no artigo 7º ou em outro local adequado.

4 – O Ministério Público, recebida a comunicação efetuada por qualquer das entidades referidas nos números anteriores, requer imediatamente ao tribunal competente procedimento judicial urgente nos termos do artigo seguinte.

(Os nºs1 a 3 foram alterados pela Lei nº 142/2015, de 8 de Setembro)

Artigo 92º – Procedimentos judiciais urgentes

1 – O tribunal, a requerimento do Ministério Público, quando lhe sejam comunicadas as situações referidas no artigo anterior, profere decisão provisória, no prazo de quarenta e oito horas, confirmando as providências tomadas para a imediata proteção da criança ou do jovem, aplicando qualquer uma das medidas previstas no artigo 35º ou determinando o que tiver por conveniente relativamente ao destino da criança ou do jovem.

2 – Para efeitos do disposto no número anterior, o tribunal procede às averiguações sumárias e indispensáveis e ordena as diligências necessárias para assegurar a execução das suas decisões, podendo recorrer às entidades policiais e permitir às pessoas a quem incumba do cumprimento das suas decisões a entrada, durante o dia, em qualquer casa.

3 – Proferida a decisão provisória referida no nº 1, o processo segue os seus termos como processo judicial de promoção e proteção.

(O nº 2 foi alterado pela Lei nº 142/2015, de 8 de Setembro)

Anotação *conjunta aos artigos 91º e 92º:*

PROCEDIMENTOS DE URGÊNCIA EM SITUAÇÕES DE EMERGÊNCIA

- Quando exista perigo actual ou iminente para a vida ou de grave comprometimento da integridade física ou psíquica da criança ou do jovem [cf. noção de «emergência» do artigo 5º, alínea c), 1ª parte] e, na ausência de consentimento dos detentores das responsabilidades parentais ou de quem tenha a guarda de facto, as ECMIJ e as CPCJ tomam as medidas adequadas para a sua protecção imediata e solicitam a intervenção do tribunal ou das entidades policiais;
- Exige-se um juízo de prognose futura relativamente à situação da criança – há que sopesar toda a informação e perguntar: face à natureza e gravidade dos factos transmitidos e atento o que observa, **a omissão de actuação conduzirá a criança a imediata e inevitável exposição àquele perigo com aquelas consequências?**
- Enquanto não for possível a intervenção do tribunal, as autoridades policiais, comunicando o facto ao MP, retiram a criança ou o jovem do perigo em que se encontra e asseguram a sua protecção de emergência

em casa de acolhimento, nas instalações das entidades com competência em matéria de infância e juventude ou em outro local adequado (não sendo uma esquadra de polícia um local adequado, como é bem de ver);

- O MP requer **imediatamente** ao tribunal competente procedimento judicial urgente, nos termos do artigo 92º;
- O tribunal, a requerimento do Ministério Público, quando lhe sejam comunicadas as situações de emergência, ***profere decisão provisória (ou cautelar, na nova terminologia legal), no prazo de 48 horas***, confirmando as providências tomadas para a imediata protecção da criança e jovem, aplicando qualquer das medidas previstas no artigo 35º (confiar uma criança a um Director de uma Maternidade não é aplicação de uma medida de acolhimento residencial, como é bem de ver) **ou** determinando o que tiver por conveniente relativamente ao destino da criança ou do jovem (confiança da criança a Director de unidade hospitalar, por exemplo);
- Para tal, o tribunal procede às averiguações sumárias e indispensáveis e ordena as diligências necessárias para assegurar a execução das suas decisões, podendo recorrer às entidades policiais e permitir às pessoas a quem incumba o cumprimento das suas decisões a entrada, durante o dia, em qualquer casa;
- Depois da decisão cautelar, seguem-se os termos normais de um processo **judicial** de promoção e protecção (cessando aqui a CPCJ a sua intervenção).
- Já decidiu a Relação de Lisboa de 16/11/2016 (Pº **16633/16.0T8LSB-C.L1-7)** que: **«a desobediência às decisões proferidas no âmbito dos Procedimentos Judiciais Urgentes, regulados na LPCJC faz incorrer o infrator na prática de um crime de desobediência qualificada, nos termos dos artigos 92º e 126º da LPCJC e 375º do Código de Processo Civil Revisto».**
- **Cfr. alguns arestos com relevo nesta matéria, todos visitáveis em www.dgsi.pt:**

➢ **Acórdão da Relação de Lisboa de 19/5/2005:**

«3 – Relativamente à intervenção do Tribunal, a lei prevê a par de um processo que poderá designar-se de «comum» (art. 100 e segs), outro «especial» (artigos 91 e 92).

Este tem lugar quando exista «perigo actual e iminente para vida ou integridade física da criança ou do jovem e haja oposição dos detentores do poder paternal.

4 – Nessa situação o M. P. deverá imediatamente requerer ao tribunal procedimento judicial urgente, devendo o tribunal proferir decisão provisória, para o que poderá proceder a diligências, confirmando as providências tomadas, para protecção da criança, prosseguindo os autos, após isso os seus termos.

5 – Não tem apoio legal a decisão do tribunal que perante requerimento do M. P., a pedir procedimento judicial, ordena a remessa dos autos para tramitação, à Comissão.»

➢ Acórdão da Relação de Guimarães de 4/5/2010:

«1 – Para que haja lugar ao procedimento urgente a que se refere o artigo 91º da LPCJP, é necessária a existência de um perigo actual ou iminente para a vida ou integridade física da criança ou do jovem e a oposição dos detentores do poder paternal ou de quem tenha a guarda de facto;

2 – Sem prejuízo de determinados comportamentos parentais, pela sua gravidade e/ou consequências poderem, por si só, constituir um índice do apontado perigo, para situações futuras, a existência de situações anteriores que levaram à aplicação de medidas de promoção e protecção previstas no artigo 35º da LPCJP, não têm necessariamente de determinar a aplicação automática de tais medidas a outras situações sem que se tenham em devida conta, quer aquelas situações pregressas, quer os concretos factos referentes à situação actual, por forma a ponderar devidamente a promoção dos direitos e a protecção das crianças e dos jovens em perigo, por forma a garantir o seu bem-estar e desenvolvimento integral.

3 – Tal não impede, antes aconselha, que deva haver um acompanhamento da situação do menor e da requerida e que, qualquer alteração que o justifique, possa determinar a instauração de um procedimento urgente, com a consequente aplicação de uma medida de protecção, que se mostre adequada, necessária e suficiente».

➢ Acórdão da Relação de Lisboa de 24/9/2009:

«1 – No procedimento judicial urgente regulado no art. 92º da LPCJP, não é indispensável proceder à audição dos pais do menor».

➢ Acórdão da Relação de Lisboa de 06/12/2011:

«1 – No âmbito do procedimento de urgência previsto nos artigos 91º e 92º, para a intervenção urgente e aplicação da medida adequada, a lei não exige que haja já uma determinada situação de facto, que efectivamente esteja a por em causa a vida ou integridade física da criança ou jovem.

2 – A intervenção no âmbito desse procedimento de urgência, tem natureza preventiva e a finalidade de evitar um risco sério ou muito provável de perigo para a vida ou integridade física do menor ou jovem, que possa resultar de uma qualquer situação actual.

3 – É justamente por isso que a resposta para essa situação se basta com uma medida provisória, a ser aplicada no âmbito de um procedimento urgente, cuja duração não pode ser superior a seis meses (artº 37º), podendo ser revista a qualquer momento, caso tal se justifique, mas sempre sujeita a revisão obrigatória no prazo de seis meses (nº 2 e 6 do artº 62º), enquanto simultaneamente o processo segue os seus termos como processo judicial de promoção e protecção (nº2 do artº 92º), com o propósito de se proceder ao melhor e mais aprofundado diagnóstico da situação e à definição da medida definitiva que se revele mais adequada para o caso».

*

Analisemos melhor este normativo.

Nos procedimentos de urgência o interlocutor do juiz é o Ministério Público, face ao disposto nos nºs 2 e 4 do artº 91º, e também ao nº1 do artº 92º O final do nº1 indica apenas as entidades que poderão/deverão intervir após a acção inicial, no caso, da CPCJ, mas o modo como essa intervenção se processa está definida nos números e no artigo seguintes: o juiz é accionado pelo MP, a quem terá de ser dado imediato conhecimento da situação; as autoridades policiais actuam a pedido de quem teve a intervenção inicial, no caso, a CPCJ.

O que está previsto no nº 1 é uma «actuação em legítima defesa de terceiro», na feliz terminologia de Rui do Carmo, que o juiz posteriormente analisará e avaliará no prazo de 48 horas, prazo regra para a avaliação e confirmação judicial de todas as situações previstas nas leis (e na CRP) em que outras entidades, no exercício das suas funções, podem restringir/ofender legitimamente direitos fundamentais de cidadãos em situações de urgência/emergência.

Tudo depende da avaliação da situação concreta, que a polícia também terá de fazer. Tendo ela também tendo indícios fortes de que a criança, no caso, está em situação de perigo como este é caraterizado no nº 1 do artº 91º da LPCJP, nenhum problema terá (deve mesmo) a polícia entrar na residência à força, se a autorização de entrada lhe for negada, pois trata-se de uma situação clara de exclusão da ilicitude do comportamento de violação do domicílio.

Ou seja, quando não seja legítimo duvidar do referido enquadramento no artigo 91º [e 5º c)], parece-me que não são necessários mandados, até porque na generalidade dos casos tal configurará uma contradição nos próprios termos: a situação é de emergência e como tal não se compadecerá, em princípio, com a demora inerente à emissão dos referidos mandados...

Perante a situação de emergência, a CPCJ ou ECMIJ assegura as medidas adequadas à protecção imediata da criança.

Não nos esqueçamos que estas medidas podem ser diversas e não se resumem à entrada (forçada) no domicílio; por exemplo: retêm a criança na escola, não deixando que seja levada pelos pais, partem o vidro do carro onde ela se encontra sozinha, impedem que ela participe numa atividade perigosa, com a conivência dos pais (vg: criança de 5 anos que vai participar de uma tourada, corrida de moto 4, etc).

Quando se diz que a entidade solicita a intervenção do "tribunal ou das entidades policiais": A referência nesta sede ao tribunal, parece-me abranger os casos em que *ainda* é possível requerer a emissão de mandados e que serão residuais (pelo elevado risco de concretização do grave comprometimento da integridade ou perigo para a vida que a demora inerente à emissão dos mandados possa importar).

Em todos os outros casos, a CPCJ/ECMIJ deverá requerer a intervenção das entidades policiais, por forma a garantir a segurança de todos os envolvidos (designadamente técnicos e criança) e, mesmo, quando necessário, a sua exequibilidade pela força, com recurso a meios que a CPCJ/ECMIJ não detém, e que estão na natural disponibilidade das entidades policiais.

Portanto, em resumo, entendo que o OPC pode, ou melhor, deve sempre actuar, desde que a situação se enquadre na previsão do 91º/1, ainda que estejamos em "horário de expediente do foro". O critério fundamental aqui será o de avaliar se a salvaguarda da criança se compadece ou não com qualquer demora inerente à emissão dos mandados.

Claro está, também, que avaliar se uma situação de facto se enquadra ou não na hipótese do artº 91º em certos casos não é tarefa líquida ou matemática. Mas o importante é que do ponto de vista do homem médio, colocado naquela exacta posição e detentor da informação concreta a que naquela circunstância teve acesso, a conclusão retirada resulte legítima: isto é, de que se tratava efectivamente de uma situação de perigo para vida ou de grave comprometimento da integridade da criança, impondo a dita "legítima defesa de terceiro".

Capítulo VIII

Do processo nas comissões de proteção de crianças e jovens

Artigo 93º – Iniciativa da intervenção das comissões de proteção

Sem prejuízo do disposto nos artigos 64º a 66º, as comissões de proteção intervêm:

a) A solicitação da criança ou do jovem, dos seus pais, representante legal ou das pessoas que tenham a sua guarda de facto;

b) Por sua iniciativa, em situações de que tiverem conhecimento no exercício das suas funções.

Artigo 94º – Informação e audição dos interessados

1 – A comissão de proteção, recebida a comunicação da situação ou depois de proceder a diligências sumárias que a confirmem, deve contatar a criança ou o jovem, os titulares das responsabilidades parentais ou a pessoa com quem a criança ou o jovem residam, informando-os da situação e ouvindo-os sobre ela.

2 – A comissão de proteção deve informar as pessoas referidas no número anterior do modo como se processa a sua intervenção, das medidas que pode tomar, do direito de não autorizarem a intervenção e suas possíveis consequências e do seu direito a fazerem-se acompanhar de advogado.

3 – As diligências sumárias referidas no nº 1 destinam-se apenas à obtenção, junto da entidade que comunicou a situação de perigo, de elementos que possam confirmá-la ou esclarecê-la.

(Os nºs1 e 3 foram alterados pela Lei nº 142/2015, de 8 de Setembro)

Artigo 95º – Falta do consentimento

1 – As Comissões de Proteção diligenciam junto dos pais, representante legal ou da pessoa que tenha a guarda de facto da criança ou do jovem, pela obtenção do consentimento a que se refere o artigo 9º

2 – Faltando ou tendo sido retirados os consentimentos previstos no artigo 9º, ou havendo oposição da criança ou do jovem, nos termos do artigo 10º, a comissão abstém-se de intervir e remete o processo ao Ministério Público competente.

(Alterado pela Lei nº 142/2015, de 8 de Setembro)

Artigo 96º – Diligências nas situações de guarda ocasional

1 – Quando a criança se encontre a viver com uma pessoa que não detenha as responsabilidades parentais, nem a sua guarda de facto, a comissão de proteção deve diligenciar de imediato, por todos os meios ao seu alcance, no sentido de entrar em contacto com as pessoas que devem prestar o consentimento, para que estes ponham cobro à situação de perigo ou prestem o consentimento para a intervenção.

2 – Até ao momento em que o contacto com os pais ou representantes legais seja possível e sem prejuízo dos procedimentos de urgência, a comissão de proteção proporciona à criança ou ao jovem os meios de apoio adequados, salvo se houver oposição da pessoa com quem eles residem.

3 – Quando se verifique a oposição referida no número anterior, a comissão de proteção comunica imediatamente a situação ao Ministério Público.

(O nº 1 foi alterado pela Lei nº 142/2015, de 8 de Setembro)

Artigo 97º – Processo

1 – O processo inicia-se com o recebimento da comunicação escrita ou com o registo das comunicações verbais ou dos fatos de que a referida comissão tiver conhecimento.

2 – O processo da comissão de proteção inclui a recolha de informação, as diligências e os exames necessários e adequados ao conheci-

mento da situação, à fundamentação da decisão, à aplicação da respetiva medida e à sua execução.

3 – O processo é organizado de modo simplificado, nele se registando por ordem cronológica os atos e diligências praticados ou solicitados pela comissão de proteção que fundamentem a prática dos atos previstos no número anterior.

4 – Relativamente a cada processo é transcrita na ata da comissão restrita, de forma sumária, a deliberação e a sua fundamentação.

5 – Os atos praticados por comissão de proteção a rogo de outra, designadamente ao nível da instrução de processos ou de acompanhamento de medidas de promoção e proteção, integram a atividade processual da comissão, sendo registados como atos de colaboração.

(Os nºs 3 e 5 foram alterados pela Lei nº 142/2015, de 8 de Setembro)

Artigo 98º – Decisão relativa à medida

1 – Reunidos os elementos sobre a situação da criança ou do jovem, a comissão restrita, em reunião, aprecia o caso, arquivando o processo quando a situação de perigo não se confirme ou já não subsista, ou delibera a aplicação da medida adequada.

2 – Perante qualquer proposta de intervenção da comissão de proteção, as pessoas a que se referem os artigos 9º e 10º podem solicitar um prazo, não superior a oito dias, para prestar consentimento ou manifestar a não oposição.

3 – Havendo acordo entre a comissão de proteção e as pessoas a que se referem os artigos 9º e 10º no tocante à medida a adotar, a decisão é reduzida a escrito, tomando a forma de acordo, nos termos do disposto nos artigos 55º a 57º, o qual é assinado pelos intervenientes.

4 – Não havendo acordo, e mantendo-se a situação que justifique a aplicação de medida, aplica-se o disposto na alínea *d)* do nº 1 do artigo 11º

(O nº 4 foi alterado pela Lei nº 142/2015, de 8 de Setembro)

Artigo 99º – Arquivamento do processo

Cessando a medida, o processo é arquivado, só podendo ser reaberto se ocorrerem fatos que justifiquem a aplicação de medida de promoção e proteção.

(Alterado pela Lei nº 142/2015, de 8 de Setembro)

ANOTAÇÃO *conjunta dos artigos 93º a 99º:*

a) *O PROCESSO DE PROMOÇÃO DOS DIREITOS E DE PROTECÇÃO DAS CRIANÇAS E JOVENS EM PERIGO (regras específicas do processo nas CPCJ)*

CIRCUITO PROCESSUAL:

- Recebimento da comunicação da situação (oral, escrita...)
- Eventuais diligências sumárias que a confirmem (destinam-se apenas à obtenção, junto da entidade que comunicou a situação de perigo, de elementos que possam confirmá-la ou esclarecê-la).
- Abertura do processo
- Audição da criança, dos titulares das RP ou da pessoa com quem aquela resida, informando-os da situação e ouvindo-os
- Obtenção do consentimento escrito (para o início da intervenção e para os termos do artigo 13º-A) às pessoas que o têm de dar
- Faltando o consentimento ou opondo-se relevantemente a criança à intervenção, o processo é enviado ao MP
- Obtidos os consentimentos e as não oposições, a CPCJ intervém na situação
- O processo inclui a recolha de informação, as diligências e os exames necessários e adequados ao conhecimento da situação, à fundamentação da decisão, à aplicação da respectiva medida e à sua execução
- O processo é organizado de modo simplificado, nele se registando por ordem cronológica os atos e diligências praticados ou solicitados pela comissão de proteção que fundamentem a prática dos atos previstos no número anterior
- Relativamente a cada processo é transcrita na ata da comissão restrita, de forma sumária, a deliberação e a sua fundamentação
- Os atos praticados por comissão de proteção a rogo de outra, designadamente ao nível da instrução de processos ou de acompanhamento de

medidas de promoção e protecção, integram a atividade processual da comissão, sendo registados como atos de colaboração

- Reunidos os elementos sobre a situação da criança ou do jovem, a comissão restrita, em reunião, aprecia o caso:
  - ✓ arquivando o processo quando a situação de perigo não se confirme ou já não subsista
  - ✓ ou delibera a aplicação da medida adequada
  - Perante qualquer proposta de intervenção da comissão de protecção, as pessoas a que se referem os artigos 9º e 10º podem solicitar um prazo, não superior a oito dias, para prestar consentimento ou manifestar a não oposição.
- Havendo acordo entre a comissão de protecção e as pessoas a que se referem os artigos 9º e 10º no tocante à medida a adoptar, a decisão é reduzida a escrito, tomando a forma de acordo, nos termos do disposto nos artigos 55º a 57º, o qual é assinado pelos intervenientes
- Não havendo acordo, e mantendo-se a situação que justifique a aplicação de medida, aplica-se o disposto na alínea d) do nº 1 do artigo 11º (REMESSA AO MP)

b) Alterações legais mais significativas:

- Artigos 93º a 99º – todos sofreram alterações, com excepção do 93º;
- Artigo 94º – Informação e audição dos interessados – um novo nº 3 – As diligências sumárias referidas no nº 1 destinam-se apenas à obtenção, junto da entidade que comunicou a situação de perigo, de elementos que possam confirmá-la ou esclarecê-la.
- Artigo 95º – Falta de consentimento – artigo que legitima, nesse caso, a remessa do processo ao MP competente [daí a revogação da alínea b) do artigo 68º]
- ***Artigo 96º – aditamento de um novo nº 1:***

> *1 – Quando a criança se encontre a viver com uma pessoa que não detenha as responsabilidades parentais, nem a sua guarda de facto, a comissão de proteção deve diligenciar de imediato, por todos os meios ao seu alcance, no sentido de entrar em contacto com as pessoas que devem prestar o consentimento, para que estes ponham cobro à situação de perigo ou prestem o consentimento para a intervenção*

- *Nova formulação do artigo 99º* (arquivamento do processo)

Cessando a medida, o processo é arquivado, só podendo ser reaberto se ocorrerem *factos (e já não novos factos)* que justifiquem a aplicação de medida de promoção e protecção – ou seja, a reabertura de processos poderá verificar-se mesmo quando a factualidade integradora da situação de perigo é da mesma natureza daquela que dera inicialmente origem ao processo.

*

A este propósito das reaberturas...

Imagine-se que uma CPCJ enviou um processo para tribunal, por retirada de consentimento no momento da aplicação de uma medida.

Tal processo vem a ser arquivado, passado algum tempo, no Tribunal.

Passados seis meses entra uma nova sinalização na CPCJ.

Se o processo já foi arquivado é reaberto em tribunal, porque esteve lá a correr, ou abre-se um processo novo na Comissão?

Deve ser reaberto em tribunal se a nova situação de perigo tiver alguma conexão com a situação anterior (vamos imaginar que o processo estava no tribunal e a situação de perigo resultava de absentismo escolar) – o processo foi arquivado, a criança retomou a escola e agora decorridos seis meses volta a haver nova situação de absentismo escolar. Faz todo o sentido que a reabertura seja no tribunal.

Agora, se a nova situação de perigo não tiver nenhuma conexão com a que está no tribunal então aí não há razão nenhuma para que não se esgote o princípio da subsidiariedade e, como tal, o processo deve começar na CPCJ.

Anote-se aqui ainda a referência ao Acórdão da Relação do Porto de 7/5/2018 (Pº 6242/15.7T8MTS.P1) que decidiu:

> *«I – A possibilidade de reabertura do processo judicial de promoção e protecção apenas pode ocorrer quando o mesmo tenha sido arquivado logo na fase liminar ou após o encerramento da instrução [cfr. artigos 106º, nº 2 al. b), 110º, nº 1 al. a) e 111º da LPCJP].*
>
> *II – Se no âmbito do processo judicial de promoção e protecção foi aplicada uma medida protectiva que mais tarde vem a ser declarada cessada com o consequente arquivamento dos autos, não podem os mesmos ser reabertos ainda que a nova situação de perigo esteja conexionada com a anterior, devendo, portanto, ser iniciado um novo processo perante a Comissão de Protecção de Crianças e Jovens por, só assim, se respeitarem os princípios da intervenção mínima e da subsidiariedade [cfr. artigo 4º als. d) e k) da LPCJP]».*

c) A propósito destes artigos, vejamos a síntese conclusiva das questões discutidas no âmbito do "I Encontro CPCJs/MP" da Procuradoria-Geral

Distrital do Porto, realizado no dia 1 de Março de 2017, no Auditório Claret, do Colégio Internato dos Carvalhos:

1. Que diligências podem ser feitas pela CPCJ para concretizar a denúncia antes de obtido o consentimento, considerando o disposto no artº 94º, nº 3, da LPCJP?

a. Se a denúncia tiver sido feita por uma entidade pública ou privada, a Comissão de Protecção apenas poderá ouvir técnicos, psicólogos, professores ou funcionários dessa entidade sinalizadora para obter mais esclarecimentos e recolher prova conseguindo, dessa forma, elementos mais concretos da situação de perigo;

b. Se a denúncia tiver sido feita por uma pessoa singular, p. ex. vizinho ou familiar, a Comissão de Proteção não pode ir além da respetiva audição para reforço ou infirmação da denúncia, sob pena de ultrapassar a limitação decorrente do artº 94º, nº 3, da Lei de Protecção.

2. Se a denúncia for anónima e vaga o que pode ser feito pela CPCJ no quadro do supra citado artº 94º?

Perante uma denúncia anónima, aquela norma da Lei de Protecção impede a Comissão de proceder a quaisquer diligências instrutórias; porém, se houver referência a situações concretas que desaconselhem o arquivamento liminar, a CPCJ deverá tentar obter os consentimentos legalmente exigíveis e, seguidamente, encetar, já no âmbito do processo, as diligências que repute importantes.

3. Não sendo possível concretizar o eventual perigo, deve suscitar-se a intervenção do Ministério Público? Em caso afirmativo, para quê? Tem o Ministério Público poderes para realizar diligências prévias à instauração de processo judicial de promoção e protecção, sem consentimento dos progenitores?

a. O artº 68º, al. a), da LPCJP impõe à Comissão de Protecção a comunicação obrigatória ao Ministério Público das situações "em que não obtenham a disponibilidade dos meios necessários para proceder à avaliação diagnóstica dos casos", ou seja, ainda que não tenha sido possível concretizar o eventual perigo a Comissão deve suscitar a intervenção do Ministério Público;

b. O Ministério Público, ao abrigo do artº 72º da LPCJP, pode exigir os esclarecimentos necessários aos pais, representantes legais ou quem detenha a guarda de facto das crianças, assim como pode encetar um conjunto de diligências que lhe permitam avaliar da eventual existência de uma situação de perigo que demande a instauração de um processo judicial de promoção e protecção ou quaisquer outras providências que acautelem e defendam os direitos da criança ou jovem.

c. Outrossim, desde que o perigo esteja minimamente retratado, o Ministério Público deve avançar de imediato com a abertura de Processo de Promoção e Protecção, tal como definido no ponto 1.3 da Directiva Conjunta.

4. A intervenção do Ministério Público deve ser suscitada através da remessa do processo nos termos do previsto no artº 11º, nº 3, da LPCJP, por comunicação nos termos do artº 68º ou tanto dá de um modo ou de outro?

Quando a CPCJ não consegue obter os necessários consentimentos para a intervenção, estamos perante a hipótese contemplada no artº 11º, nº 1, al. c), da LPCJP e, como tal, deverá a CPCJ remeter o próprio processo ao Ministério Público, por força do nº 3 do mesmo artigo.

d) Agora a propósito da articulação entre a CPCJ e o processo criminal, visitemos de novo estas conclusões referidas em c):

5. Forma(s) de comunicar à CPCJ queixas, denúncias ou Inquéritos relativos a crimes envolvendo crianças ou jovens e de cuja prática resulte perigo para estes (ex: violência doméstica)?

a. Se a denúncia tiver sido feita perante o Ministério Público ou perante OPC, e o Inquérito não estiver em segredo de justiça, a comunicação à CPCJ deverá ser feita de imediato, de preferência através do envio de cópia certificada, com total identificação do processo (número e juízo onde corre).

b. Se o Inquérito estiver em segredo de justiça, na informação a transmitir deverá consignar-se essa limitação, devendo a extração de peças processuais ser expurgada da informação mais sensível.

c. Se a denúncia tiver sido feita perante Órgão de Polícia Criminal, deverá este providenciar pelo encaminhamento da informação à CPCJ, com cópia do auto de notícia, fazendo constar tal comunicação do processo para evitar que o Ministério Público no DIAP proceda a uma nova comunicação à Comissão.

6. Forma(s) de as CPCJs comunicarem ao Ministério Público os crimes de que tenham conhecimento no exercício da sua actividade, nos termos do disposto no artº 70º da LPCJP; que elementos devem acompanhar estas comunicações?

As comunicações previstas no art. 70º da LPCJP – obrigatórias para as CPCJ – devem ser feitas preferencialmente para o Magistrado interlocutor, que as fará chegar aos serviços do Ministério Publico competentes para a investigação. As comunicações devem ser acompanhadas de todos os elementos que se mostrem relevantes para a apreciação da situação.

7. Articulação da CPCJ com o Ministério Público quando instaura processo de promoção e protecção envolvendo situação que constitua crime; conjugação entre as decisões e promoções do MP no Inquérito e o processo de promoção e protecção tramitado na CPCJ; modos de concretização da articulação na prática funcional do quotidiano; eventual importância de uma ficha de articulação por via electrónica.

No reconhecimento de que é muito importante para o acautelamento dos interesses da criança ou jovem – desde logo evitando prolação de decisões que se contradigam entre si – que haja uma boa e célere articulação entre o magistrado do Ministério Público titular do Inquérito crime, o magistrado interlocutor e o técnico gestor do caso na CPCJ, importa que todos possam comunicar entre si, pelo que se julga fundamental o estabelecimento de canais de comunicação entre todos.

Assim,

a) O Ministério Público titular da investigação criminal (DIAP) deverá transmitir de imediato à Comissão de Protecção o número do Inquérito crime, o nome do Magistrado titular e respectivo contacto, devendo igualmente transmitir o que de mais relevante for sendo carreado ao processo, designadamente as medidas de coacção aplicadas e as sentenças proferidas;

b) Do mesmo modo, a CPCJ deverá transmitir ao magistrado da investigação criminal (DIAP) as medidas de protecção que forem sendo aplicadas e, bem assim, o conhecimento de factos supervenientes que possam agravar o estatuto coactivo dos arguidos;

c) Com estes pressupostos será altamente facilitador a existência de uma ficha electrónica normalizada de sinalização e articulação.

8. Possibilidades práticas de aproveitamento de actos processuais, designadamente as declarações das vítimas, nos diversos processos relativos à mesma criança ou jovem.

a) A intervenção junto da criança ou jovem e respectiva família deve obedecer aos princípios da privacidade e intervenção mínima, consagrados no art. 4º, da LPCJP, assim como deve evitar a revitimização, pelo que é importante o aproveitamento dos actos anteriores (art. 83º da LPCJP), devendo ser evitada a repetição de diligências probatórias e a realização de atos processuais desnecessários, particularmente nos casos de abuso sexual;

b) No entanto, a extração para Inquérito de certidões do processo de promoção e protecção deverá ter sempre em consideração a natureza reservada desses autos (por força do artº 88º, nº 1, da LPCJP), traduzida no respeito pela intimidade, o direito à imagem e a reserva da vida privada da criança e da sua família.

Capítulo IX
Do processo judicial de promoção e proteção

Artigo 100º – Processo

O processo judicial de promoção dos direitos e proteção das crianças e jovens em perigo, doravante designado processo judicial de promoção e proteção, é de jurisdição voluntária.

Artigo 101º – Tribunal competente

1 – Compete às secções de família e menores da instância central do tribunal de comarca a instrução e o julgamento do processo.

2 – Fora das áreas abrangidas pela jurisdição das secções de família e menores cabe às secções cíveis da instância local conhecer das causas que àquelas estão atribuídas, por aplicação, com as devidas adaptações, do disposto no nº 5 do artigo 124º da Lei da Organização do Sistema Judiciário, aprovada pela Lei nº 62/2013, de 26 de agosto.

3 – Sem prejuízo do disposto no número anterior, em caso de não ocorrer desdobramento, cabe às secções de competência genérica da instância local conhecer das causas ali referidas, conforme o disposto na alínea *a)* do nº 1 do artigo 130º da Lei nº 62/2013, de 26 de agosto.

4 – Nos casos previstos nos números anteriores, o tribunal constitui-se em secção de família e menores.

(Alterado pela Lei nº 142/2015, de 8 de Setembro)

Artigo 102º – Processos urgentes

1 – Os processos judiciais de promoção e proteção são de natureza urgente, correndo nas férias judiciais.

2 – Os processos não estão sujeitos a distribuição, sendo imediatamente averbados ao juiz de turno.

Artigo 103º – Advogado

1 – Os pais, o representante legal ou quem tiver a guarda de facto podem, em qualquer fase do processo, constituir advogado ou requerer a nomeação de patrono que o represente, a si ou à criança ou ao jovem.

2 – É obrigatória a nomeação de patrono à criança ou jovem quando os seus interesses e os dos seus pais, representante legal ou de quem tenha a guarda de facto sejam conflituantes e ainda quando a criança ou jovem com a maturidade adequada o solicitar ao tribunal.

3 – A nomeação do patrono é efetuada nos termos da lei do apoio judiciário.

4 – No debate judicial é obrigatória a constituição de advogado ou a nomeação de patrono aos pais quando esteja em causa a aplicação da medida prevista na alínea *g)* do nº 1 do artigo 35º e, em qualquer caso, à criança ou jovem.

(O nº 4 foi alterado pela Lei nº 142/2015, de 8 de Setembro)

Artigo 104º – Contraditório

1 – A criança ou jovem, os seus pais, representante legal ou quem tiver a guarda de facto têm direito a requerer diligências e oferecer meios de prova.

2 – No debate judicial podem ser apresentadas alegações escritas e é assegurado o contraditório.

3 – O contraditório quanto aos fatos e à medida aplicável é sempre assegurado em todas as fases do processo, designadamente na conferência tendo em vista a obtenção de acordo e no debate judicial, quando se aplicar a medida prevista na alínea *g)* do nº 1 do artigo 35º

Artigo 105º – Iniciativa processual

1 – A iniciativa processual cabe ao Ministério Público.

2 – Os pais, o representante legal, as pessoas que tenham a guarda de facto e a criança ou jovem com idade superior a 12 anos podem também requerer a intervenção do tribunal no caso previsto na alínea *g)* do artigo 11º

(O nº 2 foi alterado pela Lei nº 142/2015, de 8 de Setembro)

Artigo 106º – Fases do processo

1 – O processo de promoção e proteção é constituído pelas fases de instrução, decisão negociada, debate judicial, decisão e execução da medida.

2 – Recebido o requerimento inicial, o juiz profere despacho de abertura de instrução ou, se considerar que dispõe de todos os elementos necessários:

***a)* Designa dia para conferência com vista à obtenção de acordo de promoção e proteção ou tutelar cível adequado;**

***b)* Decide o arquivamento do processo, nos termos do artigo 111º; ou**

***c)* Ordena as notificações a que se refere o nº 1 do artigo 114º, seguindo-se os demais termos aí previstos.**

(Alterado pela Lei nº 142/2015, de 8 de Setembro)

Artigo 107º – Despacho inicial

1 – Declarada aberta a instrução, o juiz designa data para a audição obrigatória:

a) Da criança ou do jovem;

b) Dos pais, do representante legal da criança ou do jovem ou da pessoa que tenha a sua guarda de facto.

2 – No mesmo despacho, o juiz, sempre que o julgar conveniente, pode designar dia para ouvir os técnicos que conheçam a situação da criança ou do jovem a fim de prestarem os esclarecimentos necessários.

3 – Com a notificação da designação da data referida no nº 1 procede-se também à notificação dos pais, representantes legais ou de quem tenha a guarda de facto da criança ou do jovem para, querendo, requererem a realização de diligências instrutórias ou juntarem meios de prova.

Artigo 108º – Informação ou relatório social

1 – O juiz, se o entender necessário, pode utilizar, como meios de obtenção da prova, a informação ou o relatório social sobre a situação da criança e do jovem e do seu agregado familiar.

2 – A informação e o relatório social são solicitados pelo juiz às equipas ou entidades a que alude o nº 3 do artigo 59º, nos prazos de oito e 30 dias, respetivamente.

3 – (Revogado).

(O nº 2 foi alterado pela Lei nº 142/2015, de 8 de Setembro)

Artigo 109º – Duração

A instrução do processo de promoção e de proteção não pode ultrapassar o prazo de quatro meses.

Artigo 110º – Encerramento da instrução

1 – O juiz, ouvido o Ministério Público, declara encerrada a instrução e:

a) Decide o arquivamento do processo;

***b)* Designa dia para conferência com vista à obtenção de acordo de promoção e proteção ou tutelar cível adequado; ou**

c) Quando se mostre manifestamente improvável uma solução negociada, determina o prosseguimento do processo para realização de debate judicial e ordena as notificações a que se refere o nº 1 do artigo 114º

2 – Quando a impossibilidade de obtenção de acordo quanto à medida de promoção e proteção resultar de comprovada ausência em parte incerta de ambos os progenitores, ou de um deles, quando o outro manifeste a sua adesão à medida de promoção e proteção, o juiz pode dispensar a realização do debate judicial.

3 – O disposto no número anterior é aplicável, com as devidas adaptações, ao representante legal e ao detentor da guarda de facto da criança ou jovem.

(A alínea *b)* do nº 1 e os nºs 2 e 3 foram alterados pela Lei nº 142/2015, de 8 de Setembro)

Artigo 111º – Arquivamento

O juiz decide o arquivamento do processo quando concluir que, em virtude de a situação de perigo não se comprovar ou já não subsistir, se tornou desnecessária a aplicação de medida de promoção e proteção, podendo o mesmo processo ser reaberto se ocorrerem fatos que justifiquem a referida aplicação.

(Alterado pela Lei nº 142/2015, de 8 de Setembro)

Artigo 112º – Decisão negociada

O juiz convoca para a conferência, com vista à obtenção de acordo de promoção e proteção, o Ministério Público, os pais, o representante legal ou quem tenha a guarda de facto, a criança ou jovem com mais de 12 anos e as pessoas e representantes de entidades cuja presença e subscrição do acordo seja entendida como relevante.

Artigo 112º-A – Acordo tutelar cível

1 – Na conferência e verificados os pressupostos legais, o juiz homologa o acordo alcançado em matéria tutelar cível, ficando este a constar por apenso.

2 – Não havendo acordo seguem-se os trâmites dos artigos 38º a 40º do regime geral do processo tutelar cível, aprovado pela Lei nº 141/2015, de 8 de Setembro.

(Aditado pela Lei nº 142/2015, de 8 de Setembro)

Artigo 113º – Acordo de promoção e proteção

1 – Ao acordo de promoção e proteção é aplicável, com as devidas adaptações, o disposto nos artigos 55º a 57º.

2 – Não havendo oposição do Ministério Público, o acordo é homologado por decisão judicial.

3 – O acordo fica a constar da ata e é subscrito por todos os intervenientes.

Artigo 114º – Debate judicial

1 – Se não tiver sido possível obter o acordo de promoção e proteção, ou tutelar cível adequado, ou quando estes se mostrem manifestamente improváveis, o juiz notifica o Ministério Público, os pais, o representante legal, quem detiver a guarda de facto e a criança ou jovem com mais de 12 anos para alegarem, por escrito, querendo, e apresentarem prova no prazo de 10 dias.

2 – O Ministério Público deve alegar por escrito e apresentar provas sempre que considerar que a medida a aplicar é a prevista na alínea g) do nº 1 do artigo 35º

3 – Recebidas as alegações e apresentada a prova, o juiz designa dia para o debate judicial e ordena a notificação das pessoas que devam comparecer.

4 – Com a notificação da data para o debate judicial é dado conhecimento aos pais, ao representante legal ou a quem tenha a guarda de facto das alegações e prova apresentada pelo Ministério Público e a este das restantes alegações e prova apresentada.

5 – Para efeitos do disposto no artigo 62º não há debate judicial, exceto se estiver em causa:

***a)* A substituição da medida de promoção e proteção aplicada; ou**

***b)* A prorrogação da execução de medida de colocação.**

(Os nºs 1 e 5 foram alterados pela Lei nº 142/2015, de 8 de Setembro)

Artigo 115º – Composição do tribunal

O debate judicial será efetuado perante um tribunal composto pelo juiz, que preside, e por dois juízes sociais.

Artigo 116º – Organização do debate judicial

1 – O debate judicial é contínuo, decorrendo sem interrupção ou adiamento até ao encerramento, salvo as suspensões necessárias para alimentação e repouso dos participantes.

2 – O debate judicial não pode ser adiado e inicia-se com a produção da prova e audição das pessoas presentes, ordenando o juiz as diligências necessárias para que compareçam os não presentes na data que designar para o seu prosseguimento.

3 – A leitura da decisão é pública, mas ao debate judicial só podem assistir as pessoas que o tribunal expressamente autorizar.

Artigo 117º – Regime das provas

Para a formação da convicção do tribunal e para a fundamentação da decisão só podem ser consideradas as provas que puderem ter sido contraditadas durante o debate judicial.

Artigo 118º – Documentação

1 – A audiência é sempre gravada, devendo apenas ser assinalados na ata o início e o termo de cada depoimento, declaração, informação, esclarecimento, requerimento e respetiva resposta, despacho, decisão e alegações orais.

2 – (Revogado).

(O nº 1 foi alterado pela Lei nº 142/2015, de 8 de Setembro)

Onde se lê «audiência», dever-se-á ler «debate judicial».

Artigo 119º – Alegações

Produzida a prova, o juiz concede a palavra ao Ministério Público e aos advogados para alegações, por trinta minutos cada um.

Artigo 120º – Competência para a decisão

1 – Terminado o debate, o tribunal recolhe para decidir.

2 – A decisão é tomada por maioria de votos, votando em primeiro lugar os juízes sociais, por ordem crescente de idade, e, no fim, o juiz presidente.

Artigo 121º – Decisão

1 – A decisão inicia-se por um relatório sucinto, em que se identifica a criança ou jovem, os seus pais, representante legal, ou a pessoa que tem a guarda de facto e se procede a uma descrição da tramitação do processo.

2 – Ao relatório segue-se a fundamentação que consiste na enumeração dos fatos provados e não provados, bem como na sua valoração e exposição das razões que justificam o arquivamento ou a aplicação de uma medida de promoção e proteção, terminando pelo dispositivo e decisão.

Artigo 122º – Leitura da decisão

1 – A decisão é lida pelo juiz presidente, podendo ser ditada para a ata, em ato contínuo à deliberação.

2 – Nos casos de especial complexidade, o debate judicial pode ser suspenso e designado novo dia para leitura da decisão.

Artigo 122º-A – Notificação da decisão

A decisão é notificada às pessoas referidas no nº 2 do artigo seguinte, contendo informação sobre a possibilidade, a forma e o prazo de interposição do recurso.

(Aditado pela Lei nº 142/2015, de 8 de Setembro)

Anotação *conjunta dos artigos 100º a 122º-A:*

a) Cf. quanto ao tribunal competente, a anotação ao artigo 6º.

b) O artigo 100º mantém-se – o processo de promoção e protecção é de jurisdição voluntária, aplicando-se aqui as regras, em casos omissos, dos artigos 986º a 988º do CPC.

c) Veja-se a nova redacção dada ao nº 3 do artigo 103º – no debate judicial é obrigatória a constituição de advogado ou a nomeação de patrono aos pais quando esteja em causa a aplicação da medida prevista na alínea *g)* do nº 1 do artigo 35º ***e, em qualquer caso, à criança ou jovem (cf., no entanto, a condenação do Estado Português por violação do art. 6º, nº 1 da Convenção – Assunção Chaves c. Portugal – Acórdão do TEDH de 31.01.2012).***

No que tange à representação judiciária da criança, leia-se o recente acórdão da Relação de Lisboa de 13/7/2017 (Pº 1201/14.0T8VFX.L1-6) que, embora em processo tutelar cível, decidiu sabiamente que:

«É obrigatória a nomeação de advogado à criança, quando os seus interesses e os dos seus pais, representante legal ou de quem tenha a guarda de facto, sejam conflituantes, e ainda quando a criança com maturidade adequada o solicitar ao tribunal.

Porque é o próprio legislador, que em diversos normativos, considera que uma criança com idade superior a 12 anos é já uma criança com capacidade para compreender os assuntos em discussão, tendo em atenção a sua idade e maturidade, em princípio ***não deve o juiz indeferir-lhe um pedido de nomeação de advogado no pressuposto de que a justificação avançada – pelo menor – para o referido pedido não se revelar suficientemente pertinente.***

Acresce que, incumbindo ao advogado o dever de agir de forma a defender os interesses legítimos do patrocinado, sem prejuízo do cumprimento das normas legais e deontológicas, certo é que, mantendo sempre no exercício da sua profissão e em quaisquer circunstâncias a sua independência, apenas lhe sendo exigido que utilize todos os conhecimentos técnicos, saberes e procedimentos que a legis artis consigna e que se supõe estarem na sua posse, é em última instância ao advogado nomeado que compete aferir qual o meio adequado para melhor defender – no processo – os interesses legítimos do menor».

Estas considerações aplicam-se também aos processos de promoção e protecção – lembro que, no caso em causa, o tribunal recorrido indeferiu o pedido de uma criança que alegava discordar do acordo de RERP, pedindo que lhe fosse nomeado um advogado para poder interpor recurso da sentença, ao considerar que, embora não houvesse dúvidas de que o jovem tinha maturidade suficiente para solicitar a nomeação de advogado, essa nomeação seria já inútil uma vez que a sentença transitara de imediato em julgado e a criança não tinha legitimidade para recorrer (pela LPCJP, a criança tinha até legitimidade para esse recurso, por força do comando do seu artigo 123º, nº 2).

d) Os artigos 104º, 107º, 108º, 109º, 112º, 113º, 115º, 116º, 117º, 119º, 120º, 121º, 122º e 125º mantiveram-se inalterados em 2015.

e) A regra do artigo 105º, nº 1 mantém-se (o Ministério Público com o quase exclusivo da iniciativa processual), mantendo-se também a excepção do nº 2 [terceiras pessoas – *entre as quais a criança, não obstante a sua omissão na alínea g) do artigo 11º, nº 1* – a requererem a intervenção do tribunal, no caso da alínea g) do artigo 11º].

f) Por força da revisão do mapa judiciário operada pela Lei nº 40-A/2016, de 22/12 e DL nº 86/2016, de 27/12 (desapareceram as nomenclaturas «secções de família e menores»), o artigo 101º deve agora ser assim lido:

Artigo 101º
Tribunal competente

1 – Compete aos juízos de família e menores do tribunal de comarca a instrução e o julgamento do processo.

2 – Fora das áreas abrangidas pela jurisdição dos juízos de família e menores cabe aos juízos locais cíveis conhecer das causas que àquelas estão atribuídas, por aplicação, com as devidas adaptações, do disposto no nº 5 do artigo 124º da Lei da Organização do Sistema Judiciário, aprovada pela Lei nº 62/2013, de 26 de agosto, na redação da Lei nº 40-A/2016, de 22 de dezembro.

3 – Sem prejuízo do disposto no número anterior, em caso de não ocorrer desdobramento, cabe aos juízos de competência genérica da comarca conhecer das causas ali referidas, conforme o disposto na alínea a) do nº 1 do artigo 130º da Lei nº 62/2013, de 26 de agosto, na redação da Lei nº 40-A/2016, de 22 de dezembro.

4 – Nos casos previstos nos números anteriores, o tribunal constitui-se em juízo de família e menores.

Relembre-se aqui a organização judiciária entrada em vigor em 2014 (cf. Lei nº 62/2013, de 26/8, e DL nº 49/2014 de 27/3, revista a primeira pela Lei nº 40-A/2016, de 22/12, pela Lei nº 94/2017, de 23/8, pela Lei Orgânica nº 4/2017, de 25/8, pela Lei nº 23/2018, de 5/6, pelo DL nº 110/2018, de 10/12, e pela Lei nº 19/2019, de 19/2).

g) ***A tramitação do processo judicial de promoção e protecção***

1º – O processo judicial de promoção e protecção, que reveste sempre natureza urgente, correndo, pois, em férias judiciais, é composto pelas fases de instrução, decisão negociada, debate judicial, decisão e execução da medida (artigo 106º, nº 1).

Contudo, tal como adiante assinalaremos, a instrução e o debate judicial não constituem fases necessárias do processo, podendo este decorrer e culminar na aplicação de uma medida de protecção sem que aquelas etapas se tenham produzido.

Vejamos, então, como se desenrola o processo judicial de promoção e protecção e quais as vicissitudes e questões mais relevantes que se podem suscitar durante o seu curso.

Como é sabido, a iniciativa processual cabe, por regra, ao Ministério Público , devendo o seu requerimento inicial conter os factos de que resulta a situação de perigo que, nos termos do disposto no artigo 3º da LPCJP, fundamenta a intervenção judicial de protecção.

Conforme resulta do preceituado no artigo 106º, nº 2, da LPCJP, o despacho típico será o do recebimento do requerimento inicial, seguido da abertura da instrução ou da ordem das notificações a que alude o artigo 114º, nº 1, do mesmo diploma.

No entanto, a lei não veda, nem poderia vedar, a possibilidade de rejeição do requerimento com base em manifesta falta de fundamento ou desnecessidade da intervenção, quando tal resultar de forma clara da referida peça do Ministério Público.

Com efeito, como se assinala no Acórdão da Relação de Lisboa de 31/1/2001, a tarefa prevista no citado artigo 106º, nº 2, pressupõe o acto cognitivo do juiz que o habilite a receber ou não o requerimento inicial, cabendo a este certificar-se que o mesmo se enquadra nos requisitos e objectivos da lei.

Assim, se, por exemplo, os factos relatados no requerimento não configurarem uma situação de perigo legitimadora da intervenção de protecção, à luz do que dispõe o artigo 3º da LPCJP, justifica-se o não recebimento da referida peça, pondo-se termo ao processo nesta fase liminar.

2º – Uma outra questão já tratada pelos tribunais superiores prende-se com a obrigatoriedade, ou não, da indicação do valor da causa, cuja omissão tem conduzido, nalguns casos concretos, à recusa do requerimento inicial pela secretaria, seguidamente confirmada por despacho judicial.

Nesta matéria, a jurisprudência dos tribunais superiores, que praticamente se circunscreve à Relação de Lisboa, tem-se dividido, sendo que nalguns arestos encontramos sustentada a posição de que é obrigatória a indicação do valor da causa e a sua omissão dá lugar à recusa do recebimento do requerimento, nos termos dos antigos artigos 474º, alínea *e)*, e 475º, nº 2, ambos do CPC anterior à revisão, uma vez que ao processo de promoção e protecção se aplicam as normas do processo civil, mormente o disposto no artigo 467º, nº 1, alínea *f)*, da lei que o regula, por se tratar de um processo de jurisdição voluntária, aos quais também se aplica a norma do artigo 296º – anterior 305º –, nº 1, do CPC, que impõe que a toda a causa deve ser atribuído um valor.

Noutros vinga a solução de que, pese embora deva haver sempre atribuição de um valor, nos moldes do *supra* citado antigo artigo 305º, nº 1, do CPC, ante uma tal omissão, o juiz deve oficiosamente, ao abrigo dos poderes que lhe são conferidos pelo artigo 987º do CPC, corrigir o requerimento inicial, atribuindo à causa o valor que resulta do disposto no artigo 312º – hoje 303º – do CPC, por se tratar de um processo relativo a interesses imateriais, e ordenar o prosseguimento dos autos.

Por último, é também defendida a posição de que, sendo o valor da causa essencial para determinar a competência do tribunal, a forma de processo comum e a relação do pleito com a alçada do tribunal, e encontrando-se estas questões resolvidas pela própria lei de protecção, sem necessidade de recurso às normas supletivamente aplicáveis, o escopo visado pela lei fica plenamente assegurado, sem ser necessária a utilização do critério do valor da acção, pelo que neste tipo de processos a sua indicação não é obrigatória.

Quanto a nós, afigura-se-nos que, ainda que se entenda que o requerimento inicial deve conter a indicação do valor da causa, para o que parece apontar o preceituado no artigo 296º, nº 1, do CPC, aplicável também aos processos de jurisdição voluntária , o juiz deve corrigir oficiosamente a omissão detectada.

Assim o justificam os interesses em jogo no processo de promoção e protecção, que fundamentam a sua natureza de jurisdição voluntária, conferindo ao juiz um amplo poder de iniciativa, os princípios que o devem orientar, mormente o do interesse superior da criança e da intervenção precoce, e o facto de se tratar da omissão de um requisito que não é essencial, uma vez que a mesma não compromete a determinação da competência do tribunal, forma de processo e possibilidade de recurso, questões a que a lei de protecção dá solução expressa.

Neste particular, diremos ainda que há que atender ao valor da causa de harmonia com as regras do artigo 303º do CPC, ou seja, o valor é o das acções sobre o estado das pessoas e interesses imateriais – em regra, estes processos não se encontram isentos de custas, apenas se verificando uma isenção objetiva quando visam a aplicação das medidas de promoção e protecção indicadas na alínea f) do nº 2 do artigo 4º do RCP (*«processos de confiança judicial de menores, tutela, adoção e outros de natureza análoga que visem a entrega do menor a pessoa idónea, em alternativa à institucionalização do mesmo»*).

Em suma:

«Os processos de promoção e proteção não se encontram isentos de custas.

A isenção objetiva prevista na alínea f) do nº 2 do artigo 4º do RCP apenas se verifica quando nos processos aí referidos estiver em causa a aplicação das medidas de promoção e proteção indicadas, ou seja, a entrega do menor a pessoa idónea em alternativa à institucionalização.

Assim, são devidas custas nos processos de promoção e proteção sempre que a medida aplicada não constituir uma alternativa a medida de acolhimento institucional.

A isenção prevista na alínea f) do nº 2 do artigo 4º não permite incluir a ação de inibição do exercício das responsabilidades parentais enquanto "processo de natureza análoga que vise a entrega do menor a pessoa idónea".

Esta norma de isenção abrange designadamente os processos cujo objecto envolva as medidas de acolhimento familiar previstas nos artigos 46º a 48º da Lei nº 147/99, de 1 de Setembro, bem como os que visam a constituição da relação de apadrinhamento civil desde que constituam alternativa à institucionalização dos menores» (cf. E-book do CEJ sobre GUIA PRÁTICO DAS CUSTAS PROCESSUAIS – 4ª edição, http://www.cej.mj.pt/cej/recursos/ebooks/outros/eb_guia_pratico_das_custas_processuais_4edicao.pdf).

3º – Uma vez recebido o requerimento inicial, e esta será certamente a situação mais comum, o juiz pode determinar o prosseguimento dos autos por uma de quatro vias:

- **profere despacho de abertura de instrução**
- **ou, se considerar que dispõe de todos os elementos necessários,**
  - o **designa dia para conferência com vista à obtenção de uma decisão negociada, quer em termos protectivos, quer em termos tutelares cíveis (novidade na reforma de 2015 – avançando aqui para o artigo 112º-A);**
  - o **arquiva os autos, nos termos do artigo 111º;**
  - o **ordena a passagem para a fase de debate judicial, sem a realização de instrução, que, no caso constituiria um acto inútil, determinando que se proceda às notificações a que alude o artigo 114º, a que se seguirão os trâmites processuais previstos no mesmo normativo (artigo 106º, nº 2).**

Na primeira hipótese, ou seja, nos casos em que há lugar à instrução, a sua duração não deverá ultrapassar quatro meses e constituem actos obrigatórios desta fase a audição da criança ou do jovem e de seus pais, representante legal ou da pessoa que tenha a sua guarda de facto [artigo 107º, nº 1, alíneas *a)* e *b)*].

A realização de outras diligências instrutórias (artigos 107º, nº 2 e 108º (relatório ou informação social, pedidas às equipas previstas no nº 3 do artigo 59º, a juntar em 30 e 8 dias, respectivamente), ordenadas pelo juiz, oficiosamente ou na sequência de requerimento dos pais, representante legal ou de quem tenha a guarda de facto da criança ou do jovem, da própria criança ou jovem (após a notificação prevista no nº 3 do artigo 107º), ou até do Ministério Público, deverá orientar-se por critérios consentâneos com as finalidades desta fase.

É sabido que a instrução visa habilitar o juiz a decidir o arquivamento do processo, caso conclua que, em virtude de a situação de perigo não se comprovar ou já não subsistir, se tornou desnecessária a aplicação de qualquer medida de promoção e protecção, ou, na hipótese de tal situação se demonstrar, ordenar o prosseguimento dos autos com vista à aplicação de uma medida (artigos 110º e 111º da LPCJP).

A esta finalidade primeira da instrução acresce ainda a da recolha de elementos que permitam aferir a adequação da medida a aplicar através de decisão negociada, assim criando as condições necessárias à realização da conferência a que alude o artigo 112º da LPCJP.

Ora, tendo em conta estas finalidades, impõe-se concluir que apenas devem ter lugar as diligências que se mostrem essenciais para a sua concretização, devendo por isso ser rejeitados os actos que não se enquadrem dentro de tal escopo.

4º – **Concluída a instrução, o juiz, depois de ouvir o Ministério Público, profere despacho a declará-la encerrada**, no qual deverá também determinar o arquivamento dos autos, quando se verificarem as circunstâncias expostas no artigo 111º da LPCJP, atrás aludidas, ou, na hipótese contrária, designar data para uma conferência com vista à obtenção de acordo de promoção e protecção ou tutelar cível.

Quanto à segunda situação, como é sabido, também neste patamar da intervenção de promoção e protecção se continua a privilegiar as soluções de consenso, pelo que, sempre que se reúnam os necessários consentimentos e manifestações de não oposição, a medida de protecção será aplicada através de acordo de promoção e protecção, realizando-se para o efeito a conferência a que alude o artigo 112º, não havendo neste caso lugar a debate judicial.

Ao invés, quando o acordo se mostre manifestamente improvável, em virtude, por exemplo, da oposição claramente manifestada pelos pais, o juiz deverá, sem mais delongas, determinar o prosseguimento do processo para realização do debate judicial, ordenando as notificações a que se refere o artigo 114º, nº 1 [artigo 110º, alínea *c)*].

De acordo com o citado preceito legal, o Ministério Público, os pais, o representante legal, quem detiver a guarda de facto e a criança ou jovem com mais de 12 anos são notificados para alegarem por escrito, querendo, e apresentarem prova no prazo de 10 dias.

Ou seja:

- Artigo 110º - ***ENCERRAMENTO DA INSTRUÇÃO***
  - O juiz, ouvido o Ministério Público, declara encerrada a instrução e:
    - *a) Decide o arquivamento do processo;*
    - *b) Designa dia para conferência com vista à obtenção de acordo de promoção e proteção ou tutelar cível adequado;* ***ou***
    - *c) Quando se mostre manifestamente* ***improvável*** *uma solução negociada, determina o prosseguimento do processo para realização de debate judicial e ordena as notificações a que se refere o nº 1 do artigo 114º*

Quando a **impossibilidade** de obtenção de acordo quanto à medida de promoção e proteção *resultar de comprovada ausência em parte incerta de ambos os progenitores, ou de um deles, quando o outro manifeste a sua adesão à medida de promoção e proteção,* ***o juiz PODE dispensar a realização do debate judicial*** **(avançando para uma decisão singular, sem debate judicial, ou ainda será possível uma decisão negociada, à revelia dos dois pais? Acho que a solução negociada está colocada de parte, até pelo teor literal do início do nº 2 do artigo 110º).**

Se apenas um está presente, concordando com a medida, avançar-se-á para decisão por juiz singular.

Se estiver presente um, não dando a sua adesão, haverá, sem dúvida, debate.

No caso de decisão por juiz singular, haverá que cumprir o artigo 21º do CPC (representação do ausente).

O disposto no nº 2 do artigo 110º é aplicável, com as devidas adaptações, ao representante legal e ao detentor da guarda de facto da criança ou jovem.

O juiz decide o arquivamento do processo quando concluir que, em virtude de a situação de perigo não se comprovar ou já não subsistir, se tornou desnecessária a aplicação de medida de promoção e proteção, ***podendo o mesmo processo ser reaberto se ocorrerem factos que justifiquem a referida aplicação (NOVIDADE – lugar paralelo do artigo 99º quanto às CPCJ).***

Anote-se aqui a referência ao Acórdão da Relação do Porto de 7/5/2018 (Pº 6242/15.7T8MTS.P1) que decidiu:

> *«I – A possibilidade de reabertura do processo judicial de promoção e protecção apenas pode ocorrer quando o mesmo tenha sido arquivado logo na fase liminar ou após o encerramento da instrução [cfr. artigos 106º, nº 2 al. b), 110º, nº 1 al. a) e 111º da LPCJP].*
>
> *II – Se no âmbito do processo judicial de promoção e protecção foi aplicada uma medida protectiva que mais tarde vem a ser declarada cessada com o consequente arquivamento dos autos, não podem os mesmos ser reabertos ainda que a nova situação de perigo esteja conexionada com a anterior, devendo, portanto, ser iniciado um novo processo perante a Comissão de Protecção de Crianças e Jovens por, só assim, se respeitarem os princípios da intervenção mínima e da subsidiariedade [cfr. artigo 4º als. d) e k) da LPCJP]».*

5º – Reservado para as situações em que ***não é possível obter uma decisão negociada***, o debate judicial corresponde à chamada audiência de discussão e julgamento, onde se produz prova, a par da audição das pessoas presentes, e se discute a causa, tendo o Ministério Público e os advogados oportunidade de aí alegarem oralmente, após o que o tribunal colectivo misto, composto pelo juiz de direito e dois juízes sociais (recrutados à luz do vetusto DL nº 156/78, de 30/6, a carecer de urgente revisão), toma a decisão, que deverá ser lida em acto público.

Para além do direito a alegar previamente por escrito, a criança ou o jovem, os seus pais, representante legal ou quem tiver a guarda de facto podem ainda fazê-lo na própria fase de debate judicial, sendo então assegurado o contraditório (artigo 104º, nº 2).

Quanto à actividade probatória, o artigo 117º da LPCJP estabelece um regime segundo o qual na formação da sua convicção e na fundamentação da decisão, o tribunal só pode considerar as provas que puderem ter sido contraditadas durante o debate judicial.

Considerando o sentido e alcance desta disposição, que pretendeu acrescentar algo ao que já resultava da garantia geral de contraditório, plasmada no artigo 104º, afigura-se-nos que mesmo que a prova produzida anteriormente tenha sido sujeita ao contraditório, o tribunal, no próprio debate, deve dela dar conhecimento aos intervenientes, como elemento relevante que é para a formação da sua convicção no acto decisório.

Este «levar ao debate» da prova produzida noutra fase pode ser concretizado através da referência, ainda que por súmula, ao seu teor, dando-se conta dos respectivos elementos essenciais e relevantes, com significado para a formação da convicção do tribunal, assinalando-se igualmente os actos em que concretamente se traduziu o exercício do contraditório e permitindo-se aos intervenientes que estes voltem a pronunciar-se sobre a mesma.

Para contraditar tal prova, o tribunal apenas deve admitir a realização de actos novos que revistam pertinência e adequação, rejeitando o inútil e a mera repetição do que anteriormente se produziu.

Produzida a prova, ouvidas as pessoas presentes e feitas as alegações, o debate termina e o tribunal deve recolher para decidir, nos moldes prescritos no artigo 120º.

A decisão pode ser ditada para a acta, em acto contínuo à deliberação, ou, para os casos de especial complexidade, em novo dia designado para a leitura, suspendendo-se assim o debate.

Quanto a honorários aos juízes sociais, a fixar, pelo juiz becado, em despacho avulso e não integrante do acórdão (ninguém assina uma peça em que fixa a si próprio os ditos honorários), cf. Despacho Normativo nº 5/2014, de 27 de Fevereiro (DR II-49, de 11/03/2014, p. 6593).

Quanto ao conteúdo da decisão, o artigo 121º da LPCJ estabelece a seguinte estrutura:

- *Relatório*: sucinto, em que se identifica a criança ou o jovem, os seus pais, representante legal, ou a pessoa que tem a sua guarda de facto e se procede a uma descrição da tramitação do processo;
- *Fundamentação*: consiste na enumeração dos factos provados e não provados, bem como na sua valoração e exposição das razões que justificam o arquivamento ou a aplicação de uma medida de promoção e protecção;
- *Dispositivo e decisão (redundante esta distinção, não perceptível para mim).*

6º – Ainda a propósito da decisão, a aplicação de uma medida de protecção importa, não só, a fixação do seu prazo de duração, conforme determinam os artigos 60º e 61º, e a designação da entidade que o tribunal considere mais adequada para o acompanhamento da sua execução, nos moldes preconizados pelo artigo 59º, nº 3, da LPCJP, como também a definição programática das tarefas e objectivos que se visa prosseguir com a intervenção associada à medida aplicada.

No caso particular das medidas que impliquem o afastamento da criança ou do jovem da sua família, mas em que se perspectiva o seu regresso, impõe-se, quanto a nós, que a decisão contemple a clara definição do trabalho que em concreto deverá ser desenvolvido com o agregado, por forma a viabilizar em tempo útil a futura reunificação familiar.

Por fim, neste contexto de definição dos termos de execução da medida aplicada, a decisão deverá ainda tomar em consideração, com as devidas adaptações, os itens descritos nos artigos 56º e 57º.

Registe-se ainda uma novidade para não deixar dúvidas junto de quem ouve uma decisão e tem legitimidade recursória – *a decisão é notificada às pessoas referidas no nº 2 do artigo 123º,* ***contendo informação sobre a possibilidade, a forma e o prazo de interposição do recurso.***

7º – ***NOVIDADE – artigo 112º-A – ACORDO TUTELAR CÍVEL [cf. artigos 106/2 a) e 110º/1 b)]***

– Na conferência e verificados os pressupostos legais (dissociação familiar e ausência de perigo), o juiz homologa o acordo alcançado em matéria tutelar cível, ***ficando este a constar por apenso (arquivando-se o processo de promoção e protecção);***

– Não havendo acordo, ***segue-se nos próprios autos (convolação do processo de promoção e protecção em providência tutelar cível) o disposto nos artigos 38º a 40º do Regime Geral do Processo Tutelar Cível, aprovado pela Lei nº 141/2015, de 8 de Setembro.***

Aqui se reproduzem tais normativos:

Artigo 38º
Falta de acordo na conferência

Se ambos os pais estiverem presentes ou representados na conferência, mas não chegarem a acordo que seja homologado, o juiz decide provisoriamente sobre o pedido em função dos elementos já obtidos, suspende a conferência e remete as partes para:

a) Mediação, nos termos e com os pressupostos previstos no artigo 24º, por um período máximo de três meses; ou

b) Audição técnica especializada, nos termos previstos no artigo 23º, por um período máximo de dois meses.

Artigo 39º
Termos posteriores à fase de audição técnica especializada e mediação

1 - Finda a intervenção da audição técnica especializada, o tribunal é informado do resultado e notifica as partes para a continuação da conferência a realizar nos cinco dias imediatos, com vista à obtenção de acordo da regulação do exercício das responsabilidades parentais.

2 - Quando houver lugar a processo de mediação nos termos previstos no artigo 24º, o tribunal é informado em conformidade.

3 - Finda a mediação ou decorrido o prazo a que se refere a alínea a) do artigo anterior, o juiz notifica as partes para a continuação da conferência, que se realiza nos cinco dias imediatos com vista à homologação do acordo estabelecido em sede de mediação.

4 - Se os pais não chegarem a acordo, o juiz notifica as partes para, em 15 dias, apresentarem alegações ou arrolarem até 10 testemunhas e juntarem documentos.

5 - Findo o prazo das alegações previsto no número anterior e sempre que o entenda necessário, o juiz ordena as diligências de instrução, de entre as previstas nas alíneas a), c), d) e e) do nº 1 do artigo 21º

6 - De seguida, caso não haja alegações nem sejam indicadas provas, ouvido o Ministério Público, é proferida sentença.

7 - Se forem apresentadas alegações ou apresentadas provas, tem lugar a audiência de discussão e julgamento no prazo máximo de 30 dias.

8 - As testemunhas são apresentadas pelas partes no dia do julgamento.

9 - Atendendo à natureza e extensão da prova, pode o juiz, por decisão irrecorrível, admitir a inquirição de testemunhas para além do previsto no nº 4.

Artigo 40º
Sentença

1 - Na sentença, o exercício das responsabilidades parentais é regulado de harmonia com os interesses da criança, devendo determinar-se que seja confiada a ambos ou a um dos progenitores, a outro familiar, a terceira pessoa ou a instituição de acolhimento, aí se fixando a residência daquela.

2 – É estabelecido regime de visitas que regule a partilha de tempo com a criança, podendo o tribunal, no interesse desta e sempre que se justifique, determinar que tais contactos sejam supervisionados pela equipa multidisciplinar de assessoria técnica, nos termos que forem ordenados pelo tribunal.

3 – Excecionalmente, ponderando o superior interesse da criança e considerando o interesse na manutenção do vínculo afetivo com o visitante, pode o tribunal, pelo período de tempo que se revele estritamente necessário, ordenar a suspensão do regime de visitas.

4 – Quando for caso disso, a sentença pode determinar que a administração dos bens do filho seja exercida pelo progenitor a quem a criança não foi confiada.

5 – Quando o filho for confiado a terceira pessoa ou a instituição de acolhimento, o tribunal decide a qual dos progenitores compete o exercício das responsabilidades parentais na parte não abrangida pelos poderes e deveres que àqueles devem ser atribuídos para o adequado desempenho das suas funções.

6 – Nos casos em que julgue haver risco de incumprimento da decisão, o juiz pode determinar o acompanhamento da execução do regime estabelecido pelos serviços de assessoria técnica, por período de tempo a fixar.

7 – Nos casos previstos no número anterior, os serviços de assessoria técnica informam o tribunal sobre a forma como decorre a execução da decisão, com a periodicidade por ele fixada, ou antes de decorrido tal prazo, oficiosamente, sempre que ocorra incumprimento reiterado ou gravoso do regime fixado.

8 – Quando for caso disso, a sentença pode determinar que o exercício das responsabilidades parentais relativamente a questões de particular importância na vida do filho caiba em exclusivo a um dos progenitores.

9 – Para efeitos do disposto no número anterior e salvo prova em contrário, presume-se contrário ao superior interesse da criança o exercício em comum das responsabilidades parentais quando seja decretada medida de coação ou aplicada pena acessória de proibição de contacto entre os progenitores.

10 – Nos casos previstos no número anterior, o regime de visitas pode ser condicionado, contemplando a mediação de profissionais especializados ou, verificando-se os respetivos pressupostos, suspenso nos termos do nº 3.

7.1. Várias questões:

- **Como se opera, na prática, o artº 112º-A da LPCJP? O apenso constitui processo que inicia e finda com o acordo?** Considerando que se trata de um acordo tutelar cível que surge em conferência da LPJCP e que a respectiva acta deverá traduzir o que nela se passou, na própria acta do processo deve constar o acordo tutelar cível e a extinção da instância por inutilidade superveniente da lide por falta de verificação do perigo, sendo extraída certidão para autuar por apenso como RERP onde nada mais consta.

- Qual a tramitação subsequente do processo de promoção e protecção quando, no âmbito do artigo 112º-A da LPCJP, se frustra a possibilidade de acordo tutelar cível adequado que lhe ponha termo?
- O processo de promoção e proteção segue sempre para debate nos termos do artigo 114º, nº 1 da LPCJP e o processo tutelar cível é tramitado em simultâneo nos termos dos artigos 38º a 40º do RGPTC, como determina o artigo 112º-A, nº 2 da LPCJP?
- Os processos de promoção e protecção e tutelar cível não podem correr em simultâneo pelo que, frustrando-se o acordo tutelar cível adequado, deve, conforme seja mais oportuno, arquivar-se o processo de promoção e protecção e acautelar-se a situação da criança ou jovem com medida provisória no âmbito do processo tutelar cível, que seguirá os seus termos conforme determina o artigo 112º-A, da LPCJP, ou prosseguir-se no processo de promoção e protecção, com as formalidades relativas ao debate judicial, não se instaurando qualquer procedimento tutelar cível enquanto este não se decidir?

Diremos, seguindo de perto o pensamento de Miguel Vaz, Juiz de Direito em Pombal, que:

- Segundo a exposição de motivos da Proposta de Lei nº 339/XII, consagrou-se *a possibilidade de aproveitamento, para efeitos tutelares cíveis, dos resultados proporcionados pelo processo de promoção e proteção, designadamente a obtenção de acordo tutelar cível, o que racionaliza e simplifica procedimentos, reduzindo significativamente a morosidade da justiça tutelar cível.*
- Na proposta da Lei nº 339/XII, constava do nº 2 do artigo 112.-A:

  Não havendo acordo seguem-se os trâmites dos artigos 312º a 37º do RGPTC.
- No parecer do CSM foi dito que se suscitavam dúvidas sobre o destino do processo tutelar cível apenso, designadamente quanto à realização da audição técnica especializada ou mediação, sugerindo a seguinte redação:

  Artigo 112º A

  1. (...)

  2. Não havendo acordo, a providência tutelar cível adequada será instaurada nos termos do previsto para o Regime Geral do Processo Tutelar Cível.

- A Lei nº 142/2015 de 8/9 alterou o nº 2 que passou a ter a seguinte redacção:
  - ✓ *2. Não havendo acordo seguem-se os trâmites dos artigos 38º a 40º do RGPTC*
- Tal redacção parece pretender que tenha sempre lugar um processo tutelar cível quando não haja acordo de promoção e protecção, o que surge como algo confuso e desproporcionado – uma coisa será a intervenção em sede de protecção e outra como providência tutelar cível, visando objetivos distintos que por vezes se podem cruzar.

No que respeita à protecção:

- ✓ O processo visa evitar a situação de perigo para a criança ou jovem e será esse processo acima de tudo que importa continuar para debelar a situação de perigo que o originou, designadamente continuando para debate.
- ✓ Atenta a falta de acordo tutelar cível que faça terminar ou atenuar a situação de perigo e muitas vezes o fim do processo (artigo 112º-A), na impossibilidade de acordo de promoção e protecção (artigo 113º), o processo prosseguirá para debate (artigo 114º), mesmo recorrendo a medidas provisórias que não se encontram à disposição da PTC, como por ex. o apoio económico, acolhimento residencial.

No que respeita à providência tutelar cível:

- ✓ Poderá desde logo não ter sentido qualquer acordo tutelar cível pois a situação de perigo pode não acarretar a necessidade de tal acordo (por exemplo no caso de necessidade de aplicação da medida de apoio junto dos pais que, por negligência, falta de organização ou competências sociais, não prestam o acompanhamento devido dos filhos na escola que faltam constantemente e iniciam consumos de estupefacientes).
- ✓ Neste caso, a criança ou jovem poderá ainda manter-se junto dos pais, devendo a intervenção ser realizada apenas no âmbito do processo do perigo.
- ✓ O acordo tutelar cível implica uma situação em que o perigo já não se verifica ou se encontra atenuado, intuindo-se já o caminho a seguir em sede tutelar cível.
- ✓ Pretender como regra o consenso tutelar cível na conferência do processo de promoção e protecção, até mediante a audição técnica especializada e mediação, poderá ser precipitado ou mesmo

despropositado, uma vez que se desconhece o destino dos autos protectivos, intervenção que parece prioritária.

✓ De todo o modo, caso o MP ou algum dos pais entenda intentar alteração ou mesmo regulação do exercício das responsabilidades parentais, este processo deverá correr por apenso de forma concertada com o de protecção.

A este propósito, veja-se o recente Acórdão da Relação de Lisboa, de 18 de Outubro de 2018 (Pº 12958/17.6T8LRS), que determinou que, em situação em que há fundamento para a intervenção a nível tutelar cível, não deve ser decidido o encerramento da instrução com o consequente arquivamento do processo de promoção, devendo antes encerrar-se a instrução e designar-se dia para a conferência com vista à obtenção de acordo tutelar cível, nos termos do artigo 110º, nº 1, alínea b) e 112º-A da LPCJP.

Assim, sempre que se verifique a necessidade de regular ou alterar o regime de exercício das responsabilidades parentais e tenha sido instaurado processo de promoção e protecção, finda que esteja, neste, a fase de instrução, ou em momento anterior se esta não se mostrar necessária, deve ser, de facto, designada conferência tendo em vista a obtenção de acordo quanto à matéria de natureza tutelar cível, mesmo que se entenda não subsistir a situação de perigo que deu origem ao referido processo de promoção e protecção.

Diga-se ainda que a previsão do artº 112º-A, nº 2, ao remeter na falta de acordo para os artigos 38º a 40º do RGPTC, apenas cogita no seu horizonte as regulações do exercício das responsabilidades parentais e não as suas limitações (nesse caso, se estivermos perante a necessidade de confiar a criança a uma terceira pessoa, deverá ser intentada uma autónoma acção – se para limitar o exercício das RP dos pais, a acção tutelar comum, ao abrigo do artigo 67º do RGPTC; se para inibir tal exercício, a acção do do artigo 52º do mesmo diploma).

Finalmente, direi que poderá ser designada data para a conferência do artigo 112º-A em sede de revisão da medida, nada havendo na lei expressa que o proíba.

*

7.2. Nesta conferência pode colocar-se a questão do recurso à ***Mediação Familiar***.

MEDIAR significa «estar no meio de», um alguém interposto entre duas ou mais vontades soberanas, contribuindo para que, através da negociação abrangente dos vários pontos de desacordo, um casal em fase de litígio conjugal ou uma família estilhaçada possa ver facilitada a resolução dos seus litígios de forma não conflituosa.

Visando a reorganização de uma família desavinda e em crise, a mediação familiar acaba por constituir uma via alternativa e copulativa à instância judicial, minorando, desta forma, os traumas e as feridas que sempre eclodem aquando da exposição pública, porque jurisdicional, de uma determinada situação familiar em que o acento tónico é colocado no fenómeno da dissociação e desagregação familiar, assente no conflito conjugal ou entre pais e filhos.

Se é certo que a filosofia deste fenómeno de intervenção nas nossas famílias está tendencialmente mais vocacionada para funcionar, quer em momento anterior, quer em momento posterior à utilização da via forense, a verdade é que ela pode também contribuir, e de forma assaz decisiva, para um melhor fluir do processo judicial, actuando, com a força persuasiva que lhe advém da procura do consenso inter-pares, em cada uma das próprias fases do processo tutelar e tutelar cível, visando atingir-se uma maior aproximação entre a Justiça e o cidadão, uma maior celeridade e eficácia das decisões judiciais e um melhor funcionamento das estruturas judiciárias.

A mediação familiar pode não ser um «ovo de colombo» que, de forma mágica, nos permitirá ter filhos e pais felizes apesar da quebra dos laços afectivos que uniu estes últimos, mas é um caminho, uma via diferente que pode abrir novas portas no entendimento desta nova realidade que veio alicerçar-se entre nós e na qual devemos investir para bem do nosso futuro em sociedade.

E os Tribunais só têm de nela acreditar, sem pré-conceitos e preconceitos, não obstaculizando ou destruindo, mercê de uma desastrosa intervenção, a sua implementação.

E as entidades que a executam devem dar as mãos, sem rivalidades estéreis que só tenderão a fragilizar a própria mediação familiar, ainda tão pouco divulgada junto dos nossos concidadãos (que, não raramente, a confundem com Terapia Familiar).

A mediação não deve ser «feudo» de ninguém mas deve ser levada a cabo por quem a sabe fazer, com formação apropriada e devidamente legalizada pelo Estado, entendendo eu que os juízes não fazem Mediação familiar mas apenas exercem os seus legais poderes de conciliação.

O meu desejo é que o agente mediador e toda e qualquer mediação aprenda com as Primaveras, a deixar-se cortar e a voltar sempre inteira.

E que os tribunais a compreendam e aceitem deixá-la entrar nos seus muros...

*

Ora, como é que se **processa o pedido de intervenção dos serviços de mediação pública por parte do tribunal?**

Façamos aqui uma referência a uma nota da DGPJ, de Janeiro de 2019, sobre o assunto:

"O pedido de intervenção do Sistema (público) de Mediação Familiar, no âmbito dos processos tutelares cíveis, deve ser dirigido pelo juiz à entidade gestora do referido Sistema – a Direção-Geral da Política da Justiça/Gabinete para a Resolução Alternativa de Litígios – com recurso a um dos seguintes meios de contacto:

Morada: Av. D. João II, Lote 1.08.01-D/E, Torre H, Piso 1 1990-097 Lisboa.
Telefone: 808 262 000 (linha azul) / +351 21 792 4000
Fax: +351 21 792 4048
Endereço eletrónico: correio@dgpj.mj.pt"

Os pedidos devem ser realizados e enviados por via postal ou por correio eletrónico, para a morada e endereço eletrónico indicados na citada nota.

No que tange aos elementos que devem acompanhar o pedido, voltemos à nota:

- *«Informação sobre a prestação de consentimento das partes na sujeição do respetivo conflito ao procedimento de mediação familiar, tal como previsto, no âmbito dos processos tutelares cíveis, no artigo 24º do Regime Geral do Processo Tutelar Cível e, em qualquer caso, em consonância com o princípio da voluntariedade da mediação, previsto no art. 4º da Lei nº 29/2013, de 19 de abril.*
- *Caso esta informação não resulte clara do ofício que veicula o pedido, será útil a disponibilização das peças processuais que o permitam aferir, designadamente a eventual ata da conferência em que se tenha verificado a falta de acordo dos pais quanto ao exercício das responsabilidades parentais, nos casos aplicáveis.*
- *Informação relativa à delimitação do objeto do procedimento de mediação.*
- *Caso esta informação não resulte clara do ofício que veicula o pedido, será útil a disponibilização das peças processuais que o permitam aferir, designadamente a eventual ata da conferência em que se tenha verificado a falta de acordo dos pais quanto ao exercício das responsabilidades parentais, nos casos aplicáveis.*

- *Informação sobre o concreto período de suspensão da instância, para efeitos de desenvolvimento do procedimento de mediação (nos termos da alínea a) do artº 38º do RGPTC).*
- *Disponibilização dos contactos telefónicos (e, ou, de correio eletrónico) das partes a mediar e não apenas dos respetivos mandatários, porquanto em muito contribuem para o agilizar da intervenção do SMF».*

*

Ainda sobre a Mediação Familiar – que, na minha óptica, tem primazia sobre a audiência técnica especializada, tal como as giza o RGPTC – e as suas inúmeras virtualidades para que se consiga um bom acordo nesta sede, direi:

- **As crianças e jovens devem ou não participar no processo de mediação?**
  Analisada a questão sob o ponto de vista dos reais beneficiários de um bom acordo quanto ao exercício das Responsabilidades Parentais, p. ex, e muito embora a sua participação nem sempre seja necessária, a sua audição poderá ser de grande vantagem para o desenrolar de processos de mediação familiar.
- **A partir de que idade deverá ser permitida essa participação?**
  Caso a caso deve ser tomada essa decisão.
  A participação da criança na mediação tem de resultar da ponderação do binómio maturidade/finalidade.
  Podemos ouvir crianças pequenas se a finalidade é tranquilizar perante o momento de agitação familiar que estão a viver e nessa perspectiva ajudamos a criança e os pais que não estão a ser capazes de lidar com tanta pressão em simultâneo. Se a finalidade for perceber quais as soluções mais favoráveis à criança, em concreto, tendo em conta as suas verbalizações, terá de ser atendida a sua capacidade e maturidade intelectual para se expressar.
  Concordando em absoluto com Anabela Quintanilha, *«obstarão à inclusão das crianças na mediação, a sua baixa idade e maturidade para compreenderem o contexto, a presunção séria de que a sua presença não trará nenhuma mais-valia ao processo, ou quando notoriamente os pais as queiram usar como testemunhas que validem as suas posições».*
- **Qual o benefício para a inclusão das crianças/jovens no processo de mediação?**
  Antes de mais, dar-lhes voz activa.

Depois, esta sua audição pode contribuir para:
1º - desdramatizar a situação;
2º - ajudar as crianças a transmitir a sua vontade aos pais;
3º - desresponsabilizar os filhos pelas escolhas dos pais;
4º - desconstruir ideias que um dos progenitores transmite como se fossem a vontade dos filhos.

- **Existem mais vantagens ou desvantagens nessa participação?**
Muito mais vantagens.
- **Quem deverá decidir sobre a sua participação no processo de mediação?**
O mediador.
O momento da participação da criança não deve estar pré-definido, dependendo do facto de, ao longo do processo, se mostrar necessária essa audição, por percepção do mediador, ou se apresentar como útil perante sugestão dos pais.
- **Deverá haver autorização dos pais para ouvir as crianças/jovens?**
Sim.
- **Deverá ser discutido com os pais sobre o que vai ser conversado com os filhos?**
Sim.
Para que seja preparada a vinda das crianças e para que possam perceber, pelas palavras dos pais, ao que vão.
- **Que tipo de procedimentos deverá o mediador encetar para a audição dessas crianças/jovens?**
Deve preparar a sessão com muito cuidado, em termos de linguagem a utilizar (e para isso deve conhecer as fases de desenvolvimento de uma criança) e de setting da entrevista.
O espaço físico deve ser confortável e não intimidatório.
Os pais devem ser informados que a vinda da criança à mediação nunca pode ser tida como um depoimento de prova, que não devem instruir no sentido que a um deles seja mais conveniente, que o mediador ouvirá a criança sem a presença dos pais e guardará confidencialidade de tudo o que a criança/jovem assim queira.
São ainda informados que após a participação dos filhos na mediação devem abster-se de os questionar sobre o conteúdo da conversa com o mediador.

O mediador mais do que questionar as crianças deve escutá-las livremente sobre o que lhes aprouver falar.

- **O mediador tendo ouvido os progenitores e, posteriormente, as crianças terá que partilhar a informação obtida com alguma das partes? Em caso afirmativo, como se deverá transmitir?**
  Não.
- **Sendo o processo de mediação um processo composto por fases (investigação e resolução), há alguma fase em que as crianças/jovens não possam participar?**
  Dou a minha concordância ao que aprendi de Anabela Quintanilha.
  Não existem fases processuais determinadas para o melhor acolhimento da criança, até porque ela nunca participará de uma sessão de trabalho com os pais destinada à recolha de informação sobre a história e o conflito familiar, ou destinada à construção de alternativas, ou sequer da negociação destas últimas.
  A presença dos filhos constituirá sempre um parêntesis no processo propriamente dito e será feita numa sessão especificamente preparada para o acolhimento das suas dúvidas e opiniões.
  Acontecerá quando naturalmente surgir essa necessidade trazida pelos pais ou suscitada pelo mediador, quando tal for sentido como útil.
  O seu agendamento terá em conta a oportunidade do estado do processo.
  A audição terá mais viabilidade e será de maior utilidade antes da fase de negociação de alternativas, pois neste momento já os pais deverão ter definido o superior interesse do seu filho no qual deverão focar-se ao negociar as opções criadas por si mesmos.
  No entanto, não há impedimento para que se oiçam os filhos após esta fase desde que o processo não esteja encerrado, pois nesse caso perder-se-ia uma das possíveis mais-valias de fazer sentir à criança o quanto os adultos estão empenhados em cuidar dos seus interesses no caminho que estão a fazer.
- **Por último, atendendo aos conflitos familiares transfronteiriços que, actualmente, estão em ascendência, existe algum obstáculo na participação das crianças/jovens no processo de mediação? Deverá ser adoptado algum procedimento específico para esta situação?**

Não vejo qualquer acrescido obstáculo.

Os princípios e a conduta do mediador devem ser sempre coerentes e adaptadas ao caso concreto a que é chamado a intervir.

8º - Questão muito polémica na LPCJP revista - processo de revisão das medidas:

Repetindo...

Dispõe o nº 5 do artigo 114º que, para efeitos do disposto no artigo 62º *não há debate judicial*, excepto se estiver em causa:

a) A substituição da medida de promoção e protecção aplicada (para uma mais gravosa ou menos gravosa, dizemos nós, o que não se compreende e aceita); <u>ou</u>

b) prorrogação da execução de medida de colocação (acolhimento familiar ou acolhimento residencial).

Se houver acordo na 1ª medida e aquando da revisão, não faz sentido a aplicação da excepção do nº 5 (não há lugar a debate judicial) - cf. artigo 62º, nºs 2 e 6.

Se não houver acordo na 1ª medida mas já existir acordo em sede de revisão, *quid iuris*? Para quê marcar debate quando há acordo? Não realizando debate, formalizaremos um acordo de promoção e protecção? Diremos que sim, agradecendo-nos a desejável celeridade dos autos, a criança e as nossas agendas de juízes...

Ou seja, e concluindo:

- **Se houver acordo na 1ª medida e aquando da revisão, não faz sentido a aplicação da exceção do nº 5 (não há lugar a debate judicial) - cf. artigo 62º/6.**

*

- Se não houver acordo na 1ª medida mas já existir acordo em sede de revisão, *quid iuris*?
  - o **Entendemos que não há lugar a debate, em nome dos princípios da consensualização e da participação que devem nortear esta intervenção protectiva, satisfazendo-se com a mera formalização de um acordo de promoção e protecção.**

*

- Tal significa que, no actual regime, e na melhor das interpretações, só haverá lugar a debate judicial, em sede de revisão (substituição ou prorrogação), **quando inexiste acordo.**

Já a prorrogação das medidas em meio natural de vida não carecem de ser aplicadas em debate judicial, devendo, contudo, ser sempre fundamentadas, embora sumariamente (nº 4 do artigo 62º).

*

Como o Dr. Pedro Faria, Procurador da República, já defendeu em e-book do CEJ
(http://www.cej.mj.pt/cej/recursos/ebooks/familia/eb_familia_criancas_as_novas_leis_resolucao_questoes_praticas.pdf):

A dificuldade de interpretação da norma do art. 114º, nº 5 começa logo pela sua formulação negativa, associada à previsão de excepções.

A regra estabelecida no dispositivo em causa determina que, para efeito de revisão da medida de promoção e protecção, não há lugar a debate judicial.

No entanto, prevê-se a realização de debate judicial:

- Quando a revisão importe a aplicação de outra medida;
- Quando se prorrogue, por ter terminado o prazo fixado para o efeito, medida de acolhimento familiar ou residencial.

Fica de fora desta hipótese a prorrogação de medida em meio natural de vida.

O primeiro tópico a ponderar na análise do regime do nº 5 é a finalidade do debate judicial.

Nesse aspecto, o nº 1 do art. 114º afirma que apenas haverá lugar a debate *se não tiver sido possível obter o acordo de promoção e proteção, ou tutelar cível adequado, ou quando estes se mostrem manifestamente improváveis.*

O debate judicial é uma fase que a lei reserva para situações de conflito inultrapassáveis, em que a consensualização não é possível e, nessa medida, deverá ser estritamente reservada para quando assim suceda, mesmo em sede de revisão da medida.

Não parece que a lei imponha a realização de debate nas situações em que os intervenientes (os progenitores ou cuidadores, o jovem) estejam de acordo quanto à substituição da medida de promoção e protecção ou quanto à prorrogação da medida de acolhimento.

Parece ser intenção da lei impor o debate quando a medida de promoção e protecção que se pretende aplicar em substituição não é aceite ou quando a prorrogação da medida de acolhimento não é aceite.

A realização de debate judicial não oferece, por si, uma garantia de superior realização do interesse da criança ou jovem, caso contrário a lei imporia a sua realização obrigatória.

A teleologia do regime jurídico que se traduz na relevância do acordo inicial em que se funda a medida de promoção e proteção persiste aquando da sua revisão: o debate apenas se justifica quando é impossível a consensualização que o princípio da participação pressupõe [art. 4º, j)].

Pretende-se, enfim, não cristalizar a decisão e permitir a sua reapreciação crítica e contraditória quando o desacordo persiste (no caso de medida de promoção e protecção aplicada por decisão tomada no termo do debate judicial) ou quando se suscita em fase posterior à execução.

Questão diversa será a forma do acordo, ou seja, por que meio deverá ser plasmado no processo o acordo que existe quanto à substituição da medida ou quanto à prorrogação da medida de colocação.

Não se ignora a prática existente antes da entrada em vigor das alterações à LPCJP de 2015: a de notificar o parecer do Ministério Público aos intervenientes no acordo inicial ou no debate judicial (progenitores, jovem, cuidadores), instando-os a pronunciarem-se e interpretando o silêncio como assentimento ou acordo.

Parece-nos que esta prática não tem agora qualquer acolhimento na lei.

A opção pela realização de acordo de promoção e protecção subscrito por quem intervém na execução da medida é, a meu ver, imposta pelas seguintes razões:

- Se aplicada uma nova medida de promoção e protecção (substituição), qualquer que ela seja, são criados novos deveres, é criado um novo figurino de intervenção e, nessa medida, deverá ser firmemente assegurada a responsabilização de quem o subscreve;
- Reafirmar a importância dos deveres e obrigações;
- Evitar algum automatismo nas revisões (e aqui se justifica um novo acordo, com a mesma medida, mesmo que em tudo igual ao anterior).

Logo, em sede de revisão de medidas de colocação, em que há acordo, não há debate judicial mas há assinatura de novo acordo, não se bastando a lei com o mero contraditório escrito.

*

Porque não defender então uma nova formulação do artigo 114º, acrescentando um nº 6?

«Em qualquer circunstância, não haverá lugar a debate judicial, sempre que exista acordo quanto à substituição ou prorrogação de medida protectiva antes aplicada».

9º – No âmbito de um debate judicial, em que o Ministério Público não alegou porque achava que não era necessário, foi aplicada a favor da criança medida de confiança judicial com vista a futura adopção pelo tribunal colectivo.

O Ministério Público vem recorrer e alega que não poderia ser aplicada esta medida porque não houve alegações com vista a que os progenitores pudessem antever a possibilidade de aplicação dessa medida.

Os factos permitem estabelecer que se encontram prejudicados os vínculos afectivos próprios da filiação face a uma situação de maus-tratos por parte dos progenitores sobre a criança.

O que fazer nestes casos?

O processo tutelar visa a protecção e manutenção da família biológica, no seguimento de prioridade estabelecida na Convenção Europeia dos Direitos e Liberdades Fundamentais e na Convenção das Nações Unidas sobre os Direitos da Criança, de 20 de Novembro de 1989.

Por isso, o processo está subordinado ao princípio da *responsabilidade parental,* segundo o qual «a intervenção deve ser efectuada de modo que os pais assumam os seus deveres para com a criança e o jovem»; e está igualmente subordinado ao princípio da *prevalência da família,* segundo o qual «na promoção de direitos e protecção da criança e do jovem deve ser dada prevalência às medidas que os integram na sua família ou que promovam a sua adopção» (a adopção sempre depois de esgotada a possibilidade de integração na família biológica e, muitas vezes, mesmo depois da tentativa de integração na família alargada).

Repare-se, ainda, que, segundo o princípio da *participação,* os pais têm direito «a participar nos actos e definição da medida de promoção dos direitos e de protecção».

Passar de uma medida de acolhimento para uma de confiança a pessoa seleccionada para a adopção, SEM que os pais biológicos sejam INFORMA-

DOS dessa opção possível em termos de projecto de vida do filho, é uma frontal violação de direitos constitucionalmente protegidos (vide artigo 36º/6 da CRP).

Para que a medida do artigo 35º/1 g) da LPCJP pudesse ser tomada, necessário seria que os pais biológicos fossem notificados formalmente de que, a partir de certo momento, a cominação possível do processo já era a da perda da titularidade e exercício das RP, conferindo prazo para uma tomada de posição defensiva, conforme se prevê nos artigos 85º e 104º, nº 3 da LPCJP.

Ou seja, ***embora sem a existência de um processo de confiança judicial autónomo,*** é possível enxertar-se no processo de promoção e protecção um incidente desde que se cumpram as formalidades e objectivos que se respeitam no processo de confiança judicial com vista a adopção.

Procedendo de maneira diferente, comete-se uma nulidade absoluta, traduzida na falta de notificação dos pais biológicos para se defenderem da eventualidade de ser tomada a medida que veio a sê-lo, cujo regime é o previsto nos artigos 194º, alínea a), e 195º, alínea a) do CPC, que importa a anulação do processado e é de conhecimento oficioso (artigo 206º, nº 1, do CPC). Obviamente, que o CPC está talhado segundo uma matriz declarativista e relativa ao processo comum, o que explica que a norma se refira *ao réu* que *não é citado,* mas cuja razão de ser é a mesma, uma vez que está igualmente em causa o direito de defesa.

A nulidade absoluta tem total cabimento em qualquer situação em que haja mudança objectiva do objecto do processo, em qualquer caso de enxerto com um objecto diferente do processo principal.

Na verdade, dada a natureza da medida que foi proposta, houve uma alteração do objecto do processo até aí tramitado, sem que os interessados para tal tenham sido chamados a intervir, ou seja, neste caso, notificados, uma vez que já tinham sido chamados, embora para fim diferente – não puderam exercer o direito de defesa relativamente à pretensão de extinção da titularidade das RP.

Pode a medida de acolhimento residencial ser substituída pela de acolhimento em instituição com vista a futura adopção, nos termos do nº 3, al. b) do art. 62º da Lei nº 147/99.

E tal encaminhamento pode ter lugar em sede de revisão de medida de promoção e protecção aplicada.

Na época em que ainda existia a acção de confiança judicial com vista à adopção (PTC), em termos técnico-jurídicos, não se via razão para que a aplicação da medida requerida pelo MP, com fundamento na al. d) do nº 1 do artº 1978º do CC., tivesse de ser tomada numa nova acção judicial, com a complexidade, a morosidade e as despesas que tal solução implica.

É que a confiança das crianças a pessoa ou a instituição para adopção, regulada nos art.s 38º-A e 62º-A da LPCJP, não deixa de ser uma medida de promoção e de protecção incluída no elenco previsto no artº 35º, nº 1, da mesma Lei, aplicável no processo em que são aplicadas as demais aí mencionadas.

Aliás, é este o sentido da introdução da al. g) no nº 1 deste artº 35º, pela Lei nº 31/2003, de 22-8, procurando o legislador evitar a interposição de uma nova acção para aplicação da medida aí prevista, a fim de mais rapidamente se acudir a crianças negligenciadas, abandonadas ou maltratadas" (cf. Acórdão da Relação de Coimbra, de 8/3/2006, Procº 4213/05, www.dgsi.pt/jtrc).

Veja-se ainda que a decisão que aplica a medida de confiança a instituição com vista a futura adopção é parte integrante de toda uma sucessão de actos e decisões judiciais produzidos no processo e nos quais a mesma se apoia, pelo que não faz sentido que a medida em causa seja decidida noutro processo ainda a instaurar.

Celeridade na tomada de decisão não significa ligeireza, pois a aplicação de uma medida tão importante para o futuro das crianças, e ao mesmo tempo privativa das responsabilidades parentais, implica uma adaptação da instância no sentido de a adequar às exigências garantísticas que se impõem.

Deverá, portanto, ser respeitado o princípio do contraditório, nomeadamente dando aos pais a possibilidade de intervirem no processo em defesa dos seus direitos, ouvindo-se os menores e, quando necessário, outros familiares e interessados, tudo nos termos do artº 4º al. i), da LPCJP.

O fundamental a reter é que a alteração da medida para a de confiança para futura adopção opera uma modificação objectiva da instância que impõe, *ex novo*, o princípio do contraditório.

No nosso caso, é sempre de evitar a que se chegue ao facto consumado e a uma situação de passível recurso, mais do que evitável.

Perante a falta de alegações do MP – artigo 114º/2 da LPCJP –, alegações que estão longe de serem consideradas obrigatórias (a lei fala em «deve»), o juiz deve, em despacho avulso, dar a conhecer aos pais o possível rumo que o processo pode vir a ter, na sequência do debate judicial que se avizinha.

No caso, não se poderia aplicar a g), não pela violação do artigo 114º/2, mas pela violação do artigo 104º/3 da LPCJP.

10º - Há casos em que a Segurança Social «sugere» aos tribunais - embora não o fazendo por escrito - que não notifiquem os relatórios aos progenitores, porque são muitas vezes negativos em relação a estes e teme, por isso, retaliações. Contra os seus técnicos. O que fazer nestes casos?

O artigo 104º nº 3 da LPCJP garante o contraditório em todas as fases do processo. Note-se, porém, que não se alude *a todo e qualquer acto/peça*, dentro de cada uma das fases.

Este elemento literal não legitima, obviamente, uma leitura restritiva do que deve entender-se por contraditório.

Julgamos que não pode haver lugar a uma leitura de tal forma ampla que leve a que seja dado a conhecer o conteúdo de todo e qualquer acto praticado, com concessão de prazo para que as pessoas a quem é conferido o direito de participação sobre ele se pronunciarem, sob pena de colisão com o carácter necessariamente urgente do processo (artigo 102º).

Face à inexistência de prazo impondo a obrigatoriedade dos progenitores serem ouvidos sobre os relatórios elaborados, pode defender-se ser sempre possível a sua audição, por iniciativa do juiz, quando tal for possível e aconselhável.

É que não há nenhum prazo estabelecido que imponha a obrigatoriedade dos progenitores serem ouvidos sobre os relatórios elaborados, mas existe sempre a *necessidade* de eles se pronunciarem sobre quaisquer provas apresentadas durante o debate judicial e que possam servir para fundamentar a decisão tomada sobre a matéria de facto decidida.

O interesse superior da criança previsto no artº 4º da LPCJP sobreleva sobre *todos os interesses* que com ele sejam conflituantes, quer de natureza pública quer de natureza privada.

Não notificar relatórios só porque se temem retaliações a técnicos da EMAT não é critério - o processo existe para defender uma criança e não quaisquer intervenientes processuais que apenas devem agir de acordo com a sua consciência, carreando para os autos toda a informação relevante para a melhor decisão da causa.

Por vezes, pode evitar-se escrever algo de mais grave, pedindo para ser ouvido em tribunal, com carácter de confidencialidade.

Outras vezes, poderá ser o responsável máximo da EMAT a assinar os relatórios, em vez de os particulares técnicos que trabalham a situação.

Será depois o tribunal a filtrar aquilo que pode ou não ser mostrado às partes, por consulta do processo.

O que o julgador tem de fazer é, perante uma situação de potencial divulgação ou conhecimento de factos que possam colidir com aquela matriz principal é fundamentar qual ou quais as razões pelas quais determina que determinados factos *se têm de manter secretos*, ainda que essa limitação só possa operar, em regra e até à fase de debate judicial e desde que a sua relevância e divulgação se mostrem então essenciais para a decisão a tomar.

Já se adoptou este procedimento em processos em que há suspeita de abuso sexual ou de maus-tratos e em que se encontre pendente processo-crime, sujeito a segredo de justiça. Tal actuação assenta no facto de o tribunal não estar sujeito a critérios de legalidade estrita, devendo antes adoptar em cada caso a solução que julgue mais conveniente e oportuna (artigos 986º-988º do CPC) conjugado esse princípio com o do superior interesse da criança, constante, designadamente do artº 3º, nº 1 da Convenção dos Direitos da Criança.

No momento que precede essa decisão, o dever de dar a conhecer aos progenitores os fundamentos da mesma e quando tal decisão colida com o direito fundamental, reconhecido aos pais, de conhecer as circunstâncias em que são privados das RP sobre os filhos, aliado ao princípio do contraditório na fase de debate judicial, justificam, então e só nessa fase, o levantamento do carácter secreto do processo em relação a determinados factos.

Concluímos – há a necessidade da divulgação pública dos factos decisivos, para o tribunal, para a eventual medida a aplicar (artigo 117º da LPCJP).

EXISTE nesta matéria um princípio incontornável – os pais, representantes legais ou quem detenha a guarda de facto *não poderão ser surpreendidos*, em termos de fundamentação, com elementos que desconheçam e não tenham podido contraditar por falta de comunicação (ex. relatório pericial).

A este propósito, façamos apelo ao Acórdão da Relação de Lisboa de 12/1/2010, (Pº 487/08.3TMLSB.L1-7), assim sumariado:

> *«1. Segundo os nºs 1 e 4 do artigo 88º do Dec.-Lei nº 147/99, de 1 de Setembro, o processo de promoção e protecção reveste carácter reservado, o que não obsta a que a criança ou jovem possam consultar o processo através do seu advogado ou pessoalmente se o juiz autorizar, atendendo à sua maturidade, capacidade de compreensão e natureza dos factos.*
>
> *2. A natureza reservada do processo de promoção e protecção de menores tem em vista garantir, para além da protecção da identidade dos adoptantes e dos pais naturais do adoptando, uma forte protecção da intimidade, do direito à imagem e da reserva da vida privada do menor.*

3. Tal nível de protecção não se pode traduzir num obstáculo ao acesso do advogado do menor aos elementos do processo, mormente os de natureza probatória, em que se alicerçou ou se possa alicerçar a convicção do tribunal.

4. Porém, não será lícita uma consulta aberta e ilimitada por via da aplicação informática CITIUS, não obstante esta se traduzir numa maior facilidade de acesso, na medida em que esta não permita fazer o controlo judicial do acesso aos elementos do processo, em especial quanto à extracção das respectivas cópias.

5. Os direitos de defesa ficarão suficientemente garantidos pela consulta física dos autos pelas partes e seus advogados, nas condições previstas na lei, e pela obtenção discriminada e especialmente autorizada de certidões dos elementos relevantes para a organização da defesa, desde que não se imponham razões ponderosas de reserva que contrariem tal obtenção (...)».

Sobre o artigo 88º, decidiu ainda o Acórdão da Relação de Lisboa de 2/5/2017 (Pº 14091/09.5T2SNE-A.L1-7):

«I – O processo de promoção e proteção de menores tem, de hoje em dia, caráter reservado, a significar que apenas as pessoas enunciadas na lei o podem consultar, entre elas figurando os pais do menor.

II – Pode, assim, afirmar-se o princípio segundo o qual as restrições de acesso e consulta do processo não abrangem os pais do menor que, à partida, o podem consultar sem restrições.

III – Esse acesso livre sofre, como única limitação, o segredo que a lei manda preservar, no âmbito de aplicação da medida de confiança a pessoa selecionada para adoção ou a instituição com vista a futura adoção, quanto à identidade dos adotantes e dos pais biológicos do adotado.

IV – Podem existir casos em que a integridade física da criança possa ficar em causa se o progenitor souber que a mesmo verbalizou, no âmbito do processo, o seu medo de conviver com ele, de sorte a que o superior interesse da criança aponte para a necessidade de limitar o acesso do progenitor a esse desabafo.

V – Não existindo elementos que permitam reconduzir o caso em análise à hipótese figurada, a confidencialidade não se justifica, tanto mais que o progenitor tomou já conhecimento da alegada verbalização desse medo através de outra peça processual».

Resta saber qual o modo e alcance de acesso aos autos mais adequados a acautelar os interesses em jogo, designadamente: se um acesso ilimitado e indiscriminado por via da aplicação informática CITIUS, ou se um acesso restrito à consulta física directa dos autos e à eventual obtenção de certidões de peças ou documentos, sujeita a autorização específica e discriminada pelo juiz do processo.

Ora, face ao preceituado no nº 4 do artigo 88º do DL nº 147/99 e nº 2 do artigo 173º-B da OTM, aplicável por via do nº 7 daquele normativo, tendo ainda em conta a ressalva feita no nº 3 do artigo 22º da Portaria nº 114/2008, afigura-se que não será lícita uma consulta aberta e ilimitada por via da aplicação informática CITIUS, não obstante esta se traduzir numa maior facilidade de acesso, na medida em que esta não permita fazer o controlo judicial do acesso aos elementos do processo, em especial quanto à extracção das respectivas cópias. Essa facilidade de acesso tem de ser sopesada com o interesse subjacente à protecção legalmente conferida, sem prejuízo dos direitos de defesa.

Assim mesmo decidiu tal aresto – **a recusa da consulta dos autos por via da aplicação informática CITIUS, sem prejuízo da consulta física dos mesmos, por parte do Exmº Patrono do recorrente, encontra-se suficientemente justificada no âmbito da reserva legal de acesso ao processo e não prejudicou, como se mostra não ter prejudicado, a organização da defesa sustentada no âmbito do recurso interposto do acórdão recorrido.**

11º – A notificação prevista no artigo 114º/1 também deve ser feita mesmo em caso de crianças com menos de 12 anos, não fazendo sentido outra solução, mesmo a actual legal.

Ou seja, não vislumbro motivo para que a notificação para alegar esteja limitada à idade de 12 anos, razão pela qual se deve nomear patrono à criança para o debate e notificar o dito causídico para alegar.

12º – Decidiu o Acórdão da Relação de Lisboa de 13/7/2017 (Pº 12010/14.6T2SNT-E-2) que:

"I – O prazo estabelecido para a ultimação da instrução, no artigo 109º da LPCJP, é eminentemente indicativo, sinalizador da urgência do processo de promoção e proteção, não sendo a sua ultrapassagem, e designadamente tendo sido aplicada e prorrogada medida cautelar à criança em perigo, determinante do arquivamento do processo de promoção e proteção.

II – Consabidamente, as medidas provisórias – "cautelares", desde as alterações introduzidas pela Lei nº 142/2015, de 8 de Setembro – podem ser aplicadas em qualquer altura ou fase do processo judicial de promoção e proteção, desde que se verifiquem os dois pressu-

postos materiais legitimadores, a saber, a situação de emergência e a pendência de diagnóstico da situação da criança bem como da definição do seu encaminhamento subsequente.

III – A audição da criança, no âmbito de processo de promoção e proteção – e para lá da sua obrigatoriedade enquanto ato de instrução, nos quadros do artigo 107º, nº 1, alínea a), da LPCJP – sendo um direito daquela – a cujo exercício nenhum dos progenitores pode obstar – é também, e designadamente no contexto de observação, por técnico especializado, um instrumento legítimo na aferição dos pressupostos de aplicação de medida de promoção e proteção e, sucessivamente, da sua manutenção.

IV – Apresentando-se, do mesmo passo, e desde logo, como recurso inarredável para o cabal diagnóstico da situação da criança bem como da definição do seu encaminhamento subsequente.

V – Pretendendo um dos progenitores infirmar as conclusões de relatório psicológico realizado por estabelecimento hospitalar, por determinação do juiz, caber-lhe-á reclamar daquele ou requerer segunda perícia, não podendo pura e simplesmente contraditá-lo, por via da junção aos autos de relatório psicológico elaborado por psicólogo que lhe presta serviços".

13º – Decidiu o Acórdão da Relação de Lisboa de 30/11/2017 (Pº 12010/14.6T2SNT-K.L1-2):

"1. Os processos judiciais de promoção dos direitos e protecção das crianças e jovens em perigo são legalmente qualificados como processos de jurisdição voluntária e, por isso, o tribunal está legitimado a investigar livremente os factos, coligir as provas, ordenar os inquéritos e recolher as informações convenientes e, no seu julgamento, o tribunal não está sujeito a critérios de legalidade estrita, devendo antes adoptar em cada caso a solução que julgue conveniente e mais oportuna (artigo 100º LPCJP e artigos 986º/2 e 987º do Código de Processo Civil).

2. De acordo com o estatuído no artigo 126º da Lei 147/99, de 1 de Setembro, ao processo de promoção e protecção são aplicáveis subsidiariamente, com as devidas adaptações, na fase de debate judicial e de recurso, as normas relativas ao processo civil de declarativo comum.

3. Considerando que a Lei de Protecção de Crianças e Jovens em Perigo nada estabelece, nos seus artigos 116º e 117º, quanto à ordem da produção de prova a realizar no Debate Judicial, sempre se poderá recorrer, subsidiariamente, às normas do CPC.

4. Da conjugação do disposto nos artigos 604º, nº 3 e 466º, nºs 1 e 2, ambos do CPC, há que concluir, atenta a natureza subsidiária das declarações de parte, e uma vez que as partes recorrem a tal meio de prova quando se lhes afigura que

os outros meios probatórios usados não terão sido bastantes para assegurar o convencimento do julgador, mais sentido fará a audição das partes no final da produção de prova".

14º – Decidiu o Acórdão do STJ de 21/6/2012 (Pº 613/04.1TBETRP1.S1), a propósito da caracterização do processo judicial de promoção e protecção como processo de jurisdição voluntária, o seguinte:

> *«Não cabe no âmbito dos poderes do Supremo Tribunal de Justiça sindicar a decisão das instâncias, nomeadamente, quanto à concreta conveniência do decretamento da medida de confiança a instituição com vista a futura adopção, quando, a coberto da invocação da violação do disposto na alínea d) do nº.1 do artigo 1978º do Código Civil, o que esteja em causa não for qualquer questionamento dessa norma ou do seu entendimento».*

15º – A propósito destes artigos e outros conexos, vejamos a síntese conclusiva de algumas questões discutidas no âmbito do VI Encontro de Família e Crianças, organizado pela Procuradoria da República da Comarca de Braga (ocorrido em 8/6/2018):

1. **Na pendência da fase de instrução de um processo de promoção e protecção, em que o Ministério Público pugnava pela aplicação à criança da medida de confiança judicial com vista à adopção, os progenitores prestaram consentimento prévio para adopção, nos termos do disposto no artigo 35º do Regime Jurídico do Processo de Adopção.**
   - **Face a isto, o que deve o Ministério Público promover no processo de promoção e protecção?**

• Nos termos do disposto no artigo 34º, nº 2, alínea a), do RJPA, tendo sido prestado consentimento prévio para a adopção, o organismo de segurança social, através da confiança administrativa, entrega a criança ao candidato a adoptante;

• Se o consentimento ocorrer estando pendente processo judicial de promoção e protecção, a confiança administrativa, sendo embora competência do organismo de segurança social, pode ser suscitada oficiosamente pelo tribunal, a promoção do Ministério Público, nos termos do previsto nas disposições conjugadas dos artigos 8º, alínea h), 42º nº 2, 26º, 28º e 36º nº 6 do RJPA; se decretada, conduzirá ao arquivamento do processo judicial de promoção e protecção por inutilidade superveniente da lide;

• Em alternativa, a prestação do consentimento prévio para a adopção permite ao tribunal, no âmbito do processo de promoção e protecção, aplicar a medida de confiança judicial a pessoa selecionada para a adopção, a família de acolhimento ou a instituição com vista a adopção, como decorre do disposto no artigo 1978º, nº 1 do Código Civil.

• Neste último caso, podendo defender-se que o consentimento prévio implica e integra em si próprio um acordo para a aplicação daquela medida, não se justifica que se promova, no processo de promoção e protecção, uma nova diligência para obter um acordo que já existe.

• Não havendo qualquer questão a dirimir, também não se justifica que o processo avance para o debate judicial, pelo que a medida de confiança judicial a pessoa seleccionada para a adopção, a família de acolhimento ou a instituição com vista a adopção deverá ser aplicada, neste caso particular, por decisão judicial.

2. Em que circunstâncias pode ocorrer a reabertura do processo de promoção e protecção prevista no artº 111º, da LPCJP?

• A reabertura do processo judicial de promoção e protecção foi introduzida pela Lei nº 142/2015, de 8.9, em cuja exposição de motivos se enfatiza que "as alterações introduzidas ao nível do processo judicial de promoção e protecção relevam essencialmente do propósito de agilização do processo, em ordem à oportunidade da resposta de protecção".

• A alteração introduzida no artigo 111º, permitindo agora que o tribunal que anteriormente conheceu a realidade de uma criança ou jovem e o seu respetivo enquadramento familiar e social, possa reapreciar a sua situação e intervir de forma a proteger os seus interesses, faz todo o sentido.

• A prévia aplicação ou não de medida não pode fazer a diferença, sendo que as razões que justificam a reabertura do processo são exactamente as mesmas nos dois casos: aproveitamento dos elementos e dos conhecimentos sobre a realidade da criança ou jovem, com benefícios no que respeita à desnecessidade de novos elementos de prova, em obediência ao princípio orientador da intervenção mínima [artigo 4º, al. d) da LPCJP].

3. Quando o processo pendente na CPCJ for apenso a processo tutelar cível, a validade da medida aplicada pela CPCJ e em execução dependerá, ou não, de decisão judicial que a confirme?

• A actual redacção do artigo 81º da LPCJP impõe a obrigatoriedade da apensação do processo que corre termos na Comissão de Protecção, pelo que a decisão judicial que determina essa apensação não assenta em qualquer juízo sobre a bondade/pertinência da medida de promoção e protecção aplicada pela CPCJ.

• Não se descortinam razões para a medida aplicada pela CPCJ perder a sua validade, devendo ser questionada apenas no momento próprio da revisão ou se o tribunal, num juízo actualizado da realidade da criança ou jovem considerar que a medida já não se justifica, não se compatibiliza com a decisão tomada no processo judicial ou que já não está adequada a defender os seus interesses.

4. No âmbito do processo de promoção e protecção é admissível recurso das decisões previstas no artigo 123º da LPCJP e de outras nos termos gerais OU só é admissível recurso das decisões previstas no artigo 123º da LPCJP?

• A letra do artigo 123º, nº 1 da LPCJP parece apenas contemplar a possibilidade de recurso das decisões que se pronunciem sobre aplicação, alteração ou cessação das medidas.

• Porém, o artigo 124º da LPCJP manda aplicar subsidiariamente, designadamente na fase de recurso, as normas relativas ao processo civil declaratório, onde se dispõe (cf. artigo 630º do CPC) que, por regra, só não há recurso dos despachos de mero expediente ou dos proferidos no uso legal de um poder discricionário.

• Neste pressuposto, as pessoas com legitimidade para recorrer, enunciadas no nº 2 do artigo 123º da LPCJP que discordem da decisão dela poderão recorrer, desde que a mesma não seja de mero expediente ou resulte do uso legal de um poder discricionário.

16º – Em suma:

PROCESSO JUDICIAL

- REQUERIMENTO DO MP – **como regra – art.105º.**
  . Excepção: art.105º., nº.2 e 11º., al.g)
- FASES DO PROCESSO:
  - **INSTRUÇÃO/DECISÃO NEGOCIADA/DEBATE JUDICIAL/DECISÃO/EXECUÇÃO DA MEDIDA**
- RECEBIDO O REQUERIMENTO INICIAL, uma de quatro:
  - **Abertura de instrução**
  - **Designa dia para conferência com vista a obter decisão negociada, quer em termos de promoção e proteção, quer em termos tutelares cíveis**
  - **Arquiva o processo (nos termos do artigo 111º)**
  - **Ordena as notificações do n.º 1 do artigo 114º, seguindo-se os demais termos aí previstos (com vista ao debate judicial)**
- INSTRUÇÃO - **ARTs.107º a 109º - Prazo: 4 meses**
  - AUDIÇÕES
  - INQUIRIÇÕES
  - INFORMAÇÕES/RELATÓRIOS
  - EXAMES/PERÍCIAS
  - NOTIFICAÇÃO PARA PRODUÇÃO DE PROVA
- ENCERRAMENTO DA INSTRUÇÃO – **art.110º.**
  - ARQUIVAMENTO – art.111º. (agora, o processo judicial pode ser reaberto se houver factos que o justifiquem)
  - MARCAÇÃO DE DIA PARA CONFERÊNCIA com vista a decisão negociada – arts 112º e 113º (acordo de promoção e proteção) e 112º-A (acordo tutelar cível).
  - PROSSEGUIMENTO DO PROCESSO PARA DEBATE E NOTIFICAÇÃO PARA TERMOS DO ART.114º., nº.1 - art.114º. e seguintes (por falta de acordo ou quando este se mostre manifestamente improvável)
- DECISÃO
  - Acordo de promoção e protecção - art.113º.
  - Acórdão após debate - arts.115º. e sgts.

Ou dito de outra forma:

O PROCESSO JUDICIAL DE PROMOÇÃO E PROTECÇÃO

A. GENERALIDADES

- *Trata-se de um processo de JURISDIÇÃO VOLUNTÁRIA (artigos **100º da LPCJP e arts. 986º a 988º do CPC (arts.1409º a 1411º do CPC 1961),** ao qual são aplicáveis, subsidiariamente, com as devidas adaptações, na fase do debate judicial e de recursos, as normas relativas ao processo civil declarativo comum.*
  1. *Compete aos juízos de família e menores do tribunal de comarca a instrução e o julgamento do processo.*
  2. *Fora das áreas abrangidas pela jurisdição de família e menores (comarcas da Guarda, Portalegre e Bragança e municípios não abrangidos pelas áreas de jurisdição dos Juízos de Família e Menores nas comarcas de Açores, Beja, Évora, Madeira, Viana do Castelo e Vila Real) cabe aos juízos locais cíveis conhecer das causas que àquelas estão atribuídas, por aplicação, com as*

devidas adaptações, do disposto no nº 5 do artigo 124º da Lei da Organização do Sistema Judiciário, aprovada pela Lei nº 62/2013, de 26 de Agosto, e depois revista todos os anos.

3. *Sem prejuízo do disposto no número anterior, em caso de não ocorrer desdobramento, cabe aos juízos de competência genérica da comarca conhecer das causas ali referidas, conforme o disposto na alínea a) do nº 1 do artigo 130º da Lei nº 62/2013, de 26 de Agosto, revisto em 2016.*
4. *Nos casos previstos nos números anteriores, o tribunal constitui-se em juízo de família e menores.*
5. O processo é de natureza urgente, correndo em férias urgentes, não estando sujeito a distribuição, sendo imediatamente averbado ao juiz de turno
6. Os pais, o representante legal ou quem tiver a guarda de facto podem, em qualquer fase do processo, constituir advogado ou requerer a nomeação de patrono que o represente, a si ou à criança ou jovem [SENDO OBRIGATÓRIA A CONSTITUIÇÃO DE ADVOGADO OU A NOMEAÇÃO DE PATRONO AOS PAIS E CRIANÇA – a esta em qualquer caso – QUANDO ESTIVER EM CAUSA, EM DEBATE JUDICIAL, A APLICAÇÃO DO ARTIGO 35º/1 G)]
7. É obrigatória a nomeação de patrono (efectuada nos termos da lei do apoio judiciário) à criança ou jovem
   7.1. *no debate judicial,*
   7.2. *quando os seus interesses e os dos seus pais, representante legal ou quem tenha a guarda de facto sejam conflituantes e*
   7.3. *quando a criança ou jovem com a maturidade adequada o solicitar ao tribunal*
8. A criança ou jovem, os seus pais, representante legal ou quem tiver a guarda de facto têm direito a requerer diligências e oferecer meios de prova – ***anote-se a novidade VINDA DA REVISÃO DE 2003 do nº 3 do artigo 104º, quando se tratar da medida do artigo 35º, nº 1, alínea g)***
9. O processo é constituído pelas fases:
   - da INSTRUÇÃO
   - da DECISÃO NEGOCIADA
   - do DEBATE JUDICIAL
   - da DECISÃO

- da EXECUÇÃO da medida
- do RECURSO

B. *MARCHA DO PROCESSO*

- A iniciativa processual cabe ao Ministério Público
- Os pais, o representante legal, as pessoas que tenham a guarda de facto e a criança ou jovem com idade superior a 12 anos podem também requerer a intervenção do Tribunal nos casos em que ainda não tenha sido proferida qualquer decisão pela CPCJ decorridos seis meses após o conhecimento da situação
- ***Recebido o requerimento inicial (o que pressupõe a possibilidade de indeferimento liminar),***
  1º – PROFERE despacho de abertura de instrução
  2º – ou, se considerar que dispõe de todos os elementos necessários:
  - *a) Designa dia para conferência com vista à obtenção de acordo de promoção e protecção ou tutelar cível adequado;* **ou**
  - *b) Decide o arquivamento do processo, nos termos do artigo 111º;* **ou**
  - *c) Ordena as notificações a que se refere o nº 1 do artigo 114º, seguindo-se os demais termos aí previstos.*
- ***Declarada aberta a INSTRUÇÃO,***
  - o juiz designa data para a audição obrigatória da criança ou do jovem, dos pais, do representante legal da criança ou do jovem ou da pessoa que tenha a sua guarda de facto
  - pode ainda o juiz, sempre que o julgar conveniente, designar dia para ouvir os técnicos que conheçam a situação da criança ou do jovem a fim de prestarem os esclarecimentos necessários
  - Procede-se ainda à notificação dos pais, do representante legal ou de quem tenha a guarda de facto da criança ou do jovem para, **querendo, requererem a realização de diligências necessárias ou juntarem meios de prova**
  - Pode ainda o juiz utilizar, como meios de obtenção da prova, a informação ou o relatório social sobre a situação da criança ou do jovem e do seu agregado familiar, informação e relatórios esses que são solicitados às equipas ou entidades a que alude o nº 3 do artigo 59º (que a elaborarão em 8 e 30 dias, respectivamente).
  - Vista ao Ministério Público.

- ***O juiz declara encerrada a INSTRUÇÃO – que deve durar 4 meses)*** e:
  - ➢ decide o ARQUIVAMENTO do processo, quando concluir que, *em virtude de a situação de perigo não se comprovar ou já não subsistir*, se tornou desnecessária a aplicação de qualquer medida de promoção e protecção

OU

  - ➢ designa dia para uma *CONFERÊNCIA* com vista à obtenção de um ACORDO DE PROMOÇÃO E PROTECÇÃO (cf. artºs 55º a 57º), ou de um ACORDO TUTELAR CÍVEL (novidade do artigo 112º-A), convocando o Ministério Público, os pais, o representante legal ou quem tenha a guarda de facto, a criança ou jovem com mais de 12 anos e as pessoas e representantes de entidades cuja presença e subscrição do acordo seja entendida como relevante
  - ➢ Se houver ACORDO DE PROMOÇÃO E PROTECÇÃO *(que fica em acta e é subscrito por todos os intervenientes), e não havendo oposição do Ministério Público, o mesmo é homologado por decisão judicial*
  - ➢ Se houver ACORDO TUTELAR CIVEL, *o juiz homologa-o, ficando este a correr por apenso (se não houver este acordo, segue-se o regime dos artigo 38º a 40º do RGPTC, aprovado pela Lei nº 141/2008, de 8/9)*
  - ➢ Se não houver ACORDO DE PROMOÇÃO E PROTECÇÃO, *cumpre-se o artigo 114º*
  - ➢ Situação particular do nº 2 do artigo 110º *(decisão sem debate judicial)*

OU

  - ➢ quando se mostre manifestamente improvável uma solução negociada, determina o prosseguimento dos autos para realização de *DEBATE JUDICIAL* e ordena a notificação do Ministério Público, dos pais, representante legal ou quem detiver a guarda de facto e da criança ou do jovem com mais de 12 anos para alegarem, por escrito, querendo, e apresentarem prova no prazo de dez dias

- **Recebidas as alegações e apresentada a prova, o juiz designa dia para o *DEBATE JUDICIAL*, ordena a notificação das pessoas que devam comparecer e dá conhecimento aos pais, representante legal ou à pessoa que tenha a guarda de facto da criança ou do jovem das alegações e prova apresentada pelo MP e a este das restantes alegações e prova apresentada – atenção ao nº 2 do artigo**

114º [apresentação de provas e alegações escritas por parte do MP, no caso da medida do artigo 35º, nº 1, alínea g)].

- O DEBATE JUDICIAL é efectuado perante um tribunal composto por um JUIZ, que preside, e por dois JUIZES SOCIAIS [pode – mas não devia – fazer-se sem juízes sociais: o juiz becado julga sozinho, com despacho fundamentado, explicando a impossibilidade de constituição do colectivo (artigo 85º/3 da Lei da Organização do Sistema Judiciário)].
  - não pode ser adiado, sendo obrigatória a constituição de advogado ou a nomeação de patrono à criança ou jovem
  - ao debate só podem assistir as pessoas que o juiz expressamente autorizar
  - podem ser apresentadas alegações escritas e é assegurado o contraditório
  - atenção à regra do artigo 117º (regime de provas)
  - inicia-se com a produção de prova e audição das pessoas presentes
  - pode o juiz ordenar as diligências necessárias para que compareçam na data que designar para o seu prosseguimento
  - o debate é gravado – no artigo 118º deverá corrigir-se o manifesto lapso de escrita, substituindo-se a expressão ***audiência*** por **debate judicial**
  - produzida a prova, o juiz concede a palavra ao Ministério Público e aos advogados para ALEGAÇÕES, por trinta minutos cada um
  - terminado o debate, o tribunal recolhe para DECIDIR, sendo a decisão tomada por maioria de votos, votando em primeiro lugar o juiz social mais novo e, no fim, o juiz presidente

❑ *Estrutura da decisão*:

* ***Relatório sucinto***
  - identificação da criança ou jovem
  - identificação dos pais, representante legal ou da pessoa que detém a guarda de facto da criança ou jovem
  - descrição da tramitação do processo

* ***Fundamentação de Facto e de Direito***
  - enumeração dos factos provados e não provados (registe-se e relembre-se que para a formação da CONVICÇÃO do tribunal e para a fundamentação da decisão só podem ser consideradas as provas que puderem ter sido contraditadas durante o debate judicial).

- valoração e exposição das razões que justificam o arquivamento ou a aplicação de uma medida de promoção e protecção

* ***Dispositivo e Decisão (algo redundante esta distinção)***

- a sua leitura é pública e feita pelo juiz presidente, podendo ser lida logo após a deliberação ou em dia a designar, após a suspensão do debate

- ***Novo ARTIGO 122º-A:***
  - *A decisão é notificada às pessoas referidas no nº 2 do artigo seguinte, **contendo informação sobre a possibilidade, a forma e o prazo de interposição do recurso.***

  * ***A execução da medida*** aplicada é dirigida e controlada pelo Tribunal que a aplicou, devendo o mesmo designar a entidade que considere mais adequada para o acompanhamento da execução da medida (artigo 59º, nºs 2 e 3)

- ***FASE DO RECURSO (novas redacções dadas aos artigos 123º e 124º):***

Artigo 123º – Recursos

1 – Cabe recurso das decisões que, definitiva ou provisoriamente, se pronunciem sobre a aplicação, alteração ou cessação de medidas de promoção e proteção e sobre a decisão que haja autorizado contatos entre irmãos, nos casos previstos no nº 7 do artigo 62º-A.

2 – Podem recorrer o Ministério Público, a criança ou o jovem, os pais, o representante legal e quem tiver a guarda de facto da criança ou do jovem.

3 – O recurso de decisão que tenha aplicado a medida prevista na alínea *g)* do nº 1 do artigo 35º é decidido no prazo máximo de 30 dias, a contar da data de receção dos autos no tribunal superior.

(Os nºs 1 e 3 foram alterados pela Lei nº 142/2015, de 8 de Setembro)

Artigo 124º – Processamento e efeito dos recursos

1 – Os recursos são processados e julgados como em matéria cível, sendo o prazo de alegações e de resposta de 10 dias.

2 – Com exceção do recurso da decisão que aplique a medida prevista na alínea *g)* do nº 1 do artigo 35º e do recurso da decisão

que haja autorizado contatos entre irmãos, nos casos previstos no nº 7 do artigo 62º-A, os quais têm efeito suspensivo, cabe ao tribunal recorrido fixar o efeito do recurso.

(Alterado pela Lei nº 142/2015, de 8 de Setembro)

ANOTAÇÃO *conjunta dos artigos 123º e 124º:*

a) Qualquer dos intervenientes previstos no artigo 123º, nº 2 da LPCJP que discorde da decisão que, definitiva ou provisoriamente, se pronuncie sobre a aplicação, alteração ou cessação de medidas de promoção e protecção pode recorrer da mesma para o Tribunal da Relação competente.

O recurso para o Supremo Tribunal de Justiça só é admissível das decisões do Tribunal da Relação que se pronunciem sobre questões de direito, desde que na decisão tomada tenha sido decisivo o juízo de legalidade emitido (não tendo havido uma decisão norteada apenas por critérios de oportunidade e conveniência – artigo 987º do CPC *ex vi* artigo 126º da LPCJP)

É obrigatória a constituição de Advogado – artigo 986º, nº 4 do CPC *ex vi* artigo 126º da LPCJP – para o efeito.

Pode ainda ser objecto de recurso:

- O despacho de arquivamento proferido pelo Juiz, nos termos da alínea a) do artigo 110º da LPCJP, pois pode suceder que qualquer dos intervenientes continue a sustentar que a situação de perigo que justificou o início do processo se mantém ou que não foi removida;
- Qualquer despacho judicial que não seja de mero expediente, havendo prejudicados com essa decisão (artigos 126º da LPCJP e 630º e 631º, nº 2 do CPC)

Exemplos:

- acto judicial pelo qual o Juiz não recebe o requerimento para a abertura da instrução (artigo 106º, nº 2 da LPCJP);
- despacho a aplicar multas processuais.

b) Quanto ao efeito dos recursos (efeito suspensivo ou meramente devolutivo), o nº 2 do artigo 124º da LPCJP, diz expressamente que cabe ao Tribunal recorrido fixar o mesmo, com a excepção lógica aí prevista – **recurso da decisão que aplique a medida prevista na alínea *g)* do nº 1 do artigo 35º e do recurso da decisão que haja autorizado contatos entre irmãos, nos**

casos previstos no nº 7 do artigo 62º-A, os quais têm efeito suspensivo (para não se poderem criar laços afectivos não transitados em julgados).

c) Quanto ao processamento dos recursos, houve que harmonizar a remissão indicada pelo nº 1 do artigo 124º da LPCJP, com o Decreto-Lei nº 303/2007, de 24 de Agosto, o qual veio alterar o CPC, entre outras matérias, na respeitante aos recursos cíveis, e, mais tarde, com o próprio novo CPC (aprovado pela Lei nº 41/2013, de 26 de Junho).

A primeira grande mudança de 2007 consistiu no facto de o referido diploma legal ter suprimido totalmente o recurso de agravo, permanecendo como recurso único a apelação.

Deste modo, ao abrigo da alínea a) do nº 1 do artigo 4º do supra citado diploma legal, *"as referências ao agravo interposto na primeira instância consideram-se feitas ao recurso de apelação"*.

Recordemos a letra de tal artigo 124º, nº 1:

> *"Os recursos são processados e julgados como agravos em matéria cível."*.

Refira-se ainda:

- *Admissibilidade de impugnação da decisão de facto nos processos de promoção e protecção*
- *Aditamento do prazo para a apresentação de recurso (dez dias) previsto no artº 638º, nº 7, do CPC.*

Face ao exposto, os recursos em sede de processo judicial de promoção e protecção das crianças e jovens em perigo passam a ser regulados pelas normas específicas dos artigos 123º e 124º da LPCJP, pelas disposições gerais relativas aos recursos cíveis constantes dos artigos 627° a 643º do CPC e pelas regras próprias do recurso de apelação referidas nos artigos 644º a 670º do CPC (recursos processados e julgados como em matéria cível, sendo de 10 dias o prazo de alegações e resposta).

d) Diga-se ainda:

➢ **O RECURSO DA DECISÃO DE ADOPTABILIDADE DA CRIANÇA É DECIDIDO *EM 30 DIAS*, A CONTAR DA DATA DA RECEPÇÃO DOS AUTOS NO TRIBUNAL SUPERIOR (ARTIGO 123º/3)**

e) Ou seja:

O regime de recursos encontra-se expressamente regulado nos artigos 123º e 124º da LPCJP, aí se estabelecendo a recorribilidade das decisões que, definitiva ou provisoriamente, se pronunciem sobre a aplicação, alteração ou cessação das medidas de protecção.

Por outro lado, a lei confere legitimidade para recorrer ao Ministério Público, à criança ou ao jovem, aos pais, ao representante legal e a quem tiver a guarda de facto da criança ou do jovem.

Quanto ao primeiro ponto, importa salientar que no leque de decisões susceptíveis de recurso se encontram aquelas que determinam o arquivamento do processo, na medida em que também elas se pronunciam, em sentido negativo, sobre a aplicação de uma medida de protecção, e bem assim as que, na fase liminar do processo, rejeitem o requerimento inicial do Ministério Público.

No que respeita ao segundo, de acordo com jurisprudência já firmada pelo Tribunal Constitucional, por a situação não se enquadrar no conceito de «guarda de facto» a que alude o citado artigo 123º, nº 2, a instituição de acolhimento a quem a criança é confiada no âmbito de uma medida aplicada pelo tribunal não dispõe de legitimidade para recorrer das decisões proferidas no respectivo processo, relativas à manutenção ou cessação da medida.

Isto porque está aqui em causa «uma pessoa colectiva que apenas é chamada a intervir *em colaboração com o tribunal, por incumbência* deste, em termos *precários e provisórios*, para acolher crianças e prover ao seu sustento, educação e conforto, mas *sem que lhe sejam concedidos poderes de representação* e sempre *sob o poder decisório do tribunal* com que colaboram».

Ora, atendendo a que tais fundamentos valem, com as devidas adaptações, para as famílias de acolhimento, previstas no artigo 46º e objecto da regulamentação estabelecida pelo Decreto-Lei nº 11/2008, de 17/1, também a sua relação com a criança ou o jovem não é susceptível de consubstanciar a «guarda de facto» que confere legitimidade para interpor recurso, nos moldes assinalados no mencionado artigo 123º, nº 2.

f) Quatro questões:

1ª – Legitimidade para recorrer do curador provisório nomeado no processo de promoção e protecção quando é aplicada a medida de confiança a instituição com vista a futura adopção, que entretanto seja

revista e substituída por uma de apoio junto de outro familiar (partindo do pressuposto, agora legal, que a medida é susceptível de revisão).

De acordo com jurisprudência já firmada pelo Tribunal Constitucional – Acórdão nº 141/2004, Processo nº 206/2003, de 10-3-2004, publicado no *Diário da República,* 11 Série, nº 91, de 17-4-2004, pp. 6020-6024 –, por a situação *não se enquadrar* no conceito de «guarda de facto» a que alude o citado artigo 123º, nº 2, a instituição de acolhimento a quem a criança é confiada no âmbito de uma medida aplicada pelo tribunal *não dispõe de legitimidade para recorrer* das decisões proferidas no respectivo processo, relativas à manutenção ou cessação da medida.

Isto porque está aqui em causa «uma pessoa colectiva que apenas é chamada a intervir *em colaboração com o tribunal, por incumbência* deste, em termos *precários e provisórios,* para acolher crianças e prover ao seu sustento, educação e conforto, mas *sem que lhe sejam concedidos poderes de representação* e sempre *sob o poder decisório do tribunal* com que colaboram». (cfr também acórdão da Relação de Guimarães de 12/3/2008).

Ora, atendendo a que tais fundamentos valem, com as devidas adaptações, para as famílias de acolhimento, previstas nos artigos 46º a 4º da LPCJP e hoje objecto da regulamentação estabelecida pelo Decreto-Lei nº 11/2008, de 17-1, também a sua relação com a criança ou o jovem não é susceptível de consubstanciar a «guarda de facto» que confere legitimidade para interpor recurso, nos moldes assinalados no mencionado artigo 123º, nº 2.

Veja-se, aliás, a definição de guarda de facto adoptada pelo artigo 5º, alínea *b),* da LPCJP: a relação que se estabelece entre a criança ou o jovem e a pessoa que vem assumindo, continuadamente, as funções essenciais próprias de quem tem responsabilidades parentais.

Cf. *contudo* o teor do Acórdão do STJ de 15-10-2002, Processo nº 02A23 14, que reconheceu legitimidade a uma família de acolhimento para interpor recurso da decisão que ordenou a entrega da criança à mãe, sendo, porém, de assinalar que o acolhimento ali em causa teve o seu início ainda antes da entrada em vigor da LPCJP, o que conferiu ao caso contornos muito específicos que certamente influenciaram o sentido do aresto (NÃO SE CONCORDA COM ESTA POSIÇÃO então exarada por um ex-PGR, enquanto relator do processo).

A expressão "*guarda de facto*" usada pelo legislador e assinalada neste normativo, circunscreve-se à tipologia de um determinado padrão de identificação familiar, a reclamar um estatuto de pessoas relacionadas entre si por vínculos equiparados aos de uma ligação de sangue, tudo se passando como se de um relacionamento entre pai/mãe e filho se trate.

Este acolhimento afectivo, de algum modo tornado visível através da manifestação de sentimentos mútuos e exteriorizado para fora desta sua intimidade, é que preenche o conteúdo conceptual da expressão "*guarda de facto*", estando dela distante a conexão que haja entre a criança e uma Instituição de Utilidade Pública.

Tratando-se de uma medida jurisdicionalmente imposta, a acção a desenvolver pela instituição - e pelo curador que a representa - está sempre dependente do juízo que o Tribunal de Família e Menores faça acerca do que é melhor para a criança, designadamente sobre a manutenção da medida assim decretada.

A nossa resposta é, pois, *NEGATIVA*, quanto à questão colocada - não pode ter legitimidade para recorrer o curador provisório, que, para todos os efeitos legais, representa a instituição que foi a directa beneficiária da medida de promoção e protecção: não funciona ELE como «pessoa idónea» apta a proteger uma criança mas apenas como um representante de uma instituição que apenas passará de forma provisória e precária na vida desta criança em perigo e em condições de poder vir a ser adoptada.

Mas já será AFIRMATIVA, quanto à legitimidade do Curador provisório já candidato à adopção, porque, aqui, já falamos de afectos.

2ª - Cabe recurso da decisão que proceda à revisão da medida e a mantenha ou prorrogue apenas até ao limite máximo previsto na lei?

O artigo 9º do Código Civil que a interpretação não deve cingir-se à letra da lei mas reconstituir a partir dos textos o pensamento legislativo;

O que é uma *manutenção* se não uma *aplicação* de uma medida, para os efeitos do artigo 123º/1 da LPCJP?

O artigo 123º da Lei 147/99 não pode ser lido à letra, devendo abranger as situações de manutenção das medidas.

Discorda-se, assim, do teor do Acórdão da Relação de Évora de 15/9/2006, segundo o qual:

> *«É irrecorrível a decisão que determine a continuação da execução da medida de acolhimento em instituição».*

Recordemos o teor do artigo 123º/1 da LPCJP – «Cabe recurso das decisões que, definitiva ou provisoriamente, se pronunciem sobre a ***aplicação, alteração ou cessação*** de medidas de promoção e protecção».

Do catálogo das medidas de promoção e protecção faz parte, entre outras, o acolhimento em instituição [artº 35º, nº 1, al. f)].

A medida aplicada é obrigatoriamente revista findo o prazo fixado no acordo ou na decisão judicial, e, em qualquer caso, decorridos períodos nunca superiores a seis meses (artº 62º, nº 1).

Estatui, por sua vez, o artº 62º, nº 3:

A decisão de revisão pode determinar:

- o ***A cessação da medida;***
- o ***A substituição da medida por outra mais adequada;***
- o ***A continuação ou a prorrogação da execução da medida;***
- o ***A verificação das condições de execução da medida;***
- o ***A comunicação à segurança social da verificação dos requisitos da adopção.***

Argumenta, assim tal aresto de Évora:

– quando a lei fala em *aplicação* tem em vista a imposição de uma ***medida ex novo***, o decretamento de uma medida originária, isto é, a imposição de uma das medidas taxativamente enumeradas no artº 35º, ao passo que a *continuação da execução da medida* é uma das possíveis consequências do reexame dos pressupostos da medida anteriormente aplicada ou, na expressão da norma do nº 3 do artº 62º, é um dos possíveis efeitos da *"decisão de revisão"* da medida anteriormente aplicada.

Parece-nos forçada esta interpretação:

O termo «aplicação» não pode nem deve ter a interpretação redutora dada pelo aresto de Évora.

Ao manter uma medida, o tribunal não deixa de fazer apelo aos critérios de revisão das medidas previstas nos artigos 34º e 62º da LPCJP.

Rever uma medida aplicada suscita uma ***análise minuciosa*** da situação de que se partiu, dos objectivos pretendidos alcançar e dos efectivamente alcançados.

A medida aplicada pode ter sido considerada a mais adequada, mas há que apurar no caso concreto, se a forma e os meios propostos para a execução da medida correspondem aos que estavam previstos, se a medida está a alcançar os seus objectivos, independentemente das condições consideradas necessárias para a sua concretização.

É precisamente para esse tipo de actividade que o artigo chama a atenção quando fala em "verificação das condições de execução da medida" [art. 62º, nº 3, alínea d)].

Não admitir um recurso nestas circunstâncias seria uma violação do direito de defesa de um progenitor que, embora concordando com o início de uma institucionalização de um filho seu, discorda da continuação da mesma, após seis meses de vigência da medida, por entender já ter as condições necessárias para o reingresso da criança na casa parental.

A não se considerar assim, a revisão seria despida de fundo, um mero acto formal, insindicável, não devendo ser essa a natureza da intervenção protectiva.

Na decisão de revisão, o juiz ***não deixa de aplicar uma medida,*** embora seja a mesma que estava em vigor (não nos esqueçamos que podia não a manter, substituindo-a por outra – ora, se não a substitui por outra, é porque ***decide***, no momento da revisão, que as condições de vida dos pais mantém-se de forma a que a separação dos filhos continue a justificar-se).

Veja-se até que a lei é clara – diz que cabe recurso das decisões que, definitiva ou provisoriamente, ***se pronunciem*** sobre a aplicação, alteração ou cessação de medidas de promoção e protecção (NÃO FALA em decisões que apliquem, mas que se pronunciem sobre a aplicação): e daí caber também aqui a decisão que arquive um processo, entendendo não ser de aplicar qualquer medida.

Por maioria de razão, e em nome da razoabilidade e da melhor interpretação, parece-nos que a decisão que reveja uma medida, mantendo--a, *é recorrível nos termos gerais.*

3ª – O Tribunal Superior pode alterar o efeito do recurso fixado na 1ª instância, atenta a redacção do artigo 124º, nº 2 da LPCJP?

Claro que sim.

É certo que a lei fala em «tribunal recorrido» (artigo 124º/2 da LPCJP)

Contudo, parece-nos que o objectivo da lei não é proibir a aplicação da norma geral supletiva do artigo 652º/1 a) do CPC (possibilidade de o tribunal *ad quem* corrigir o efeito atribuído ao recurso), mas apenas deixar explícito que nestes processos não há casos de obrigatoriedade de atribuição ao recurso do efeito A ou B (artigo 647º do CPC), ficando ao critério do julgador – ***ou dos vários julgadores que passarem pelo processo*** – a atribuição do efeito mais benéfico para a situação da criança em causa.

Pode, muitas vezes, a 2ª instância, assim, corrigir um erro da 1ª instância, quanto ao efeito do recurso, fundamentando sempre a sua situação (veja-se a outrora situação flagrante da atribuição de efeito meramente devolutivo a um recurso interposto de uma decisão do artigo 35º/1 g) da LPCJP, com clara oposição dos pais biológicos – com este efeito, poderá o ISS começar o período de pré-adopção, entregando a criança a um candidato à adopção; entretanto, o tribunal superior revoga tal decisão, mandando entregar a criança aos pais – os danos emocionais para esta criança são por demais evidentes).

A fixação do efeito pelo tribunal decisor – o de 1ª instância ou o de apelação – prende-se com a possibilidade do tribunal recorrido estar em melhor posição para definir os efeitos da suspensão ou a aplicação imediata da decisão proferida, em função da situação concreta dos autos e da consequente demora na resolução do recurso e do prejuízo irreparável ou de difícil reparação que pode causar a sua interposição.

4ª – Caracterização da natureza jurídica dos recursos de revisão no processo de promoção e protecção.

O acertamento judicial surge como o mais importante antídoto para dissipar a dúvida dos particulares sobre a existência dos seus direitos – é necessário que o acertamento jurisdicional revista a característica da *indiscutibilidade*

O conceito de *caso julgado* exprime precisamente esta característica.

O artigo 619º, nº 1 do CPC estipula que, transitada em julgado a sentença, a decisão sobre a relação material controvertida fica a ter força obrigatória dentro do processo e fora dele, nos limites fixados pelos artigos 580º e 581º, sem prejuízo do disposto nos artigos 696º a 702º.

O benefício que o caso julgado material confere às partes é o de justamente impedir que se conheça várias vezes do mesmo objecto, no confronto entre as mesmas partes, pois se tal vantagem não fosse conferida, designadamente à parte vencedora, anulava-se a própria certeza jurídica e a possibilidade de imprimir regularidade às relações sociais.

O princípio de que a decisão judicial, com trânsito em julgado, é imutável não é absoluto, mas relativo.

Existem, na verdade, meios de impugnação, considerados *extraordinários*, que permitem atacar também uma sentença transitada em julgado.

De entre eles, o recurso de revisão (artigos 696º a 702º do CPC *ex vi* artigo 126º da LPCJP).

O recurso extraordinário de revisão é um expediente processual que faculta a sua reabertura a quem tenha ficado vencido num processo anteriormente terminado, mediante a invocação de certas causas, taxativamente indicadas na lei – artº 696º do CPC.

A revisão constitui um remédio contra a injustiça das decisões – nele, a causa determinante da injustiça é externa ao processo lógico-dedutivo de formação da decisão.

Discute-se qual a natureza jurídica da revisão, se é uma acção, se é um verdadeiro recurso, se é um misto de recurso e de acção.

Defenderam tratar-se de uma acção, entre nós, Manuel de Andrade e Barbosa de Magalhães.

Para estes autores o requerimento de interposição do recurso de revisão abre um processo novo, importa a constituição de uma nova instância, desenvolvendo-se numa acção autónoma.

A tese híbrida é de José Alberto dos Reis.

Para este autor a revisão caracteriza-se da seguinte maneira: «é um *recurso* que se destina a fazer *ressurgir* uma instância finda e que vai *reabrir* uma instância anterior»

Em termos estruturais, «nas duas primeiras fases (fase liminar e fase rescindente), a revisão apresenta a feição de recurso; na terceira (fase rescisória), a revisão assume a natureza de acção propriamente dita»

Tem sido esta a tese que tem prevalecido entre nós.

Uma dúvida se impõe – Que sentido fará a admissão de um recurso de revisão se as resoluções proferidas são modificáveis pela sua própria natureza (jurisdição voluntária – artigo 988º do CPC) e por regra têm um prazo máximo de duração(18 meses)?

Se o recurso de revisão é um misto de recurso e de acção, como se coaduna esta natureza com a própria duração temporal limitada das medidas protectivas, revisíveis a todo o tempo?

As resoluções podem ser alteradas com fundamento em circunstâncias supervenientes que justifiquem a alteração.

Para que se possa usar do recurso de revisão é necessário que se trate de decisão passada em julgado. Ora, se as resoluções tomadas em processo de jurisdição voluntária não têm o selo da imutabilidade, daí decorreria a falta do requisito de que o corpo do artigo 696º faz depender o recurso de revisão.

Para Alberto dos Reis, a possibilidade de livre alteração das resoluções não supre a revisão.

Para este autor «uma coisa é a modificação das condições e circunstâncias em que foi emitida a resolução – e é essa modificação que justifica a alteração –, outra coisa é a alegação e prova de que a providência foi tomada em condições irregulares, isto é, de que se acha inquinada de vício ou infracção grave»

Não é de admitir que o legislador quisesse subtrair à revisão uma sentença proferida por suborno, por exemplo, em processo de jurisdição voluntária, ou uma sentença fundada em peças cuja falsidade se ache verificada ou possa sê-lo.

Por isso, para tal autor, «devem considerar-se passadas em julgado, para os efeitos do artigo *(então)* 771º, as sentenças lavradas em processos de jurisdição voluntárias, desde que ocorram os casos previstos no § único do *(então)* artigo 677º (não passível de recurso ordinário ou de reclamação).

Também para Cândida Ferreira das Neves:

«O motivo da modificabilidade das resoluções não está numa sua ineptidão, inata ou adquirida para virem a ter força de caso julgado; é antes consequência da função que desempenham, e imposta ainda por uma razão de *equitas*».

Portanto, nada obsta a que seja interposto recurso de revisão das resoluções nos processos de promoção e protecção.

A dúvida também se coloca no caso dos recursos ordinários.

Qual o alcance do recurso se entretanto a anterior medida foi alterada pela 1ª instância, aquando da revisão da medida?

Porque está em causa a legalidade das decisões e a jurisdição voluntária, apesar de mais flexível em termos de decisões, não pode nem deve ser encarada como menos merecedora da estabilidade jurídica que a força do caso julgado sempre traz aos processos judiciais...

g) Decidiu o Tribunal Constitucional...

– *Acórdão nº 243/2013, de 10/5/2013 (DR – 2ª Série, de 13 de Junho de 2013) – Rel. Pedro Machete – Julga inconstitucional, por violação do artigo 20º, nºs 1 e 4 da Constituição, a interpretação normativa extraída do artigo 685º, nº 2 do CPC (na redacção anterior ao DL nº 303/2007, de 24 de Agosto), aplicável subsidiariamente por força do disposto no artigo 126º da LPCJP, segundo a qual a contagem do prazo para recorrer de decisão judicial que aplique a medida de promoção e protecção de confiança de menores a pessoa seleccionada para a adopção ou a instituição com vista a futura adopção prevista naquela Lei tem início a partir do dia da respectiva leitura, desde que a ela tenham assistido os interessados, mesmo quando não tenham advogado constituído no processo nem lhes seja facultada no dia da leitura da decisão uma cópia da mesma por eles requerida.*

- *Acórdão nº 416/2011, de 28/9/2011 (DR – 2ª Série, de 3 de Novembro de 2011) – Rel. Maria Lúcia Amaral – Não julgar inconstitucional a norma constante do nº 1 do art.62º-A da LPCJP, interpretada no sentido de proibir a revisão, para efeitos de reapreciação da conduta e condições supervenientes dos progenitores, da medida de confiança com vista a futura adopção.*
- *Acórdão nº 141/2004, de 10/3/2004 – Rel. Paulo Mota Pinto – Não julga inconstitucional a norma contida no art. 123º, nº 2 da LPCJP. Legitimidade activa para recorrer. Instituição de acolhimento:*

«(...) 8. A resposta à questão posta não pode deixar de ser negativa.

Na verdade, corresponda ou não a solução em causa à melhor interpretação da norma a apreciar, é certo que a limitação da legitimidade para recorrer à pessoa que, embora apenas no plano fáctico, exerce a "guarda de facto" do menor e assume reiteradamente (mesmo que sem legitimação normativa ou judicial) o núcleo das responsabilidades parentais, com exclusão da instituição ou pessoa colectiva que, por incumbência do tribunal, é chamada a assumir, em termos precários e provisórios, uma tarefa de acolhimento de crianças, sem outorga de poderes de representação e sob o poder decisório do tribunal com que cooperam, não viola o princípio da igualdade.

Tal solução não é arbitrária, baseando-se em critérios objectivos e constitucionalmente relevantes: enquanto num caso está em questão uma pessoa que, no plano fáctico, tem a guarda do menor e que provê às suas necessidades, no segundo está em causa uma instituição que apenas vê ser-lhe confiada a guarda por incumbência do tribunal, o qual mantém o poder de decidir sobre a manutenção, alteração ou cessação desta medida – está em causa, por outras palavras, uma instituição cuja situação é já o resultado de uma medida de protecção e promoção do menor.

Na primeira situação está uma pessoa que, mesmo sem legitimação normativa ou judicial, assume as responsabilidades parentais; na segunda está em causa uma pessoa colectiva que apenas é chamada a intervir em colaboração com o tribunal, por incumbência deste, em termos precários e provisórios, para acolher crianças e prover ao seu sustento, educação e conforto, mas sem que lhe sejam concedidos poderes de representação e sempre sob o poder decisório do tribunal com que colaboram. A atribuição de legitimidade para recorrer de decisões sobre medidas atinentes à promoção e protecção de menores apenas à pessoa singular que se encontre na primeira situação, mas já não à pessoa colectiva que se encontre na segunda (por força de anterior decisão judicial) não pode, pois, considerar-se arbitrária ou discricionária.

E, por conseguinte, não se verifica qualquer violação do princípio da igualdade na norma em causa, ao excluir a legitimidade para recorrer por parte de instituições que se encontrassem na situação da recorrente – e isto, repete-se, independentemente da questão de saber se tal solução corresponde ou não à melhor interpretação do direito infra-constitucional, ou se seria mais conveniente no plano de *jure condendo* atribuir também legitimidade a entidades como a recorrente.

Note-se, ainda, estar por demonstrar que resulte da norma em questão, pelo facto de dela resultar a falta de legitimidade para recorrer das instituições que, em colaboração com do tribunal, são chamadas a, em termos precários e provisórios, acolher crianças, qualquer não cumprimento do dever de protecção das crianças previsto no artigo 69º da Constituição, ou uma lacuna de protecção das crianças. Isto, desde logo, considerando o facto de essa protecção estar também especificamente cometida a entidades públicos como as comissões de protecção de crianças e jovens, o Ministério Públicos e os tribunais».

Artigo 125º – A execução da medida

No processo judicial de promoção e proteção a execução da medida será efetuada nos termos dos nºs 2 e 3 do artigo 59º.

Anotação

Cf. anotação ao artigo 59º.

Artigo 126º – Direito subsidiário

Ao processo de promoção e proteção são aplicáveis subsidiariamente, com as devidas adaptações, na fase de debate judicial e de recurso, **as normas relativas ao processo civil declarativo comum.**

(Alterado pela Lei nº 142/2015, de 8 de Setembro)

Anotação

a) Esta possibilidade de usar as regras do Processo Civil apenas existe na fase do debate judicial e dos recursos.

b) **Que constrangimentos à intervenção de promoção e protecção?**

Dou aqui a palavra à minha Colega Helena Lamas, Juíza de Família e Menores em Coimbra e que muito eloquentemente deixou isto escrito num e-book CEJ (http://www.cej.mj.pt/cej/recursos/ebooks/familia/Intervencao_sede_promocao_protecao_criancas_jovens.pdf):

- "Grande parte dos processos de promoção e protecção iniciados mais recentemente no Tribunal de Família e Menores de Coimbra reporta-se a crianças com 12 ou mais anos de idade, sendo que o perigo a que estão expostas é o referido na alínea f) do nº 2 do artigo 3º da LPCJP, ou seja, a criança/jovem «assume comportamentos ou entrega-se a actividades ou consumos que afectam gravemente a sua saúde, segurança, formação, educação ou desenvolvimento sem que os pais, o representante legal ou quem tenha a guarda de facto se lhes oponha de modo adequado a remover essa situação».
- Como exemplo, temos as situações de absentismo escolar, de consumo de estupefacientes, comportamentos de pré-delinquência, fugas frequentes de casa.
- Uma fatia das situações remetidas a tribunal reporta-se a famílias pouco abertas à intervenção, na medida em que os progenitores ou os responsáveis pelas crianças/jovens não reconhecem sequer a importância, por exemplo, da frequência escolar, ou reconhecendo-a, não estão dispostos a actuar de forma diferente do que sempre actuaram.
- A situação mais típica é a das famílias de etnia cigana, relativamente aos rapazes e às raparigas prometidos ou já «casados segunda a lei cigana» – eles, porque precisam de sustentar a família que iniciaram, elas porque após estarem prometidas não devem conviver livremente com terceiros.

- Depois de esgotada a fase da «persuasão», quer através dos técnicos da EMAT, quer em sede de audição em Tribunal (pouco eficaz, diga-se, perante este tipo de interlocutor); e esgotada a fase da «pressão», em que, por exemplo, se comunica à entidade processadora do RSI o incumprimento do acordo de promoção e protecção para que tal benefício seja cessado (actuação muito discutível sob o ponto de vista estrito da protecção da criança); no caso de inexistirem outros familiares capazes de assegurar a frequência escolar, resta a aplicação da medida de acolhimento institucional enquanto ultima ratio, na linha do princípio da prevalência da família.
- Porém, além de o sucesso da execução desta medida esbarrar na falta de vontade do menor em frequentar as aulas, entendemos que a sua aplicação é absolutamente desproporcionada, pelo que a sua aplicação está vedada pelo princípio consagrado no artigo 4º, al. e) da LPCJP: a intervenção deve ser a adequada e necessária à situação de perigo em que a criança ou jovem se encontram e só pode interferir na sua vida e na da sua família na medida do que for estritamente necessário a essa finalidade. «Solução»? Arquivar o processo.
- Nos últimos três anos têm vindo a ser instaurados processos de promoção e protecção a favor de crianças de etnia cigana imigrantes romenos, cujas famílias, além da baixa taxa de alfabetização e do desconhecimento da língua portuguesa, têm por prática utilizá-los na mendicidade, sem que considerem tal procedimento prejudicial ou incorrecto, por estar incutido nos seus costumes.
- Os acordos de promoção e protecção, com aplicação da medida de apoio juntos dos pais, são lavrados com cláusulas que incluem a proibição de utilizar os filhos na mendicidade, a obrigação de assegurar a frequência escolar dos mesmos, a obrigação de a progenitora frequentar consultas de planeamento familiar e a obrigação de os progenitores se inserirem no mercado de trabalho ou, previamente, frequentarem cursos de alfabetização.
- Contudo, também estas famílias demonstram fraca adesão à intervenção.
- Outro constrangimento prende-se com o modo de funcionamento das instituições de acolhimento que, de acordo com o artigo 53º, nºs 1 e 2 da LPCJP, funcionam em regime aberto, o que implica a livre entrada e saída da criança e do jovem da instituição, de acordo com as normas

gerais de funcionamento, tendo apenas como limites os resultados das suas necessidades educativas e da protecção dos seus direitos e interesses.

- Ora, nomeadamente para crianças/jovens com idade igual ou superior a 12 anos, importava implementar lares de infância e juventude com regimes de funcionamento diversos do regime aberto - com regime semi-aberto -, sob pena de a medida de acolhimento institucional não servir para a protecção das nossas crianças e jovens, mas ser, ao invés, um meio gerador de situações de perigo.
- Por outro lado, pese embora o artigo 51º, nº 1 da LPCJP preveja a existência de lares de infância e juventude especializados, existem grandes dificuldades no acolhimento adequado para crianças e jovens com problemas de saúde mental ou com problemas de toxicodependência.
- O princípio da prevalência da família significa que a medida de acolhimento institucional funciona como ultima ratio, ou seja, a desinstitucionalização das crianças e jovens é um objectivo a prosseguir. Porém, para que tal ocorra com sucesso é necessário «investir» nas famílias, o que esbarra, desde logo, no insuficiente número de técnicos das EMATs e de respostas ao nível, por exemplo, de cursos de educação parental, insuficiência essa acentuada actualmente dadas as dificuldades económicas do país.
- Contudo, sem se diagnosticar a capacidade das famílias (nuclear e alargada) para evoluírem e, em caso afirmativo, sem se fornecerem os meios/instrumentos para que tal evolução efectivamente ocorra, a permanência das crianças e jovens nas instituições de acolhimento prolongar-se-á até ao seu limite máximo".

PRÁTICAS A SEGUIR:

1. Realização de «reuniões de rede», ou seja, reuniões realizadas no âmbito de um processo de promoção e protecção, no Tribunal, em que estão presentes elementos das instituições/serviços relevantes em termos da protecção da criança, por exemplo, técnicos da EMAT, da CPCJ, da instituição de acolhimento, da equipa do RSI, professor da criança, psicólogo/pedopsiquiatra que acompanha o jovem, psiquiatra do progenitor/a, médico de família, etc. Através da partilha de informações é possível, muitas vezes, delinear logo estratégias de intervenção, com a cooperação das diversas entidades, de forma a definir-se o tal projecto de vida da Criança.

2. A não ser que seja caso de procedimento de urgência (artigo 91º da LPCJP), situação em que a CPCJ deve agir de imediato para remover o perigo, a CPCJ deve apenas fazer a comunicação prevista no artigo 69º da LPCJP, não agindo em sede de incumprimentos de acordos de RERP gizados em sede judiciária – por isso, apelo a que não se redijam cláusulas de acordos de PP que se confundam com os clausulados em acção de regulação do exercício das RP (residência, organização dos tempos da criança e alimentos) – as intervenções são diversas e os objectivos das mesmas também o são...
3. **O TRIBUNAL e as CPCJ têm de deixar de ser um edifício de criação de moldes para ser um atelier de costura à medida do corpo de cada criança (evitar acordos estandardizados).**

c) Reproduzo aqui e agora as CONCLUSÕES que foram tiradas dos profícuos trabalhos do I CONGRESSO EUROPEU SOBRE UMA JUSTIÇA AMIGA DAS CRIANÇAS, realizado em Lisboa nos dias 24 e 25 de Maio de 2016, organizado pela ComDignitatis, conclusões essas que foram redigidas por mim e pela Colega Maria Perquilhas, então Juíza de Direito e Docente do CEJ, e da Drª Fátima Serrano, Secretária-Geral da Crescer-Ser:

Começo a conhecer-me.

Sou o intervalo entre o que me foi dado por herança genética e empenho parental, entre o que eu desejo ser e o que os outros me fizeram, ou metade desse intervalo, porque também há vida...

Sou isso, enfim, fruto de um cravo e de uma rosa, criança por condição e nome próprio, agente e sujeito do meu próprio destino, moldado por uma Justiça dos Homens que quer ser minha amiga e confidente.

PRIMEIRO ANDAMENTO

Após os dois dias de trabalho profícuo em prol da celebração de uma justiça amiga das crianças, datados de 24 e 25/5/2016, na nossa capital, elencámos **ideias força para reflexão conjunta** por todos aqueles que têm na criança e na justiça que a convoca o seu mister e a sua base de trabalho e constante suor, movidos pela necessidade de aplicação imediata aos nossos procedimentos administrativos e judiciais das Directrizes do Conselho da

Europa sobre uma Justiça adaptada às crianças (*nomeadamente, as nºs 23 e 33 para o «antes da decisão judicial», as nºs 37 a 47 para o «aquando da decisão judicial» e as nºs 75 a 83 para o «após a decisão judicial»).*

Partimos de algumas premissas:

✓ As crianças são titulares de pleno direito no que se refere aos direitos fundamentais nos termos da Lei internacional e em especial do direito europeu (e aqui há que falar, com toda a propriedade, de DIREITOS HUMANOS do cidadão chamado Criança).

✓ As crianças possuem direitos específicos relacionados com as suas necessidades e interesses particulares.

✓ Os pais, tutores, outros representantes e prestadores de cuidados, desempenham um papel fundamental na criação das condições que permitam que as crianças desfrutem dos seus direitos, tanto na sua vida privada como no domínio público.

✓ De acordo com as normas internacionais emanadas de diferentes organismos, o sistema judiciário português deve assegurar que as medidas de promoção e protecção, as tutelares cíveis e as tutelares educativas aplicadas a crianças e jovens são cumpridas na 'perspectiva de efectivação dos Direitos da Criança'.

✓ A nova estratégia do Conselho da Europa para os Direitos da Criança 2016-2021, adoptada pelo Comité de Ministros, no dia 2 de Março de 2016 e lançada, em Sófia, Bulgária, nos dias 5 e 6 de Abril de 2016, passa pelo reforço das Directrizes de uma Justiça Amiga das Crianças.

✓ O ponto de partida destas Directrizes é o de uma justiça amiga da criança, i.e. uma justiça apropriada à sua idade, célere, baseada nos princípios da participação, do interesse da criança, da dignidade, da igualdade de tratamento, do primado do direito e do respeito pela vida privada, sendo as linhas orientadores de todo o tipo de procedimentos, judiciários e não judiciários, envolvendo todas as crianças, qualquer que seja o seu estatuto ou condição, sem discriminação de qualquer espécie e dando-lhe voz na realização dos seus direitos.

✓ Por outro lado, estas directrizes visam ainda uma intervenção qualificada dos profissionais do sistema, **para todas as fases do processo, antes, durante e depois do procedimento.**

Vejamos como...

A. Garantia dos Direitos da Criança envolvida em procedimentos administrativos de protecção

1. Foi referida uma evolução positiva ao nível do trabalho desenvolvido nesta área, nomeadamente quanto à maior consciencialização dos profissionais para a audição/informação e aconselhamento das crianças/jovens.
2. Os direitos da criança/jovem na fase pré-judicial têm particular relevo, sendo conveniente em todos estes processos entrar em contacto directo com as crianças e jovens, o mais precocemente possível.
3. Muitas das crianças são ouvidas nos vários procedimentos e processos administrativos que correm termos, quer nas Comissões de Protecção de Crianças e Jovens, quer nos tribunais, mas aí nem sempre são devidamente informados sobre os termos do processo ou sobre a situação e o projecto de vida que para elas foi delineado, o que foi confirmado pelo testemunho de alguns jovens, que, na sua maioria, referiram uma emoção negativa quanto ao início do processo.
4. Foi reforçado o princípio da participação, havendo uma assunção de que, nem sempre, crianças, jovens e famílias, dispõem de meios adequados de acesso à justiça, não sendo devidamente consultadas e ouvidas. Esta consulta e audição tem de levar em conta a idade e maturidade das pessoas implicadas, sabendo-se que uma linguagem inacessível compromete a compreensão e integração dos direitos.
5. É unânime a importância de se assegurar um suporte efectivo à família e à infância.
6. É importante transmitir à criança que o ónus da decisão não é dela.
7. Consciencialização de que, ao dispor de todos quantos trabalham nesta área, existem novos estudos científicos apelando-se à sua consulta, nomeadamente no âmbito das melhores técnicas de entrevistar crianças.
8. Consciencialização de que a criança/jovem deve ser ouvida individualmente, dando-se especial atenção ao espaço envolvente e apelando-se à aplicação destes procedimentos na nossa prática pré-judicial.

9. Pode cogitar-se a inclusão no regime geral de alimentos do pagamento ao advogado escolhido pela criança, devendo, em caso de divergência, recorrer-se ao regime processual em vigor.
10. Constatação da falta de interacção entre técnicos/Ministério Público e Juízes intervenientes no processo e da falta de advogado nesta fase inicial – os vários intervenientes não são concorrentes entre si, antes exercem funções complementares.
11. Constatação de que não há retorno da informação prestada aos tribunais por técnicos especializados (pedopsiquiatria, pediatria...), relativamente à decisão judicial proferida no final, prática que se deve combater.
12. Necessidade de implementação de procedimentos no sentido da realização de uma conferência presencial, nesta fase pré-judicial, com todas as pessoas implicadas.
13. Os procedimentos legais recentes, que resultam das Directrizes e regulamentos internacionais, estão ainda em fase de adaptação às práticas, não estando ainda a produzir resultados visíveis.
14. A intervenção das forças policiais é sempre vivida como algo negativo, no sentido em que elas são obrigadas a retirar a criança/jovem do convívio parental – o que, em regra, acontece à noite e fim-de-semana, sendo pois, traumático para a criança.
15. Constatação de que as esquadras não estão preparadas em termos físicos e logísticos para acolher adequadamente estas crianças e jovens, sendo espaços austeros e pesados, ambientes mais ligados ao crime.
16. Necessidade de existência de agentes dotados para funcionar com esta problemática, traduzindo na linguagem da criança o que é o estatuto da vítima e o que é uma detenção.
17. Apelo à necessidade de existência de formação especializada dos profissionais actuantes na área.
18. Constatação de que a falta de meios físicos/técnicos/humanos constitui um constrangimento à acção nesta área no geral.

B. Estratégias e mecanismos de garantia dos Direitos da Criança envolvida em procedimentos judiciários, cíveis e penais

1. O Direito de participação envolve as emoções, devendo as crianças participar activamente quando contam o que sentem, por palavras, jogos ou desenhos.

2. Há que mudar a pessoa que há em nós e o modo como comunicamos com os intervenientes processuais que vêm a tribunal, de modo a que as famílias não sintam que não são bons pais/mães/filhos/alunos/pessoas.
3. Consciencialização de que a interpretação e aplicação das nossas normas jurídicas devem obedecer a princípios universais oriundos dos instrumentos internacionais – nestes incluímos não só os instrumentos jurídicos *stricto sensu* mas também as recomendações e Directrizes do Conselho da Europa, bem como as decisões do TJUE e do TEDH.
4. Apelo à boa prática de adopção da audição da criança com ajuda de técnicos especializados, quer em acto judicial designado para o efeito, quer aproveitando a audição que eventualmente tenha sido realizada mediante perícia ou Audição Técnica Especializada.
5. Consciencialização de que o superior interesse da criança exige a ponderação de interesse de todos os intervenientes.
6. Deve existir uma ponderação de razões de ordem pública como fundamento para rejeitar a executoriedade de uma decisão judicial proferida no estrangeiro, ao abrigo de regulamentos comunitários, excepto se o superior interesse da criança exigir o contrário.
7. Apelo à prática da prestação de declarações/audição com ajuda e presença de um psicólogo, para que sejam criadas condições emocionais adequadas para que a criança se sinta bem, com a mais-valia de poder ainda constituir um esclarecedor sujeito dos envolvidos pois pode vir a ser chamada à audiência ou conferência.
8. Apelo a que o exercício do contraditório relativamente às declarações da criança seja realizado de forma célere e urgente.
9. Consciencialização da necessidade de cuidado, sensibilidade, formação e acompanhamento técnico adequado para assegurar o pleno exercício do seu direito de participação e audição.
10. Consciencialização das diferenças entre a Mediação Familiar e a Audição Técnica Especializada, previstas agora de forma bastante explícita na Lei nº 141/2015, de 8/9 (Regime Geral do Processo Tutelar Cível), e ***tão bem explicadas neste congresso:***

a) A MEDIAÇÃO é sempre confidencial e NÃO OBRIGATÓRIA, dependendo do acordo dos pais;

A AUDIÇÃO TÉCNICA ESPECIALIZADA – é obrigatória e tem limites à confidencialidade, como se vê pelos artºs 23º, nº 3, 20º, nº 4 e ainda 39º do RGPTC

b) A MEDIAÇÃO trabalha toda a relação familiar;

A AUDIÇÃO TÉCNICA ESPECIALIZADA trabalha apenas o conflito relevante para o processo – artº 23º, nº 3

c) A MEDIAÇÃO pode ser pré judicial ou não ter a ver com qualquer processo;

A AUDIÇÃO TÉCNICA ESPECIALIZADA é sempre realizada no decurso de um processo judicial constituindo um acto de instrução – artº 21º, nº 1, al. b)

d) Na MEDIAÇÃO, o mediador nunca pode ser chamado a prestar esclarecimentos ou declarações na audiência ou na instrução;

Na AUDIÇÃO TÉCNICA ESPECIALIZADA, o técnico da assessoria pode ser chamado na instrução ou na audiência a prestar esclarecimentos e deve informar das razões do não sucesso da ATE – 20º, nº 4 e 23º, nº 3

e) A MEDIAÇÃO pode ser privada e paga pelos mediados

A AUDIÇÃO TÉCNICA ESPECIALIZADA é sempre gratuita e a cargo das Assessorias técnicas – 20º, nº 2, 21º, nº 1, al. b)

f) Na MEDIAÇÃO exige-se um técnico com formação certificada de mediação;

Quem faz a AUDIÇÃO TÉCNICA ESPECIALIZADA é um técnico do ISS, não exigindo a lei qualquer formação específica

g) A MEDIAÇÃO visa o Acordo e alcançado que seja é apresentado ao Tribunal;

A AUDIÇÃO TÉCNICA ESPECIALIZADA visa alcançar consensos – não há acordo subscrito pelas partes

h) A MEDIAÇÃO limita-se a informar o processo/juiz sobre a existência ou inexistência de acordo;

A AUDIÇÃO TÉCNICA ESPECIALIZADA informa o processo/juiz das razões do não consenso.

11. Necessidade de perceber que às vezes é no momento da ruptura que começa a construção da parentalidade, não de uma qualquer mas da que importa – a positiva (aquela que abranja pai e mãe, sempre que estes o mereçam).
12. Necessidade de interiorizar e respeitar que a ruptura importa sempre um dano emocional nos pais e nos filhos.
13. Apelo a que a Mediação Familiar constitua a primeira opção para a resolução da crise familiar.
14. Apelo à congregação do MIAM's – Mediation, Information, Assessment, Meetings – como condição prévia de admissibilidade do divórcio sem consentimento com ou sem filhos e das regulações do exercício das responsabilidades parentais.
15. Necessidade de assegurar às famílias a ajuda de um profissional que as auxilie a decidir e que as capacite, não se substituindo a elas.
16. Adopção do princípio de que a família é uma entidade que é mais do que a soma dos seus membros, devendo ser sistémico o olhar, a abordagem e a decisão sobre os seus assuntos.
17. Adopção da ideia de que ouvir as crianças não implica somente fazer perguntas, mas antes observar, estar disponível, criar espaço, liberdade e transmitir respeito.
18. Necessidade de promover e disseminar os pontos de encontro familiares enquanto espaços técnicos e lúdicos privilegiados para observar, avaliar e dinamizar as dinâmicas e interacções familiares.
19. Consciencialização da importância do silêncio da criança como uma das dimensões do seu direito à participação e audição.
20. O Ministério Público deve ouvir as crianças previamente à emissão da decisão no âmbito do processo de Divórcio por Mútuo Consentimento que corre termos nas Conservatórias do Registo Civil – cf. DL. 272/2001 –, a não ser quando conclua que não existe necessidade de as ouvir, nomeadamente por inexistência de conflito entre os progenitores, devendo esta decisão de não audição ser devidamente fundamentada.
21. Consciencialização de que a criança é um sujeito de direitos por inteiro, devendo estar acompanhada do seu representante legal ou pessoa de confiança ao longo de todo o processo no sistema de justiça – seja na fase administrativa ou na fase judicial.

22. Necessidade de assegurar aos profissionais, advogados e magistrados as formações adequadas e oportunas que permitam o recurso a uma abordagem e cooperação multidisciplinar.
23. Necessidade de formação específica capacitante para contactar e ouvir as crianças, avançando-se para uma verdadeira especialização.
24. Necessidade imperativa de adopção de linguagem clara e acessível aquando do contacto com uma criança, criando-se material explicativo adequado.
25. Um país que não cuida das suas crianças não tem futuro – os seus direitos devem ser conhecidos e ensinados nas escolas, ao mesmo tempo que o Português e a Matemática.

C. Garantia dos Direitos da Criança na execução das decisões judiciárias

1. O Projecto «*Improving Juvenile Justice in Europe* – treino para profissionais», promovido pelo Observatório Internacional de Justiça juvenil e coofinanciado pela União Europeia, apela a um intervenção colaborativa entre as várias instituições convocadas na interacção junto dos jovens em conflito com a Lei, no sentido da formação específica dos ditos profissionais que intervém junto deles nas matrizes interdisciplinares gizadas nas Directrizes do Comité de Ministros da Europa sobre uma Justiça adaptada às crianças.
2. Na intervenção oportuna e eficaz das Comissões de Protecção das Crianças e Jovens em Perigo em sede de abuso sexual de qualquer criança, haverá que apelar à perfectibilização das condições adequadas para a audição dessa particular e vulnerável vítima.
3. Existem em Portugal muitos obstáculos que as crianças enfrentam no sistema judiciário, tais como os interrogatórios repetidos, os ambientes e procedimentos intimidatórios, a ausência de formação particularmente especializada dos profissionais que as entrevistam, a morosidade não natural dos processos.
4. Haverá que evitar a vitimação secundária após a revelação do abuso sexual antes, durante e depois da intervenção judiciária, apelando-se a uma natural e desejável harmonização entre as várias decisões com base nas informações do sistema familiar,

escolar, comunitário, de promoção e protecção, hospitalar, policial, médico-legal e forense – consciencialização de que é sempre desejável um ***depoimento sem dano,*** garantindo um verdadeiro modelo de governação integrada na justiça e no sistema protectivo num sentido lato.

5. Necessidade de adopção da ideia de que todos os profissionais intervenientes no universo da protecção da criança violentada física e psiquicamente devem ter formação em comunicação e utilização de uma linguagem adaptada às crianças, bem como conhecimentos de psicologia infantil, partindo-se da presunção de que a criança tem sempre capacidade de discernimento para exprimir a sua opinião, podendo ela escolher um adulto de referência que a acompanhará nas diligências judiciárias.
6. Natural crítica à discriminação do depoimento da vítima em razão da idade, devendo ambos os depoimentos (do agressor e do agredido) ser valorados pelo sistema judicial em pé de igualdade.
7. Os interrogatórios das crianças devem ser limitados no tempo e com recurso a gravação via áudio e vídeo, devendo as perguntas de defesa do presumível agressor ser colocadas por escrito.
8. Apelo à proibição do uso de força, de coacção ou de violência na execução das decisões, nomeadamente as relativas ao exercício do direito dos contactos da criança com o progenitor não residente, a fim de evitar mais traumas infantis, agora originados pela intervenção dos tribunais.
9. Apelo à harmonização entre o processo tutelar cível e o processo penal, nesta sede de intervenção junto de crianças vítimas, não devendo, em nome do superior interesse da criança, serem incentivados contactos entre o presumível agressor e a denunciante vítima, em caso de mero fumo ou suspeita séria.
10. Adopção da ideia de que, se não se consegue educar uma criança, não se consegue proteger essa criança enquanto em perigo.
11. No âmbito do novo sistema de acolhimento de crianças e jovens em perigo, apelo a uma preparação de cada unidade de acolhimento para a recepção da dita criança, sendo designado a cada uma delas um educador de referência que terá como responsabilidade a execução das diferentes áreas do projecto de desenvolvimento pessoal através de uma relação securizante de proximidade, promotora de uma vinculação.

12. Aquando do acolhimento dessas crianças em perigo deverá haver uma atitude pedagógica, educativa e informativa, sustentada na auscultação da opinião e entendimento do sujeito do processo, devolvendo a informação sobre impactos, riscos e consequências associadas à residencialização de tais crianças, residencialização que não as retira definitivamente do perigo em que estão e que originou a abertura do seu processo.
13. Consciencialização do valor da palavra da criança acolhida, valorizando as suas expectativas e as suas escolhas – um acolhimento caloroso, com aceitação das características próprias de cada criança, adoptando estratégias adequadas de recolha de informação.
14. Apelo à ideia de que o respeito pelas expectativas da criança não passa pela aceitação de todos os seus desejos.
15. Consciencialização de que o ideal é a tendencial provisoriedade do acolhimento de uma criança em perigo.
16. Dificuldades são sentidas ao nível da prática residencial de promoção e protecção no acolhimento de jovens em conflito com a lei, devendo encontrar-se outra solução para tais jovens, tantas vezes, a carecer de uma eficaz intervenção da lei de saúde mental.
17. Necessidade de assegurar que as medidas de promoção e protecção e tutelares educativas aplicadas a crianças e jovens devem ser cumpridas na perspectiva da efectivação dos Direitos das Crianças.
18. Constatação da perplexidade de que as estatísticas oficiais portuguesas indiciam de que não existe por cá uma criminalidade juvenil, assente que o sistema tem vagas ao nível dos Centros Educativos e ainda existem decisões de internamento por cumprir.
19. Necessidade de perspectivação do tempo de cada criança e jovem na eficácia da aplicação de cada medida de promoção ou de cada medida tutelar educativa, apelando-se a uma rapidez de procedimentos, cuja morosidade pode definitivamente desvirtuar tais intervenções.
20. Necessidade de completa especialização das secções de família e crianças – ainda menores – deste país, valor mais do que a proximidade da justiça ao cidadão.

21. Consciencialização de que é errada a integração do sistema tutelar educativo numa Direcção-Geral que tutela os serviços prisionais, como se fossem naturalmente sucessivas estas duas intervenções.
22. Perplexidade perante a falta de regulamentação de algumas das medidas de promoção e protecção e a falta de aplicação das novas medidas gizadas pela recente alteração da Lei Tutelar Educativa, nomeadamente, a supervisão intensiva e o acompanhamento pós-internamento, passados que são dois anos sobre a entrada em vigor da Lei nº 4/2015 de 15/1.
23. Necessidade de perspectivar a interacção efectiva de criança no seu processo ao nível do seu direito de recurso, com representação adequada e legal, independentemente do recurso dos outros intervenientes processuais.
24. Apelo à necessidade de se dar uma explicação à criança sobre o teor e alcance da decisão tomada a seu favor, explicação dada, não necessariamente pelos seus pais, mas antes pelo Ministério Público, pelo advogado que a representa ao nível do patrocínio judiciário ou do mandato judiciário, ou por um assessor judiciário, enumerando os passos possíveis a dar após a prolação da decisão e explicitando os seus direitos ao nível da execução das decisões.
25. Toda a criança deve ter o direito a falar em confidencial com o juiz e com o Ministério Público, devendo estes visitar e contactar com as crianças acolhidas em casas de acolhimento ou internadas em Centros Educativos, sem que esperem convite.

SEGUNDO ANDAMENTO

No mais, e partindo das palestras do 1º dia de Congresso, concluímos ainda:

1. Os estudos têm vindo a revelar que é usada uma linguagem demasiado complexa com as crianças quando estas prestam declarações em tribunal. Deste modo, se os inquiridores possuírem um conhecimento muito limitado daquelas que são as diferenças de desenvolvimento das crianças, a competência para entrevistar essa criança ficará aquém das expectativas.
2. Está comprovado que a compreensão da justiça e da linguagem jurídica evolui com a idade (evolução linear). Contudo, enquan-

to a criança mais nova, por norma, assume abertamente quando não sabe e não responde, a criança mais velha, por desejabilidade social e para não defraudar as expectativas de quem está a inquiri-la, acaba por dar uma qualquer resposta.

3. O Projecto "*As crianças e a Justiça: análise da compreensão das crianças da linguagem legal e os processos judiciais*", que decorreu durante dois anos, de 2013 a 2015, foi financiado pela Fundação para a Ciência e Tecnologia, por fundos europeus, tendo sido a sua coordenadora a Professora Ana Sacau – os seus objectivos principais foram: tentar identificar a linguagem que era utilizada quando as crianças iam prestar declarações aos tribunais; verificar se elas compreendiam a terminologia utilizada; e criar uma ferramenta útil para os magistrados (ainda por completar à data do nosso Congresso).
4. Os resultados, de uma forma geral, demonstram que não há um termo jurídico que seja compreendido por todas as crianças. Basta isto para percebermos que temos que adaptar a nossa linguagem às crianças. Termos como «absolver, arguido e depoimento» são muito complexos e apresentaram um índice de respostas de não compreensão muito alto. Pelo contrário, os termos legais mais compreendidos foram "tribunal", "juiz", "crime" e "advogado". À medida que a idade aumenta, mais respostas mostram compreensão e, portanto, corroboram os resultados dos estudos.
5. A nível de recomendações, é de facto importante que o nosso sistema de justiça acolha bem as crianças quando estas se dirigem a ele. Para isso, é importante que se invista na formação, não só na preparação das crianças, mas também nas técnicas de entrevista forense.
6. Falar de acesso ao Direito é falar de representação adequada da criança em juízo, uma das suas condições mais relevantes – não tendo a criança capacidade jurídica nem legitimidade processual activa para defender os seus direitos é indispensável que lhes seja assegurada uma adequada **representação cívica** que actue em seu nome e com respeito pelos seus interesses e necessidades, o que é frequentemente ignorado por todos os actores, pais, profissionais e decisores.
7. Foi defendido que a inimputabilidade penal em razão da idade se define, em Portugal, exclusivamente por esse estrito critério

objectivo-formal – foi assim questionado até que ponto será ele um critério de justiça material.

8. Foi demonstrada a pertinência de se acrescentar um critério subjectivo à definição do que é a inimputabilidade em razão da pouca idade, obviando-se, por aí, que jovens sem capacidade para que se lhes dirija um juízo de culpa entrem em contacto com o discurso penal no seu todo, mais do que apenas com a consequência jurídica actualmente prevista neste ramo do Direito. E isto, distinguindo, por princípio, o que seja isso da incapacidade para o juízo de censura jurídico-penal, apesar da idade superior a 16 ou até 18 anos, do que seja a inimputabilidade por anomalia psíquica.
9. Nessa linha, foi proposta uma alternativa em que se assume um critério misto de imputabilidade que, olhando à maturidade do jovem, não desconsidere uma dimensão de conhecimento do facto, outra de vontade de o realizar e ainda uma terceira, de adequada modelação social, procurando incentivar um discurso em que o superior interesse da criança ou jovem não deixa de ser ponto de convergência, ainda que estejamos perante delinquentes.
10. Para a defensora deste tese, só assim se alcancará o integral respeito pelo que é o princípio da culpa, na medida em que esta é a forma de impedir que alguém insusceptível de juízo de censura jurídico-penal veja ser-lhe aplicada uma pena. Admitir que esta sanção pudesse ser aplicada nestes casos seria, na sua opinião, contrariar, no limite, o que tem de ser o direito penal moderno e o que deve ser a justiça (amiga) das crianças.
11. Foi apresentado o resultado de um estudo (da equipa da Professora Catarina Ribeiro) que se centrou nas crianças envolvidas em processos judiciais – globalmente, elas têm uma representação relativamente negativa e muito antecipatória do contexto judiciário.
12. A boa notícia é que muitas destas crianças, depois de participarem, em diligências que envolvem um contacto muito próximo, nomeadamente, as diligências que acontecem, por exemplo, dentro do gabinete dos procuradores ou dos juízes, onde têm um contacto mais individualizado e menos exposto, ficam com uma representação mais positiva. Isto não é válido, no entanto, para os procedimentos de declarações para memória futura, na qual a maior parte das crianças se sente muito intimidada com esta participação.

13. O contexto judiciário é percebido muitas vezes como ansiogénico – a maior parte das crianças (e isto são resultados para Portugal, mas também para outros países europeus e para os Estados Unidos) tem a expectativa, quando se vai ao tribunal, ou quando se vai à polícia, de que é suposto dizer a verdade. Este é um dado muito interessante para combater o mito de que as crianças mentem mais que os adultos, ou que mentem e fantasiam muito.
14. O acolhimento à criança dentro do sistema judicial deve ter em conta o seu desenvolvimento infantil. É essencial que seja mantido o respeito pelas etapas desenvolvimentais para que se possam adequar estratégias mais ajustadas.
15. Este acolhimento deve ser caloroso e empático (em que as pessoas sejam não só simpáticas com as crianças, como sejam empáticas com o seu estado emocional e com as suas expectativas); no entanto, não se pode criar a expectativa na criança de que vamos realizar todos os seus desejos a partir do momento em que entra num processo. É muito importante transmitir (especialmente por parte dos profissionais com poder decisório) que, o facto de a criança participar, não significa que seja esta que vá decidir, sendo essa a expectativa destas crianças ("eu tenho que ir ao tribunal dizer com quem é que quero ficar"). Passa muito por parte de quem acolhe a criança tirar-lhe esta responsabilidade e explicar-lhe, muito didacticamente e muito de uma forma que ela consiga entender, qual é o papel (protector) do tribunal.
16. Há que PROVER os cuidados relacionais dentro da casa de acolhimento, devendo esta estar atenta ao particular desenvolvimento da criança que acolhe – para isso há que conhecer as fases desse desenvolvimento e as suas potenciais perturbações, há que escolher actividades educacionais promotoras desse desenvolvimento e há que individualizar tais cuidados, sabendo criar competências de observação de cada criança e planos de interacção entre os cuidadores e aquela.
17. Sobre a valorização que os profissionais de justiça atribuem à sua competência para abordar as crianças, a maior parte destes profissionais, especificamente juízes e procuradores, valorizam a intuição como forma de conhecimento e de chegar às crianças (algo muito característico do ser humano), assim como as suas experiências anteriores.

18. Não existem boas decisões sem que as emoções estejam envolvidas – elas são fundamentais para se tomarem boas decisões. Portanto, não existem boas decisões, provavelmente dentro do Direito e, particularmente, dentro do Direito da Família e das Crianças, que não tenham em conta uma dimensão emocional.
19. O esquema da subjectividade não é de todo comprometedor de uma boa decisão – aquilo que é importante é que as pessoas decidam e tenham consciência do quanto é que aquelas emoções pesaram naquela decisão, sendo o poder autocrítico dos profissionais o motor chave para a melhoria do sistema.
20. Ensinar para os direitos é a única maneira de conseguirmos ter uma melhor justiça e crianças mais conscientes do seu poder e da sua capacidade de participação na justiça.
21. A pergunta correcta que devemos fazer é esta: o que se espera da justiça quando estamos a falar de crianças? Partimos ou não partimos de uma cultura da criança?
22. O termo «menor» é uma ficção do Direito, logo a evitar, representando o termo «criança», no seu dinamismo e amplitude interdisciplinar, uma realidade antropológica anterior ao Direito – o menor como ficção do Direito será aquilo que o Direito disser que ele é e a criança como realidade antropológica anterior ao Direito faz com que o Direito seja aquilo que a criança determinar que ele seja.
23. Esta inversão de perspectiva leva-nos muito menos agora a considerar as respostas jurídicas à situação da criança e muito mais a considerar a natureza da criança para procurar as respostas jurídicas necessárias para poder arquitectar o sistema.
24. O superior interesse da criança é uma realidade que releva da noção antropológica anterior ao direito – não é apenas um conceito operativo, mas é também fonte da criação de direitos próprios da criança.
25. A criança é uma pessoa, porque é como pessoa humana que ela é portadora da dignidade própria, cujo respeito é fundamental que seja garantido – é uma pessoa que, na sua estrita dimensão, é portadora de autonomia própria e é portadora de completude própria, sendo, nessa perspectiva, um sujeito, um sujeito de direito

e um sujeito de direitos. E a um sujeito de direito e de direitos faz sentido afirmar o princípio da não discriminação e, portanto, a afirmação correlativa do valor de igualdade.

26. Em Portugal, Estado membro da União Europeia, Estado membro do Conselho da Europa, está implantado um sistema que tem todas as condições para funcionar e que tem mesmo todas as condições para ser modelo.
27. Era bom que não deixássemos perder uma conquista e uma aquisição que, em termos de governação integrada, é hoje representada pelas Comissões de Protecção de crianças e jovens – temos uma pirâmide perfeitamente organizada com tribunais, comissões e rede social. Sabemos verdadeiramente como podemos trabalhar a interdisciplinaridade e a interinstitucionalidade. Fizemos avanços significativos, agora em termos de comissão alargada das CPCJ, quanto à possibilidade de intervir de uma forma activa na prevenção. E, portanto, nós temos as condições para poder avançar.
28. Por outro lado, é fundamental reafirmar o regresso do Direito, porque esta matéria não é uma matéria de invasões sucessivas. Não há uma fase em que o Direito invadiu as áreas sociais, não há uma fase em que as áreas sociais invadiram o Direito. É fundamental que nenhuma delas perca a profunda dimensão de si própria. E hoje há uma carência de juridicidade neste tipo de intervenção e é fundamental que o Direito regresse, agora comprometido com a psicologia, com a sociologia, com a medicina, etc., comprometendo-se também tais áreas com o Direito.
29. Necessidade de valorizar o trabalho dos chamados «trabalhadores da infância», dando-lhes o colo que tanto merecem, sobretudo quando o «*burnout*» e as acusações noticiosas os condenam à tristeza.
30. Finalmente, que se edifique, em definitivo, uma nova era neste ramo, catalogada, com justiça e modernidade, como a do **Direito das Crianças** e já não mais do Direito dos Menores.

EPÍLOGO

Quando eu voltar a ver-te, vou agarrar o tempo todo de uma vez só...

Quando todos nos voltarmos a ver, acreditamos que alguma coisa há-de ter mudado.

Cada um cumpre o seu destino.

Que os tribunais e as autoridades administrativas cumpram o seu, sempre levando a nau ao encontro do país do melhor interesse de cada criança por eles protegida, julgada, admoestada, acarinhada, antes, durante e após a prolação de qualquer intervenção judiciária.

Acabou o tempo de dizer às crianças: CRESCEI E APARECEI.

É a hora de lhes dizer: APARECEI E CRESCEI CONNOSCO!

Não esqueçais: estamos a pisar terreno sagrado.

Agora, ide e passai palavra...

d) *ANOTAÇÃO FINAL:*

Em 2013, nasceram pouco mais de 83 mil crianças em Portugal, morrendo cerca de 107 mil pessoas.

Ou seja, morre-se mais do que se nasce, sendo, pois, hoje a criança um bem escasso que urge cuidar o melhor possível, sob pena de nos extinguirmos como espécie na voragem dos tempos.

Todos queremos qualidade de vida na infância – crianças que tenham direito a doses equilibradas, por parte dos seus pais ou cuidadores, de ternura, firmeza e bom trato.

E aqui não podemos falhar.

No seu regresso à cidade, Buda encontrou-se com um transeunte que, impressionado pela luz e energia que aquele irradiava, o questionou:

> "*– Você é um Deus? – Não, respondeu Buda.*
>
> *– Você é um santo? – Não, respondeu Buda novamente.*
>
> *– Então, você é um príncipe? – Não, – respondeu Buda sem parar de andar. –* ***Só estou acordado."***

As entidades de primeira linha, as Comissões e os Tribunais têm de estar permanentemente acordadas pois essa é a sua luz, aquela que ilumina os casarios e vigia as crianças portuguesas ou aqui residentes no seu sono.

E têm a sua porção de Poder na mão, mesmo trabalhando, algumas delas, com consensos e consentimentos bem expressos.

Mas não tenhamos ilusões – o Poder só é necessário para fazer o Mal.

E não esqueçam o principal – **para fazer todo o resto, muitas vezes,** basta o **AMOR!**

O mesmo AMOR que sempre tem sido entregue nos regaços das nossas crianças pelo enorme Presidente da Comissão Nacional que superintendeu durante 12 anos as CPCJ, Juiz Conselheiro Armando Leandro, meu eterno Mestre, a quem Portugal ainda deve a adequada e justa homenagem pública.

(e apago a luz)

****

ÍNDICE